utb 5030

Eine Arbeitsgemeinschaft der Verlage

Brill | Schöningh – Fink · Paderborn
Brill | Vandenhoeck & Ruprecht · Göttingen – Böhlau · Wien · Köln
Verlag Barbara Budrich · Opladen · Toronto
facultas · Wien
Haupt Verlag · Bern
Verlag Julius Klinkhardt · Bad Heilbrunn
Mohr Siebeck · Tübingen
Narr Francke Attempto Verlag – expert verlag · Tübingen
Psychiatrie Verlag · Köln
Ernst Reinhardt Verlag · München
transcript Verlag · Bielefeld
Verlag Eugen Ulmer · Stuttgart
UVK Verlag · München
Waxmann · Münster · New York
wbv Publikation · Bielefeld
Wochenschau Verlag · Frankfurt am Main

Wolfgang Gehring
Professor für Fremdsprachendidaktik am Institut für Anglistik und Amerikanistik der Universität Oldenburg.

Wolfgang Gehring

Fremdsprache Deutsch (DaF/DaZ) unterrichten

Eine kompetenzorientierte Methodik

2., aktualisierte Auflage

Verlag Julius Klinkhardt
Bad Heilbrunn • 2023

Online-Angebote oder elektronische Ausgaben zu diesem Buch sind erhältlich unter utb.de und elibrary.utb.de

Die Deutsche Bibliothek – CIP-Einheitsaufnahme
Die Deutsche Nationalbibliothek verzeichnet diese Publikation in der Deutschen Nationalbibliografie; detaillierte bibliografische Daten sind im Internet über http://dnb.d-nb.de abrufbar.

Satz: Kay Fretwurst, Spreeau.
Abbildung Umschlagseite 1: CC0 Creative Commons/pixabay.de.
Einbandgestaltung: Agentur Siegel, Stuttgart.

Druck und Bindung: Friedrich Pustet, Regensburg.
Printed in Germany 2023.
Gedruckt auf chlorfrei gebleichtem alterungsbeständigem Papier.

utb-Band-Nr.: 5030
ISBN 978-3-8385-6038-0 digital
ISBN 978-3-8252-6038-5 print

Inhalt

Strategien, Verfahren, Bedarfe

Verzeichnisse

Vorwort

In diesem Band sind zu aktuellen Problemen der Vermittlung von Deutch als Fremdsprache (DaF) bzw. als Zweitsprache (DaZ) methodische Vorgehensweisen zusammengestellt. Es geht also weniger darum, theoretische Fragestellungen zu entfalten. Versucht wurde, darzustellen, wie man bei der Unterrichtsplanung und Unterrichtsgestaltung auf die von der didaktischen Theorie identifizierten Lehr- und Lernprobleme methodisch reagieren kann. Letztere werden zusammenfassend skizziert, als einstimmende Theoriegerüste vor den konkret methodischen Fragestellungen.

Die Vielfalt an Ausgangsbedingungen der Lernenden im Inland hat zu einem deutlich erhöhten Bedarf an Unterrichtsangeboten für Deutsch als einer Sprache geführt, die sich Menschen nach der Erstsprache bzw. Muttersprache aneignen. Entsprechend soll dieser Band allen Lehrkräften eine Hilfe sein, die sich gezielt und zügig auf die methodische Planung, Gestaltung und Durchführung von Unterricht in DaF/DaZ vorbereiten möchten.

Die Diversität wirkt sich auch auf schulische Lernumgebungen aus. Lehrkräfte aller Fächer stehen heute vor der Aufgabe, methodische Konzepte in ihren Klassen zu realisieren, die sprachfördernd für DaF/DaZ-Lernende sind. Besonders gefordert sind Fremdsprachenlehrkräfte, die in den Schulkollegien zu Recht als Fachkräfte gelten und damit Ansprechpartner für alle Belange des Sprachenlernens sind. Der Band soll beiden Fachgruppen Anregungen dafür liefern, wie sich die Lehr- und Planungsstrategien des eigenen Faches erweitern bzw. mit den Bedarfen eines sprachfördernden DaF/DaZ-Unterrichts in Einklang bringen lassen.

Für Studierende für ein Lehramt kann der Band ein Angebot sein, sich mit theoriegeleiteten methodischen Ansätzen fremd- und zweitsprachlicher Lernszenarien zu beschäftigen.

Die methodischen Erwägungen und die expliziten Aufgabenbeispiele wurden für den Unterricht in DaF bzw. DaZ konzipiert (vgl. Kap. 1). Strukturell sind sie auf Vermittlungskontexte weiterer europäischer Sprachen übertragbar. Insofern sieht sich der Band einer Fremdsprachendidaktik verpflichtet, die den Gegenstand ihres Interesses weder auf eine bestimmte Form der Sprachaneignung noch auf die Aneignung einer bestimmten europäischen Sprache begrenzt.

Oldenburg im Mai 2018 Wolfgang Gehring

Vorwort zur 2. Auflage

Da sich Struktur und inhaltliche Schwerpunkte dieses Bandes bewährt haben, mussten für die vorliegende 2. Auflage nur einige wenige Ergänzungen vorgenommen werden. Um der Bedeutung von Aktivierung und Methodenwechsel gerecht zu werden, habe ich zusätzliche Anregungen für kooperative Sprachproduktionen in aufgabenbasierten Kontexten aufgenommen. Es findet sich nun auch eine Veranschaulichung für die Umsetzung von Analysekomponenten. Im Buch werden sie bei der Planung von Aktivierungsmaßnahmen empfohlen. Das Kapitel zur Unterrichtsplanung enthält jetzt eine Planungschart. Sie zeigt anhand einer Unterrichtsskizze exemplarisch auf, wie einzelne Aspekte eines Entscheidungsfeldes im Entwurf realisiert werden. Im Beispiel sollen sie auch deutlich machen, wie ein bereits entwickelter Unterrichtsplan nochmals im Hinblick auf seine Komponenten überprüft werden kann.
Das gestiegene Interesse der Forschung an Konzepten der Selbsteinschätzung spiegelt sich im Stufenplan zur Anbahnung dieser strategischen Kompetenz wider. Das RRR-Modell kontextualisiert nun die vorgestellten Maßnahmen. Ergänzt wurde das letzte Kapitel um Informationen und Umsetzungsbeispiele zur Kulturellen Bildung, einem recht neuen Lernbereich für alle Schulformen.
An der Grundintention dieses Bandes hat sich nicht geändert. Auch die 2. Auflage soll alle Lehrkräfte dabei unterstützen, einen kompetenzorientierten, lernaktiven und tätigkeitsintensiven DaF/DaZ-Unterricht zu planen und zu gestalten.

Oldenburg im November 2022 Wolfgang Gehring

Standards, Bedingungen, Anforderungen

1 Zweitsprache/Fremdsprache

- DaF und DaZ sind keine trennscharfen Konzepte mehr.
- Die Diversität an Lernausgangsbedingungen führt zum Einsatz von Methoden beider Konzepte.
- Moderne Lernszenarien orientieren sich am Zweitsprachenerwerb.

Die Fremdsprachendidaktik unterscheidet traditionsgemäß nach der Erwerbsumgebung, in der sich Personen eine neue Sprache aneignen und sie so zu ihrer Lernsprache machen. Dies ist im Englischen nicht anders wie im Deutschen. Im deutschsprachigen Raum spricht man von Deutsch als Fremdsprache (DaF) bzw. Deutsch als Zweitsprache (DaZ), im anglo-amerikanischen Raum von English as a foreign language (EFL)und English as a second language (ESL). In den Didaktiken anderer europäischer Sprachen gibt es vergleichbare Unterscheidungen. Man geht mehr oder weniger von derselben Prämisse aus. Ob es sich bei der Lernsprache um eine Fremdsprache oder um eine Zweitsprache handelt, ist dieser Aufteilung zufolge davon abhängig, wo man der neuen Sprache ausgesetzt ist: im Inland oder im Ausland.

Erwerbsumgebungen	Bedeutung der Sprache	Lernszenarien

Die Erwerbsumgebung spielt eine zentrale Rolle beim Sprachenerwerb. Viele Studien haben auf die Vorteile eines Spracherwerbs in dem Land hingewiesen, in dem die Lernsprache das primäre Kommunikationsmedium ist. Die Lernwirksamkeit eines kontinuierlichen Sprachkontaktes im Land ist mit dem in einer künstlichen Lernumgebung kaum zu erreichen.

Authentische Kommunikation

Im Land muss man selbst kommunizieren, um den Alltag sprachlich zu bewältigen, beim Einkaufen, auf der Behörde, in der Schule, bei der Arbeit usw. Die sozialen, privaten und beruflichen Anforderungen fordern tagtäglich dazu auf,

die neue Sprache zu nutzen. Potenziell alle aktuell verfügbaren Kompetenzen werden eingesetzt, um die kommunikativen Intentionen von Gesprächspartnern zu verstehen und die eigenen so zu versprachlichen, dass man verstanden wird. Zweifellos stehen die Lernerinnen und Lerner unter einem gewissen kommunikativen Erfolgsdruck. Sie möchten ja verstehen und verstanden werden. Benotet oder getestet werden sie dabei nicht. Ihr Können wirkt sich daher auch nicht auf individuelle Leistungsprofile aus, die schulische oder berufliche Werdegänge beeinflussen. Die Entscheidung darüber, was Erwerbspersonen wann wie ausdrücken möchten oder worauf sie achten wollen, liegt bei ihnen. In gewisser Weise folgen Zweitsprachenlernende ihrem eigenen Lehrplan. Sie können ihn so modellieren, dass er zu ihren individuellen sprachlichen Zielsetzungen passt. Entsteht bei ihnen während einer Interaktion ein Problem mit der Versprachlichung des Ausdruckwillens, können sie sich damit befassen und es zu beheben suchen. Bleibt etwas unverstanden, können sie, zumindest bei direkter mündlicher Kommunikation, unmittelbar nachfragen, um Erläuterung nachsuchen.
Der vielfältige Input im Inland sorgt für zahllose implizite Lernangebote und Veranschaulichungen, wie Kommunikationssituationen und -anlässe sprachlich gestaltet werden. Die Kommunikation im Deutschen erfahren Zweitsprachenlernende auf diese Weise als real und authentisch. In den Varianten und Registern, in denen sie die Sprachgemeinschaft verwendet. Wer möchte, erschließt sich systematisch die sprachlichen Bereiche, die für das eigene Vorankommen für wichtig gehalten werden. Authentisches Umfeld, kommunikative Anforderungen und Vielfalt des Input tragen im Zusammenspiel mit dem Wunsch, die Sprache zu beherrschen dazu bei, dass sich die kommunikativen Kompetenzen in der Zweitsprache oftmals sehr weit entwickeln.

Aneignung stark beeinflusst durch	**Zweitsprache**	**Fremdsprache**
Steuerung		x
Sprachkontakte	x	
Unterricht		x
Alltagskommunikation	x	
hohe Anteile impliziten Lernens	x	
hohe Anteile expliziten Lernens		x
Sprache als Lerngegenstand		x
Sprache als Kommunikationsmedium	x	
Lebensumfeld im Ausland		x
Lebensumfeld im Inland	x	
natürlichen Kommunikationsbedarf	x	
künstlichen Kommunikationsbedarf		x

Erwerbs- und Lernumgebungen

In den 1980-er Jahren wurde vorgeschlagen, zwischen dem Erwerben und dem Lernen einer neuen Sprache zu unterscheiden. Eine Zweitsprache eignet man sich dem zufolge in einem natürlichen sprachlichen Umfeld an. Man erwirbt ihre Grammatik, ohne sie explizit zu erlernen. Dagegen wird eine Fremdsprache sehr wohl erlernt. Kompetenzen werden durch Unterricht in Form kognitiver Anforderungen (z. B. Grammatikregeln, Wortschatz lernen, Hausaufgaben etc.) entwickelt.
Die Lernumgebung für eine Fremdsprache ist das Klassenzimmer, der Kursraum oder der Lernort zuhause, im Ausland. Über weite Strecken ist ihre Aneignung ein bewusster, kognitiver Prozess. Die Vermittlung erfolgt in einer schulartenspezifischen Anzahl an Unterrichtseinheiten pro Woche. Eine Lehrkraft plant, gestaltet und evaluiert die sprachlichen Entwicklungen ihrer Lernenden. Die inhaltliche Planung basiert auf einem Lehrplan. Er gibt die Kompetenzen vor, die Lernende einer bestimmten (Klassen)-Stufe sich im Verlauf des Schuljahres aneignen sollen. Fremdsprachenunterricht an Schulen folgt einem Curriculum, das mit Einheiten für Lernende ohne Vorkenntnisse beginnt. Dies bringt es mit sich, dass der Lerninput didaktisiert ist. Zumindest in den ersten Lernjahren ist er am vermuteten Vermögen der vorgefundenen Lerngruppe orientiert. Es wird nur eine Auswahl an grammatischen Strukturen unterrichtet, der Wortschatz ist vorsortiert und z. B. nach seiner Auftrittshäufigkeit, seiner Lernbarkeit und nach seiner Eignung für ein Thema ausgewählt. Diese didaktischen Eingriffe führen zunächst zu etwas künstlichen Sprachverwendungen. Im authentischen Sprachgebrauch sind sie nicht unbedingt üblich, werden aber verstanden.

Kommunikative Progression

Fremdsprachenunterricht bedeutet auch, dass Leistungen ermittelt und benotet werden. Viel Wert gelegt wird im Unterricht auf eine korrekte, normgemäße Verwendung. Normabweichende Zwischenstadien, wie sie beim natürlichen Erwerb einer neuen Sprache auftreten, sollen vermieden werden, indem versucht wird, Lernwege durch geplanten Unterricht zu verkürzen. Dies bringt es mit sich, dass in vielen Unterrichtsstunden ausgewählte sprachliche Phänomene im Vordergrund stehen, die auch in Lehrplänen mancher Bundesländer so vorgegeben werden. Damit soll eine kommunikative Progression umgesetzt werden, die dem Aufbau von Kompetenzen in der neuen Sprache dienlich erscheint.

Beispiel

Die Schülerinnen und Schüler …
- formulieren Fragen, Bedürfnisse und Anliegen mit einfachen sprachlichen Mitteln (z. B. *Darf ich etwas essen? – Ich habe Hunger.*).
- drücken Gefühle und Gedanken mit den vorhandenen sprachlichen Mitteln aus (z. B. *Ich bin traurig. – Ich wünsche mir einen Hund.*) …

- verfügen über Sprachmuster (z. B. *Mir geht es nicht gut, wenn … – Ich freue mich über …*), um eigene Gefühle äußern zu können. (Auszug Lehrplan DaZ Grundschule Bayern 2017. [http://www.lehrplanplus.bayern.de).

Im klassischen Fremdsprachenunterricht bleiben die Möglichkeiten insbesondere zur mündlichen Kommunikation durch den Lehrgangscharakter begrenzt. Mit authentischen Kommunikationsanlässen in der neuen Sprache sind sie kaum zu vergleichen. Auch deshalb sind der Entwicklung kommunikativer Kompetenzen im Fremdsprachenunterricht Grenzen auferlegt. Allerdings lassen sich mit digitalen Medien reale Bezüge zur Kultur der Lernsprachengemeinschaften und gleichermaßen Interaktionsmöglichkeiten realisieren und routinisieren.

Hybride Lernwelten

Weshalb die Fremdsprachendidaktik eine strenge Unterscheidung trotz der skizzierten Merkmale in zunehmendem Maße kritisch sieht, hängt mit der Bedeutung zusammen, die Lernende heutzutage mit einer neuen Sprache verbinden, d. h., wie Kniffka/Siebert-Ott festhalten, „mit dem Stellenwert, den die Sprache im Leben der Lernenden einnimmt“ (Kniffka/Siebert-Ott 2012, 16). Dieser kann beispielsweise bei ausländischen Studierenden, die sich zuhause auf den Sprachnachweis für ein Studium in Deutschland vorbereiten, höher sein als bei manchen Sprachverwendern, die sich im Inland Deutsch als zweite oder weitere Sprache angeeignet haben. Michalak/Lemke/Goeke weisen darauf hin, dass man bereits bei Kindern beim Schuleintritt nicht mehr davon ausgehen kann, dass alle über „altersgemäß entwickelte Sprachkenntnisse im Deutschen“ verfügen (Michalak/Lemke/Goeke 2015, 132). An vielen Schulen und Bildungsinstitutionen gibt es daher Stützangebote, die didaktisch stärker fremdsprachlich als zweitsprachlich ausgerichtet sind, d. h. stärker das Lernen als das Erwerben betonen. Andererseits haben sich dort europaweit Lernszenarien durchgesetzt, die zweitsprachennahe Erwerbsumgebungen generieren, darunter Immersionsunterricht, bilingualer Unterricht, aufgabennaher Unterricht, CLIL (content and language integrated learning) (vgl. Kap. 26.) An Schulen im Inland wird verstärkt Wert auf einen sprachsensiblen Unterricht in allen Fächern gelegt (vgl. Kap. 19).
Die Vielfalt an Einstellungen zu einer neuen Sprache und die Tatsache, dass sich nicht zwingend bei einem langen Aufenthalt im Land der Lernsprache ein selbstständiges oder kompetentes kommunikatives Können entwickelt (vgl. Europäischer Referenzrahmen für Sprachen) hat dazu geführt, dass die Bezeichnung Zweitsprache in der didaktischen Diskussion häufiger auch dann Verwendung findet, wenn es um Lernprozesse außerhalb natürlicher Erwerbsumgebungen geht. Eine zweite Sprache eignet man sich nach der Erst- bzw. Muttersprache an (DAM). Didaktisch kommen alle Orte der Aneignung in Betracht (vgl. Cook 2016, 15).

In diesem Band werden die Akronyme DaF und DaZ in einer Bezeichnung zusammengeführt. DaF/DaZ steht als Begriff dafür, dass bei der Aneignung einer neuen Sprache nach der Erstsprache ein didaktisch begründbares, individuell orchestriertes Zusammenspiel von Lernen und Erwerben als sinnvoll betrachtet wird.

Zum Weiterlesen

Barkowski, H./Krumm, H-J. (Hg.): Fachlexikon Deutsch als Fremd und Zweitsprache Tübingen 2010.
Kniffka, G./Siebert-Ott., G.: Deutsch als Zweitsprache. Lehren und Lernen. Paderborn [3]2012.
Michalak, M./Lemke, V./Goeke, M.: Sprache im Fachunterricht. Eine Einführung in Deutsch als Zweitsprache und sprachbewussten Unterricht. Tübingen 2015.

2 Guter Unterricht

- Die Forschung kann beschreiben, wie Unterricht sein sollte.
- Lehrkräfte können einiges tun, um guten Unterricht anzubahnen.
- die Kriterien für einen guten Unterricht beeinflussen viele ‚Stellschrauben' der Unterrichtsplanung und -gestaltung.

Kontext

Was einen guten Unterricht ausmacht, darüber gibt es ganz verschiedene Vorstellungen. Manchen genügt es, wenn sie von Muttersprachler unterrichtet werden. Andere legen Wert darauf, dass der Unterricht authentisch ist und vor allem solche Situationen zu meistern vermittelt, denen man im Alltagsleben begegnet. Sicherlich findet man auch Unterstützung für die Ansicht, guter Unterricht zeichne sich dadurch aus, dass Lernende diszipliniert und fleißig mitarbeiten. Und wer wollte bestreiten, dass man in einem guten Unterricht viel lernt, er zum Lernen motiviert und einfach Spaß macht, man also jeden Tag gerne in die Schule oder in den Kurs geht.
Die Forschung hat sich in den vergangenen Jahren intensiv mit den Merkmalen eines guten Unterrichts befasst, Untersuchungen durchgeführt und hierauf aufbauend Kriterien formuliert, wie man guten Unterricht erkennt (Helmke 2007; Meyer 2004; Meyer 2007). Sie bedeuten nicht, dass Lehrkräfte immer guten Unterricht halten, wenn sich die Kriterien im Geschehen zeigen. Aber die Wahrscheinlichkeit ist größer. Die Kriterien sind nicht spezifisch für Fremdsprachenunterricht. Sie betreffen alle Fächer.

Methodik

Nach Helmke und Meyer, zwei Pädagogen, die sich empirisch mit Unterricht befasst haben, hat guter Unterricht eine Reihe von empirisch gesicherten Merkmalen. Sie betreffen die Strukturierung einer Unterrichtsstunde, die Darbietung der Inhalte, die Aktivierung der SchülerInnen, die Leistungserwartungen und die Gestaltung der Lernumgebung.

Klarheit	Sinnstiftung	Lernförderung	Verständlichkeit

Strukturierung

Der Unterrichtsverlauf ist klar strukturiert. Eine klare Struktur hat ein Unterricht, der einen durchdachten Ablauf hat. Das empirisch gefundene Artikulationsschema setzt an den Beginn der Stunde eine Wiederholung und die Besprechung von Hausaufgaben. Es folgt die Einstimmung auf bzw. die Einführung in das Thema, der sich eine Erarbeitungsphase und eine Anwendungsphase anschließt, in der die Ergebnisse der Aufgaben gesichert bzw. vertieft werden. Danach wird eine neue Hausaufgabe gestellt (Kiel 2012, 33). Klar heißt aber auch, dass die Lerngruppe alle Aufgaben versteht und immer genau weiß, was sie tun soll.

Strukturierung nach Ewald Kiel

- Wählen Sie als Ausgangspunkt des Unterrichts möglichst ein Problem aus der Lebenswelt der Schüler.
- Sorgen Sie dafür, dass es Situationen gibt, in denen Vorwissen über den Unterrichtsgegenstand aktiviert wird.
- Sorgen Sie dafür, dass Lehrer oder Schüler neues Wissen demonstrieren.
- Stellen Sie sicher, dass Schüler ihr Wissen transferieren können.
- Regen Sie dazu an, neues Wissen oder Können außerhalb des Unterrichts einzusetzen.

(Kiel 2012, 27)

Lernzeit

Außen vor sollen Verzögerungen und Ablenkungen vom Lernen bleiben. Die zeitlichen Vorgaben werden eingehalten, das Thema wird beibehalten, die Teilnehmenden halten sich an Vorgaben. Es gibt jedoch „Ruheinseln", zwischen den Lernphasen, zwischen den Festigungsaktivitäten und den kognitiven Herausforderungen.

Unterrichtsklima

Die Teilnehmerinnen und Teilnehmer in der Lerngruppe merken, dass sie respektiert werden. Der Umgang im Unterricht untereinander ist höflich und freundlich. Es gibt keine Bevorzugung oder Benachteiligung.

Verständlichkeit

Der Unterricht baut auf dem Vorwissen der Lernenden auf, es wird immer wieder überprüft, ob sie dem Unterricht folgen können. Verstehenshilfen stehen zur Verfügung (z. B. Aushänge, Grammatikbäume Worterklärungen). Die Inhalte sind an eine Situation geknüpft und es gibt einen roten Faden. Die Lehrkraft verwendet eine einfache, redundante, d. h. überladene Sprache, die das Entscheidende in verschiedener sprachlicher und medialer Form erläutert. Wichtige Inhalte hält sie auf verständliche Weise fest.

Inhaltliche Klarheit nach Hilbert Meyer

- Einstiege, die auf die Stundenthematik vorbereiten.
- Unterrichtsverlauf, der für die Schüler nachvollziehbar und plausibel ist.
- Aufgaben, die verständlich formuliert sind.
- Aufgaben, die in überschaubare Teilschritte unterteilt sind.
- Medien, die Zwischenergebnisse dokumentieren.
- Phasen, in denen das Erarbeitete wiederholt wird.

(Meyer 2007)

Kommunikation

Die Teilnehmer:innen werden angehalten, Fragen zu stellen, frei zu formulieren, sich untereinander auf Deutsch zu verständigen. Die Lehrkraft gibt Versprachlichungshilfen, berichtigt kommunikativ fehlerhafte Äußerungen, gibt Beispiele für Lösungen, motiviert dazu, sich sprachlich aktiv zu beteiligen, toleriert in solchen Kontexten Fehler, die die Verständlichkeit nicht gefährden.

Unterrichtsmethodik

Der Unterricht ist gekennzeichnet durch Abwechslung der Arbeitsformen, Gesprächsformen und ganz allgemein der Lernaktivitäten. Die Lehrkraft nutzt Sprache, Gestik und Mimik, um mit Teilnehmenden ins Gespräch zu kommen. Sie lässt Aufgaben individuell, mit einem Partner und in der Gruppe bearbeiten. Verschiedene Medien kommen zum Einsatz, um Inhalte zu präsentieren, zu erarbeiten oder zu festigen.

Förderung

Die unterschiedlichen Ausgangsbedingungen der SchülerInnen werden durch besondere Lernangebote und Verstehenshilfen berücksichtigt. Es gibt Aufgaben für leistungsstärkere Lerner, Schwächere erhalten Unterstützung durch die Lehrkraft, zusätzliche Lösungshilfen helfen bei der Aufgabenbewältigung.

Übungsphasen

Es gibt viele verschiedene Übungsangebote während des Unterrichts. Sie sind kognitiv und kommunikativ anregend. Die Teilnehmenden haben das Gefühl, dass das Üben kein Selbstzweck ist, sondern das Sprachkönnen verbessert. Die Aufgaben haben einen starken Bezug zur Alltagsrealität. Die Lehrkraft hilft dabei, Lernstrategien zu entdecken und sie anzuwenden. Die Arbeitsatmosphäre kommt dem Üben entgegen.

Leistungserwartungen

Die Teilnehmerinnen und Teilnehmer wissen, worum es in der Unterrichtsstunde geht, welche Aktivitäten geplant sind und was sie tun sollen. Von der Lehrkraft erhalten sie Rückmeldung darüber, wie sie eine Leistung erfüllt haben.

Lernraum

Es gibt Möglichkeiten, sich in Gruppen zusammenzusetzen, um zu übern. Nachschlagewerke stehen zur Verfügung, man kann Flipcharts oder eine Pinnwand für das Üben mit anderen nutzen. Die Materialien sind vorhanden. Eine stabile WLAN-Verbindung stellt sicher, dass die Lernenden Apps zum Sprachlernen einbeziehen können. Inwiefern Whiteboards, Tablets, Kameras, digitale Lehrwerke etc. einen Lernraum lernförderlicher machen, ist wissenschaftlich noch nicht eindeutig geklärt.

Die hier zusammengefassten 10 Merkmale guten Unterrichts werden Sie in vielen Kapiteln dieser Handreichung wiedererkennen, wo es darum geht, methodische Fragen zu den Umsetzungsmöglichkeiten zu diskutieren. Es sei jedoch noch angemerkt, dass nach wie vor die Lehrkraft im Unterricht die zentrale Rolle spielt (Zierer 2014).

Zum Weiterlesen

Gold, A.: Guter Unterricht. Was wir wirklich darüber wissen. Göttingen 2015.

Meyer, Hilbert: Was ist guter Unterricht? Berlin 2004.

Meyer, Hilbert: Zehn Merkmale guten Unterrichts. 2007. [http://www.staff.uni-oldenburg.de/hilbert.meyer/9290.html].

Helmke, Andreas: Was wissen wir über guten Unterricht? 2007. [http://www.bildung.koeln.de/imperia/md/content/selbst_schule/downloads/andreas_helmke_.pdf].

3 Guter Fremdsprachenunterricht

- Guter Fremdsprachenunterricht orientiert sich an Ergebnissen der pädagogischen Forschung.
- Das spezifische Curriculum verlangt nach weiteren Maßnahmen für eine gute Planung und -gestaltung.

Kontext

Eine Fremdsprache unterrichtet man gut, wenn man sich an pädagogische Standards hält, den Merkmalen guten Unterrichts. Man muss aber auch Aspekte berücksichtigen, die speziell für die gute Vermittlung einer fremden Sprache wichtig sind. Hierauf hat die Fremdsprachenforschung der letzten Jahrzehnte hingewiesen.

Methodik

Es gibt eine Reihe an Aspekten, die speziell für Fremdsprachenunterricht eine große Bedeutung haben und zu einem Gelingen beitragen können. Unter anderem betreffen sie die Verständlichkeit, die Interaktion, die Aufgabenqualität und die Einstellung zu Fehlern.

Verständlichkeit	Interaktion	Wiederholung	Bewusstheit

Auf Verständlichkeit achten

Verständlichkeit ist das A und O des Spracherwerbs. Eltern und Verwandte achten auf eine kindgerechte Sprache, wer mit einer Person spricht, deren Deutsch nicht so gut ist, verwendet möglichst einfache Strukturen und Wörter, die häufig vorkommen. Im Unterricht wird Verständlichkeit aber nicht allein dadurch erreicht, dass man eine Information einfach ein paar Mal wiederholt. Vielmehr müssen sie mit unterschiedlichen Sprachmitteln nochmals präsentiert werden. Mehrmals, in kurzen Sätzen, wo der Wortschatz nun etwas anders ist. Es ist ja nicht so, dass alles, was Teilnehmer:innen hören oder lesen (Input), zu ihrem aktiven Sprachbesitz wird (Intake). Sie behalten nur einen Teil davon. Je verständlicher daher Input ist, desto besser wird er für die Verarbeitung vorbereitet. Dabei muss nicht jedes Wort verstanden werden. Im Gegenteil. Der Input sollte etwas reichhaltiger sein, als das, was Teilnehmerinnen und Teilnehmer selbst schon auf Deutsch können (Krashen 1981).

Stress vermeiden

Angst, Stress und Überforderung stören das Lernen genauso wie Unverständlichkeit und Unklarheit. Aufforderungen, etwas zu tun oder die Fehlerkorrektur sind sensible Bereiche. Man soll Anstrengungen einfordern, aber eben ohne Druck auszuüben. Wer nicht sprechen will, muss dies auch nicht sofort tun (Meyer 2014).

Beispiel

Eine Entspannungsübung nach Josef Meyer

Stellen Sie sich vor, dass Sie Äpfel pflücken.
Die schönsten sind ganz oben im Baum – können Sie sie erreichen, und pflücken?
(Teilnehmende ahmen Streckbewegungen der Lehrkraft nach).
Was haben Sie gepflückt?

Mit den Lernenden kommunizieren

Die Lehrkraft ist die wichtigste Kommunikationspartnerin im Unterricht. Sie erklärt, wenn etwas nicht verstanden wird. Sie gibt Rückmeldung, wie gut verständlich oder wie korrekt eine Äußerung war, sie kann spontan helfen, wenn das Gespräch stockt, weil ein Wort fehlt oder man nicht weiß, wie man etwas ausdrücken kann. Sie gibt Hilfestellung, um das Gespräch voranzubringen (Long 1983).

Lernende kommunizieren lassen

Am Anfang fällt den Schüler:innen das Sprechen sehr schwer. Es ist daher nachvollziehbar, dass Lehrkräfte dann mehr wiederholen lassen, dass die Sprachlerner nachsprechen, imitieren. So früh als möglich müssen sie jedoch angehalten werden, frei(er) zu formulieren. Mit den Wörtern und Strukturen, die sie kennen, müssen sie lernen, das mitzuteilen, was sie mitteilen möchten. Nur in Phasen, in denen die Lernsprache frei genutzt wird erfahren Lehrkräfte, welche Sprechanlässe schon gut beherrscht werden, wo es noch hapert und welche Redemittel noch benötigt werden (Swain 2000).

Stufen der Aktivierung

Imitieren	Reagieren	Reproduzieren	Produzieren

Wiederholen lassen

Die Wiederholung ist eines der wichtigsten methodischen Elemente bereits während einer Unterrichtsstunde. Ein langfristiger Wiederholungsplan, der sich für alle Lerngruppen empfiehlt, erstreckt sich über mehrere Stunden, d. h. über eine Sequenz, vielfach auch über das ganze Lernjahr. Die – sinnstiftende – Wiederholung von Lernstoff hält Lernende dazu an, eingeführten Lernstoff in ähnlichen, auch in anderen Situationen und Kontexten anzuwenden. Darüber hinaus wird der Zugriff auf Gelerntes beschleunigt. Wiederholung sorgt außerdem für eine höhere Anwendbarkeit des vermittelten Lernstoffs.

Achtsamkeit entwickeln

Gerade erwachsene Teilnehmerinnen und Teilnehmer möchten wissen, welche Regel hinter einer Äußerung steckt. Jüngere sind oft zufrieden, wenn ihnen die Anwendung einer Redemittels gelingt. Darin unterscheiden sie sich nicht von Muttersprachlern. Sie machen sich auch keine Gedanken darüber, welche sprachlichen Regularitäten ihren Wortbeiträgen unterliegen. Grundsätzlich kann gelten, dass nicht jede Regel erläutert werden muss. Wichtige Redemittel sollten dagegen thematisiert und ihnen Aufmerksamkeit entgegengebracht werden. Dies gilt auch, wenn Teilnehmer:innen nach einer Erläuterung verlangen (Schmidt 1990).
Ein regelbewusster Unterricht konzentriert sich darauf, ein Redemittel in typischen Verwendungskontexten zunächst massiert vorzustellen. Ein Redemittel, viele Beispiele. Danach wird das Redemittel vielfältig geübt. Gegen Unterrichtsende wird es in ähnlichen Zusammenhängen angewendet.
Ob eine Regel explizit erklärt wird oder ob es nicht genügt, sie durch viele Verwendungsangebote einsichtig zu machen, hängt von den Lernausgangsbedingungen der Klasse ab (vgl. auch Kap. 12).

Aufgaben bearbeiten lassen

In der Fremdsprachendidaktik unterscheidet man Übungen von Aufgaben (Nunan 2004). Übungen haben einen grammatischen Schwerpunkt, der trainiert wird, einen ausgewählten thematischen Wortschatz etc. Das Ziel einer Übung besteht darin, eine bestimmte Fertigkeit zu verbessern, z. B. eine grammatische oder eine lexikalische.
Im Alltagsleben muss man aber sprachlich mehr bewältigen als Wörter sammeln oder Sätze mit einer bestimmten grammatischen Form bilden. Potentiell ist der gesamte Sprachbesitz gefragt. Oder doch zumindest ein gehöriger Teil davon.
Authentische sprachliche Handlungen sind das Ergebnis einer Aufgabe, z. B. genau das im Gasthaus zu bestellen, was man auch möchte. Oder erfolgreich ein Bewerbungsgespräch zu führen. Hierzu benötigt man eine Vielzahl an Sprachmitteln und Fähigkeiten: den richtigen Wortschatz, Kompetenzen, einen Lese- bzw. Hörtext zu verstehen usw. Und natürlich muss man selbst angemessen sprachlich aktiv werden. Jeder macht das etwas anders. Mal komplexer, mal einfacher, mal korrekter, mal mit einigen Fehlern. Das ist auch die Idee einer Aufgabe: sie mit den Sprachmitteln zu bewältigen, die man verwenden kann.

Unterschied Übung und Aufgabe

Übung	Aufgabe
Sammeln Sie zum Oberbegriff Winterkleidung zehn Nomina und schreiben Sie sie auf.	Sie benötigen neue Kleidung für den Snowboard-Urlaub. 1. Gehen Sie auf die Website von XYZ. 2. Erstellen Sie eine Liste mit Preisangaben. Ihr Limit ist 300 Euro.
Keine Anbindung an Lebenswelt. Klare Zielvorgabe. Kein kommunikativer Rahmen. Schwerpunkt liegt auf Wortschatztraining.	Anbindung an Lernererfahrungen. Anbindung an authentischen Kontext. Klare Zielvorgabe. Ergebnisorientierung. Schwerpunkt liegt auf kontextuell-kommunikativem Wortschatztraining.

Ganzheitliche Elemente integrieren

Ganzheitlich sind solche Situationen, die nicht nur das Überlegen, Schlussfolgern aufrufen. In ganzheitlichen Lernsituationen geht es um weitere Talente der Teilnehmer:innen, z.B. um die Fähigkeit des musischen Tuns, des räumlichen Empfindens, des nonverbalen Interagierens oder des körperbetonten Ausdrucks. Der amerikanische Psychologe James Gardner spricht hier von multiplen Intelligenzen oder Talenten (Gardner 2006, vgl. auch Kap. 21). Hierzu zählt er die sprachliche, die logisch-mathematische, die körperlich-kinästhetische, die musische, die räumliche und vier weitere Intelligenzen. Jedes dieser Talente kann zum Lernen beitragen.

Beispiel

Eine Aufgabe zur körperlich-kinästhetischen Intelligenz

Suchen Sie sich eine Pantomime aus und stellen Sie sie dar.
Die Lerngruppe kreuzt auf ihrem Arbeitsblatt an, welche Sie dargestellt haben:

Ich habe ein Steinchen im Schuh *Ich habe mich verlaufen*

usw.

Einige Sprachlehrmethoden sind völlig auf ganzheitliche Aktivitäten ausgerichtet (vgl auch Kap 8). Der Total Physical Response gehört dazu, bei dem Lernende im Wesentlichen Aufforderungen non-verbal, durch Körperbewegungen, umsetzen, z.B. „Berühren Sie zwei Dreiecke auf dem Tisch." Die Suggestopädie setzt klassische Musik ein, um Lernende zu entspannen und so ihre Gedächtnisleistung anzuregen. Geeignet sind Stücke wie das Air von J.S. Bach, das 60 Schläge pro Minute aufweist, soviel wie der Ruhepuls. Sogenannte Phantasiereisen sollen dazu verhelfen, die Emotionen für das Sprachenlernen nutzbar zu machen. Die Dramapädagogik nutzt das szenische Spiel zur Sprachvermittlung ein, verwendet z. B. Rollenspiele, Pantomime, Mimik und Gestik (vgl. auch Kap. 20). All dies sind Möglichkeiten, Abwechslung in den Unterricht zu bringen und alle Talente der Teilnehmenden zu aktivieren (Baur/Schäfer 2011).

Beispiel

Eine Aufgabe zur musisch-rhythmischen Intelligenz

Beethoven: Sinfonie Nr. 5 Op. 67 & Nr. 6 Op. 68 „Pastorale".

Hören Sie das Musikstück.
Schreiben Sie hierzu einen Text oder eine Geschichte. Ergänzen Sie eine oder mehrere Überschriften.
Tragen Sie Ihr Ergebnis vor der Klasse vor, während das Stück läuft.
Vergleichen Sie Ihre Ideen mit den Titeln des Stückes, wie sie der Komponist erdachte. Was ist anders, was gleich?

Methodenvielfalt praktizieren

Eintönigkeit führt unter Teilnehmer:innen zu Langeweile. Lernfreude und Aufmerksamkeit werden beeinträchtigt, das sprachliche Vorankommen gebremst. Methodische Vielfalt kann dies verhindern. Sie wird durch Wechsel eingeleitet. Für Abwechslung eignen sich viele methodische Bausteine

Methodische Bausteine

Kooperation	**Medien**	**Tätigkeiten**	**Gesprächsformate**	**Sprechakte**	**Unterrichtsform**
Partner- Gruppen- arbeit Konferenz Debatte	Textbuch Tafel Internet Portfolio usw.	Hören Lesen Sprechen Schreiben	L-SuS SuS-SuS S-SuS usw.	Erzählen, beschreiben, usw.	Instruktion Freiarbeit Projekt-arbeit usw.

Individualisieren

Bekannt ist, dass es den Lerner, die Lernerin nicht gibt. Alle haben ihre eigene Lernbiographie. Sie bringen verschiedenes Vorwissen mit, lernen unterschiedlich gut, haben mehr oder weniger Sprachtalent, können sich besser oder weniger gut konzentrieren, sind schnelle oder langsam beim Lernen, gut oder schlecht. Nicht jeder Unterschied lässt sich auffangen, aber man darf Unterschiede auch nicht ignorieren und einen Unterricht für nur einen speziellen Lerntyp planen.
Das Individualisieren ist ein Grundsatz des Fremdsprachenunterrichts. Es eröffnet Lernpersonen Wahlmöglichkeiten bei der Aufgabenkomplexität, bei Umfang und

Anzahl der Aufgaben. Die Lehrkraft plant Phasen ein, in denen sie sich um einzelne Lernende kümmert, während die Gruppe sich mit einer Aufgabe beschäftigt. Auch das Lernen durch Lehren bzw. reziproke Lehren, d. h. die Übertragung von Lehrverantwortung auf einzelne SchülerInnen, z. B. um einen Inhalt zu vermitteln, eine Regel zu erläutern oder eine Übung durchzuführen ist eine Form der Individualisierung im Kontext eines auf Kooperation ausgerichteten Unterrichts (Meyer 2015, 54ff.

Kooperationsformate

Lernen durch Lehren
Lernerbiographien
Lerntheke
Lernertagebuch
Partnerpuzzele
Differenzierung
Marktplatz
Galerie
Selbstkontrolle
Portfolio
Arbeitsteilige Gruppenarbeit
Einzelarbeit
Lerntheke
Lernergespräche

Ein Marktplatz besteht wie auch eine Galerie organisatorisch aus mehreren Tischen. Jede Gruppe hat an ihrem Tisch auf Posterpapier Lösungen ihrer Aufgaben zusammengestellt oder Ergebnisse ihrer recherchierten Inhalte bereitgestellt. Ohne einen vorgegebenen Ablauf kann sich die Klasse mit den verfügbaren Informationen beschäftigen.

Bei einem Partnerpuzzle bearbeiten die Partner :innen selbständig Teile einer Aufgabe, die sie zur Lösung zusammenführen.

Auf einer Lerntheke (bzw. an Lernstationen) liegen verschiedene Aufgaben bereit, aus denen Schüler auswählen. Nach der Bearbeitung können sie ihre Lösungen mit Musterlösungen selbst vergleichen.

Fehlertolerant sein

Nicht alle, aber viele Fehler entstehen, weil Lerner:innen schon etwas können. Sie beherrschen eine Regel, nur die Ausnahme mag ihnen bisher noch nicht begegnet sein. Ihnen ist es wichtig, etwas zu sagen und konzentrieren sich daher mehr auf den Inhalt als auf die sprachliche Seite. Vielleicht nimmt sie eine Thematik emotional ein, sodass sie nicht mehr so fehlersensibel sind. Weitere Gründe sind vorstellbar. In keinem Falle ist die Ursache dafür, dass etwas falsch gelernt und abgespeichert wurde.

Beispiel

Noch nicht voll entwickeltes Regelkönnen	(Hypothese)
Hypothese:	*„Ich lese gerne, weil da lerne ich etwas“.*
Was schon beherrscht wird:	Hauptsatz (HS), Nebensatz (NS).
Was noch verstanden werden muss:	Verb in NS steht am Satzende.

Zum Weiterlesen

Gehring, W./Merkl, M. (Hg.): Englisch lehren, lernen, erforschen, Oldenburg 2014.
Gehring, W.: Praxis Planung Englischunterricht. Bad Heilbrunn ²2021.
Meier, J.: StressReduziertes (Fremdsprachen-)Lernen – SRL: Lehren und Lernen mit mehr Freude und Erfolg, mit weniger Anstrengung und Stress. In: Gehring/Merkl 2014, 77-96.
Reineck, N.: Einfach – Sprachen – Lernen: Universalkonzepte für den optimalen Fremdsprachenunterricht. Marburg 2016.

4 Lernersprache

- Die Aneignung einer Fremdsprache wird von der Muttersprache und der neuen Sprache beeinflusst.
- Lernende wenden Strategien an, die ihnen bei der Entwicklung ihres Könnens weiterhelfen.

Kontext

Die Wissenschaft hat viele Begriffe für Sprachen gefunden, die Menschen zusätzlich zur Muttersprache erwerben: Lernersprachen, Interimsprachen, Approximativsysteme, Zwischensprachensysteme etc. Alle weisen in eine ähnliche Richtung. Sie implizieren, dass die Kenntnisse in einer neuen Sprache irgendwo zwischen der Ausgangssprache der Lernenden (AS) und der Zielsprache (ZS) angesiedelt ist. Man merkt dies in Alltagsgesprächen. Manches, was z. B. Nichtmuttersprachler im Gespräch mit Muttersprachlern sagen, klingt richtig. Es wirkt aber vielleicht etwas künstlich. Muttersprachler:innen würden es wohl etwas anders formulieren, z. B. einen anderen Satzbau wählen oder mit anderen Wörtern operieren.

Transfers	Vereinfachung	Strategien

Wenn Lernende in einer für sie fremden, neuen Sprache kommunizieren, treten oftmals Merkmale zutage, die typisch dafür sind, dass eine Sprache noch gelernt wird. Im Englischen wird der Begriff Interlanguage verwendet, um diese Merkmale zusammenzufassen (Selinker 1992). Sie beschreiben Prozesse und Vorgänge, die den Erwerb einer fremden, neuen Sprache bestimmen, wobei es gleichgültig ist, welche neue Sprache man lernen möchte. Die folgenden Beispiele stammen von Deutsch-Lernenden mit Englisch als Muttersprache. Das Sternchen vor dem Beispielsatz drückt aus, dass die Formulierung nicht üblich ist, oder auch fehlerhaft.

Interlingualer Transfer

Beispiel: *Ich bin warm (*I'm warm*).
Strategie: Lernende greifen auf ihre Erstsprache (der L1) zurück, wenn sie Mitteilungen versprachlichen wollen.

Intralingualer Transfer

Beispiel: Er besucht – er besuchte/sie geht-sie *gehte.

Strategie: Eine sprachliche Regel der neuen Sprache wird verallgemeinert und auch auf Bereiche übertragen und dort angewendet, wo sie nicht gültig ist. Man spricht daher auch von Übergeneralisierungen.

Induzierter Transfer

Beispiel: Ich habe gegessen, ich habe gedacht, ich habe gelesen, *ich habe gelaufen.

Strategie: Hier kann ein intralingualer Fehler vorliegen oder ein induzierter Transfer. Ein induzierter Transfer ist ein Fehler, der durch Unterricht entsteht. Unterricht kann zu falschen Schlussfolgerungen führen, z. B. wenn etwas zu häufig geübt wird oder ein Phänomen wenig trennscharf von ähnlichen Phänomenen eingeführt und behandelt wird. Zu häufiges oder wenig trennscharfes Üben mag dazu führen, die trainierten Redemittel dort einzusetzen, wo sie nicht passen.

Simplifizierung

Beispiel: Kann ich Apfel haben?

Strategie: Bei einer Simplifizierung wird auf einzelne Elemente des Satzbaus verzichtet, die in einer normgerechten Formulierung erwartet werden, im Falle des Beispiels der Artikel vor dem Nomen.

Lernstrategie

Beispiel: Hab ich das richtig gesagt?

Strategie: Solche Fragen deuten auf Hypothesentesten hin. Wer eine neue Sprache lernt, bildet Hypothesen über ihre Verwendung. Meist sind dies unbewusste Vermutungen darüber, wie man einen Mitteilungswillen auf Deutsch realisieren kann. Zu diesen Vermutungen kommen Lernende aufgrund ihres vorhandenen Wissens und aufgrund des Inputs, dem sie bisher ausgesetzt waren. Das Hypothesentesten wird auch bewusst genutzt. Wie im Beispiel, um herauszufinden, ob man mit einer Anwendungsvermutung richtigliegt. Dann stellt man einfach Fragen.

Im Idealfall erhalten Lernende nicht allzu lange nach ihrer Äußerung eine Rückmeldung darüber, wie richtig oder wie falsch sie mit ihrer Vermutung lagen. So können sie ihre Hypothesen ggf. verändern, bevor sie diese abspeichern.

Behaltensstrategien (Mnemotechniken)

- **Mindmapping:** Mindmaps erstellt man, um semantische Vernetzungen von Vokabeln graphisch zu erzeugen, ihre Ähnlichkeiten herauszustellen und sie so besser zu behalten.

- **Arbeit mit Karteikarten:** Auf der vorderen Seite steht das neue Wort, hinten die Übersetzung in die Muttersprache. Die Karte wird im Kaste vorne platziert, bis das betreffende Wort gut gelernt ist.
- **Loci-Technik:** Wörter werden mit mentalen Land- oder Ortskarten verbunden. Beispielsweise stellt man sich einen Rundgang durch ein Haus vor und legt gedanklich an verschiedenen Stellen neue Wörter ab. Eine Variante besteht darin, den neuen Lernstoff in eine Geschichte einzubinden.
- **Schlüsselwortmethode:** Man sucht zum neuen Wort ein ähnlich klingendes in der Muttersprache, z. B. für Biene das Wort *bean* (Bohne). Dann stellt man sich bildhaft die Bedeutung des neuen Wortes vor, z. B. wie eine Biene auf einer Bohne sitzt (vgl. Gold/Hasselhorn 2017).
- **Visualisieren:** Sprachliche und kulturelle Lerninhalte werden mit Bildern verknüpft, bereits während Redemittel gelernt werden. Der Dialog im Restaurant etwa wird besser gemerkt, wenn man sich Bilder zu typischen Begriffen wie z. B. Speisekarte etc. vorstellt oder Gesprächspartner:innen wie z. B. die Serviceperson während der Aufnahme der Bestellung.
- **Kognitives Elaborieren:** Zum neuen Stoff stellt man sich selbst Fragen, um das Neue besser im Gedächtnis zu vernetzen. Zwei Beispiele: Welche Kleidungsstücke sind passend für das Theater; welches Menü kann ich für 15 EUR von der Speisekarte zusammenstellen etc.

(Becker-Carus/Wendt 2007, 404f.).

Kommunikationsstrategie

Beispiel: Ich meine den Ort, wo man sich Bilder anschauen kann.

Strategie: Lernende setzen Redemittel ein, die ihnen helfen, Schwierigkeiten bei der Versprachlichung zu umgehen. Sie paraphrasieren, weil ihnen der Begriff fehlt; sie umschreiben etwas, was sie nicht präzise benennen können, sie vereinfachen ihre Mitteilungsabsicht oder vermeiden ein Thema ganz, zu dem ihnen Redemittel fehlen.

Methodik

In vielen Studien hat man sich in den letzten Jahrzehnten mit der Frage beschäftigt, was gute Sprachlernende ausmacht und in welcher Weise sie sich von nicht so guten Sprachenlernenden absetzen (Griffith 2008, Lightbrown/Spada 2013). Lehrkräfte können hierauf methodisch reagieren.

Interaktionsmöglichkeiten schaffen

Gute Lernende nehmen viele Gelegenheiten wahr, um die Sprache zu verwenden und um ihr Können auszuprobieren. Sie beteiligen sich aktiv an Diskussionen oder Sprachproduktionen, nutzen ein Medienangebot in ihrer Freizeit, das aktives Sprechen oder Schreiben, Lesen oder Hören in einem authentischen Kontext fördert.

Fehler tolerieren

Gute Lernende riskieren Fehler, um sich weiterzuentwickeln. Sie versuchen erst gar nicht, sie zu vermeiden. Interessiert zeigen sie sich daran, wie gut ihnen ein sprachlicher Beitrag gelang. So kontrollieren sie ihr eigenes Sprachvermögen. Sie sprechen auch Themen an, in denen sie bisher nicht sicher formulieren und verstehen konnten. Wer hier zu viel korrigiert, verunsichert Lernende und schränkt sie darin ein, ihre Hypothesen zu einem sprachlichen Phänomen auszuprobieren.

Reichhaltige Lernangebote machen

Gute Lernende setzen sich Ziele, in welchen Bereichen der neuen Sprache sie speziell vorankommen möchten. Sie möchten lernen bzw. üben, sie arbeiten auch ohne konkreten Auftrag Inhalte nach, um sie besser behalten oder anwenden zu können.

Differenziertes Feedback geben

Gute Lernende sind sehr offen für Korrekturen oder alternative Versprachlichungen von Muttersprachlern. Schließlich wollen sie sich weiterentwickeln. Tendenziell fassen sie Verbesserungsvorschläge als Lernangebot auf, nicht als Kritik. Natürlich muss die Kritik sachlich, nachvollziehbar und sensibel vorgetragen werden.

Sprachsensibilität fördern

Gute Sprachlernende sind interessiert daran, wie in ihrer Alltagswelt die Fremdsprache genutzt wird, von Muttersprachlern und von anderen kompetenten Sprachbenutzern. Sie nutzen das Umfeld, um von den wahrgenommenen Versprachlichungspraktiken und Sprachroutinen zu lernen (vgl. auch Kap. 18).

Beispiel

Schau dir die Szene im Film an. Du bekommst beim Zuschauen genügend Zeit,
um diesen Auftrag zu erledigen:
Schreibe auf, wie Monika ausdrückt,
dass ihr langweilig ist: *Mein Gott ist das fad*
dass sie Ärger in der Schule hat: ____________________
usw.

Lernstrategien vermitteln

Gute Lernende können sich verbessern, wenn sie sich ihrer Strategien bewusst sind. Sie profitieren davon, zu erfahren, was genau sie tun, um erfolgreich und nachhaltig zu kommunizieren. Das Ausprobieren einer noch nicht bekannten Strategie erweitert das Repertoire, wenn sie denn zu einem passt, z. B. um Texten Informationen zu entnehmen.

Beispiel

Wann sollte ich einen Text markieren?
Du hast einen Text mit vielen Fakten vor dir liegen. Später sollst du über bestimmte Dinge schreiben. Deshalb markiere die für dich wichtigen Informationen im Text.

Wie soll ich vorgehen?
1. Lies den Text. Markiere nur die wichtigen Informationen.
2. Markiere nicht in jedem Satz Informationen.
2. Hebe nur ganz wenige Wörter in einem Satz hervor.

Wie markiere ich?
Kreise wichtige Wörter ein.
Unterstreiche wichtige Wörter.
Hebe wichtige Wörter farblich hervor (Textmarker).

(Nach Schwarz 2008, 162.)

Zum Weiterlesen

Ballweg, S. u. a. : Wie lernt man die Fremdsprache Deutsch? München 2013.
Griffith, C. (Hg.): Lessons from Good Language Learners. Cambridge 2008.
Heringer, H.-J.: Fehlerlexikon – Deutsch als Fremdsprache. Berlin 2001.
Lightbrown, P. M./Spada, N.: How Languages Are Learned. 4. Auflage. Oxford 2013.
Roche, J.: Fremdsprachenerwerb – Fremdsprachendidaktik. 4.Auflage. Tübingen 2020.

5 Altersgemäßheit

- Sprachenlernen ist nur für Kleinkinder völlig mühelos.
- Trotzdem kann man in jedem Alter eine zusätzliche Sprache lernen.
- Ein systematischer Unterricht unterstützt Ältere beim Sprachenlernen.

Kontext

Das Alter hat am Erfolg beim Fremdsprachenlernen einen hohen, aber nicht den alleinigen Anteil. Je früher man eine neue Sprache lernt, desto leichter fällt zwar die Aneignung. Die externen Erwerbsbedingungen tragen aber ebenfalls zum Erfolg bei, z. B. die Kontaktzeit mit der neuen Sprache, Lernerfahrungen mit Sprachen, Lernmotivation. Dennoch haben Frühlernende entscheidende Vorteile gegenüber Spätlernenden.

Früher Spracherwerb	Später Spracherwerb	Lerngelegenheiten

Frühlernende

Frühlernende sind Kinder. In ihren ersten Lebensjahren eignen sie sich mühelos eine, zwei oder auch mehrere Sprachen an. Voraussetzung hierfür ist, dass sie diesen Sprachen entsprechend intensiv ausgesetzt sind und in ihnen kommunizieren. In aller Regel ist dies der Fall, wenn sich Kinder die Sprache(n) ihrer Eltern im familiären und unmittelbaren Umfeld aneignen. Die Leichtigkeit des Spracherwerbs hängt unter anderem mit der Verarbeitung grammatischer Informationen zusammen. Kinder verarbeiten sie in der linken Gehirnhemisphäre, Erwachsene müssen beide Hirnhälften aktivieren (OECD 2005,74). Manche Wissenschaftler:innen sprechen von der kritischen bzw. der sensiblen Periode. Sie meinen damit die Zeit zwischen dem Kindes- und dem Jugendalter, in der ein Sprachenerwerb nahezu perfekt funktioniert. Ohne große Anstrengungen erreichen Kinder muttersprachliches Niveau. Wenn die Lern- und Verwendungsbedingungen stimmen, können sie das Niveau halten.
Nach dem Kindesalter, spätestens in der Pubertät, wird guter Fremdspracherwerb schwieriger, aber nicht unmöglich. In Schule oder Kurs muss man Redemittel lernen, Regeln verstehen und üben. Zum Teil trifft dies schon auf den Unterricht an der Grundschule zu, wo heute alle Kinder die Gelegenheit haben, sich auf fremde

Sprachen einzulassen. Da jedoch Unterricht nicht mit einer natürlichen Erwerbssituation vergleichbar ist, sind die Lernfortschritte überschaubar und sehr vom Engagement und vom Können der Lehrkraft abhängig.
Didaktisch versucht man, im Klassenzimmer kindgemäße Lernbedingungen zu schaffen. Zum primarstufengerechten Lernen gehört es, das Üben regelmäßig, aber sehr abwechslungsreich zu gestalten. Stille Phasen sind nötig, um Fremdsprachliches zu verarbeiten, z. B. durch Ausmalen, Zuhören, individuelles Arbeiten. Spiele in und mit der Fremdsprache sind ideale Zugänge, solange das Sprachliche im Mittelpunkt steht.

Ganzheitliche Methoden wie Total Physical Response oder Learning through Drama beziehen Mimik und Bewegung in die Lernprozesse mit ein. Kinder nutzen dabei ihren Körper zum Lernen, reagieren mit Bewegungen auf Aufforderungen in der Fremdsprache (vgl. auch Kap. 20).

Beispiel

Führe bitte alle Anweisungen pantomimisch aus.
Du befindest dich vor einem Raumschiff.

1. Öffne die Cockpittür.
2. Setz dich hinein.
3. Richte dir den Sitz ein.
4. Greife an den Steuerknüppel und probiere ihn aus.
5. Starte nun die Triebwerke und steuere das Raumschiff zur Landebahn.
6. Beschleunige nun das Raumschiff und ziehe es in die Luft.

Das nonverbale Reagieren reicht natürlich nicht für einen Erwerb der neuen Sprache aus. Lernende sollen auch viel sprechen, die Fremdsprache ausprobieren, mit ihr experimentieren, ohne immer gleich korrigiert zu werden. Gut geeignet ist das Immersionslernen, eine Art Sprachbad. Lernende befinden sich an Orten, wo man der neuen Sprache besonders häufig begegnet und sie aktiv nutzt, für Mitteilungen, Beschwerden, Ankündigungen, Unterhaltungen etc. Die Kontaktzeit mit der Fremdsprache ist beim Immersionslernen hoch, weil sie in allen Fächern und im ganzen Schulhaus benutzt wird. Fehler erleben Kinder als etwas Normales, das zu Erwerbsphasen gehört und deshalb toleriert wird.

Spätlernende

Trotz alledem bleibt das Sprachenlernen eine klassische Domäne der Spätlerner. Das sind Erwachsene ab etwa 15 Jahren. Sie haben das typische Alter überschritten, in dem man sich eine neue Sprache mühelos aneignet. Die Unbefangenheit, mit der Kinder mit einer fremden Sprache umgehen, fehlt Erwachsenen. Sie konzentrieren sich auf das, was sie einigermaßen beherrschen und versuchen, Fehler zu vermei-

den. Sie sind am Regelwerk einer Sprache interessiert, verlangen nach Erklärungen, gehen also stärker kognitiv beim Spracherwerb vor.
Alle Spätlerner sind in Sprachlernprozesse eingebunden, weil an allen Schulformen Fremdsprachen unterrichtet werden. Für Viele bringen es Beruf oder Freizeitinteressen mit sich, dass sie sich im Erwachsenenalter mit dem Fremdsprachenlernen befassen. Oder mit der Reaktivierung schon einmal erworbener fremdsprachlicher Fähigkeiten. Dies ist mitunter problematisch, selbst wenn es sich bei der Fremdsprache um Englisch handelt. Viele haben dies erfahren, die Jahre nach dem Schulabschluss nun aufgefordert sind, z. B. Verhandlungen in der Fremdsprache zu führen. Sie tun sich zunächst recht schwer damit.

Fremdsprachenbedarf im Beruf

- Briefe und E-Mails schreiben.
- Telefonieren.
- Diskutieren und Verhandeln.
- Präsentationen halten.
- Sonstiges (Im Land kommunizieren, Fachtexte lesen und verfassen, Produkte, Vorgänge beschreiben etc.).

(Nach: Stiftung Warentest 2007 und Stohlmann 2011.)

Eine große Herausforderung stellt für Zugewanderte der Erwerb der Sprache einer Zielkultur dar. Manche haben keinerlei Erfahrungen mit dem Fremdsprachenlernen. Sie müssen sich an das Üben und Lernen erst noch gewöhnen. Oft ist dies mühevoll und begleitet von Enttäuschungen. Ohne Hilfe praktizieren sie Strategien, die am nächsten liegen: Sie lernen auswendig, imitieren, schreiben Redemittel ab. Ohne kommunikative Anschlussaktivitäten sind diese Strategien jedoch wenig effizient.

Schwierigkeiten entstehen zudem, wenn eine Muttersprache bzw. Erstsprache keine Verwandtschaften zur neuen Sprache aufweist. Zusätzlich ergibt sich als Problem, dass Kompetenzen in der Zielsprache mitentscheidet dafür sind, dass Integration gelingt. Spätlernende erreichen in der Fremdsprache vielleicht nicht mehr ganz das Niveau gebildeter Muttersprachler:innen. Flüssigkeit, Präzision, grammatische Wohlgeformtheit, Sprachgewandtheit dagegen schon (Muñoz/Singleton 2011). Einschränkungen gibt es bei der Aussprache, bei der Korrektheit, beim Verstehen mündlicher Sprache. Im Gegensatz zu Frühlernenden können Spätlerner auf ein umfangreiches Vorwissen zurückgreifen. Sie verfügen über Lernerfahrungen und Lernstrategien. Sie verstehen Erläuterungen und Regeln und können sprachliche Defizite beschreiben (Grotjahn/Schlak 2013). Mit Lernbereitschaft, linguistischer Risikobereitschaft und einer motivierten Grundhaltung lassen sich manche Nachteile des Spätlernens fremder Sprachen abmildern.

Methodik

Die methodischen Implikationen konzentrieren sich auf Spätlernende, die eine fremde Sprache wie Deutsch in einem Kurs oder in der Schule lernen.

Lernerfolge sichtbar machen

Spätlernende sind kritische Lerner:innen. Es geht ihnen oftmals nicht schnell genug mit dem Spracherwerb. Dann entgeht ihnen mitunter, was sie über einen Zeitraum alles schon gelernt haben. Lernfortschritte bewusst zu machen, durch Lernertagebücher, Lerngespräche etc., zeigt Fortschritte auf und macht sie sichtbar (vgl. Kap. 26).

Beispiel

Montag ______________________

Das ging recht gut:

Vokabeln sammeln

Dialog „Im Geschäft"

Hier hatte ich Schwierigkeiten:

Präpositionen mit Genitiv

Das ist noch immer ein Problem für mich:

Der, die, das.

Inhaltlich lernen

Die Spanne zwischen dem, was Spätlernende sprachlich beherrschen und den Handlungen, die mit dem Beherrschten möglich sind, ist am Anfang recht groß. Damit ist auch die Gefahr vorhanden, dass Aktivitäten zu ‚kindlich' wirken, thematisch unterfordern. Eine geschickte Themenauswahl, anspruchsvolle, authentische aber sprachlich zunächst leichte Inhalte aus dem Interessensspektrum der Lernpersonen sorgen dafür, dass sich die LernerInnen ernstgenommen fühlen und eher bereit sind, sich mit ihnen zu beschäftigen.

Beispiel

Auszug Inhaltsverzeichnis Kursbuch Niveau A1 (Spätlernende):

Ämter und Behörden.

A Tätigkeiten/Abläufe auf dem Amt erklären.
B Anweisungen und Ratschläge geben.
C über Erlaubtes und Verbotenes sprechen.
D ein Meldeformular ausfüllen.
E um Erklärungen und Verständnishilfen bitten.

Implizite Lerngelegenheiten schaffen

Es ist inzwischen Standard, im DaF/DaZ-Unterricht mehr oder weniger ausschließlich die Lernsprache zu verwenden. Ziel muss es jedoch sein, die Kontaktzeiten generell zu erhöhen. Dieses implizite Lernen wird gefördert, wenn die Lernsprache auch im Alltag genutzt wird, in Interaktionen mit Lehrkräften und unter den Teilnehmenden selbst, in sprachaktiven Umgebungen, durch die (interaktive) Nutzung von Informationsmedien und sozialen Netzen in der Lernsprache etc.

Lerngelegenheiten	
Alltagskulturelle Kontakte Vereine und Institutionen Außerschulische Lernorte Virtuelle Kontaktangebote	Supermarkt Café Schnellimbiss Gemeinde Museum Veranstaltungen Kino Theater Volkshochschule Fortbildungskurse Sportverein Internetcafe Feuerwehr THW Parteien Sprachlernchats Soziale Medien usw.

Systematisch trainieren

Eine explizite Vermittlung von Redemitteln, die geübt und bei Bedarf formal betrachtet werden, ist eine notwendige Ergänzung impliziter Lerngelegenheiten. Auch für Spätlernende gilt, dass sie nicht jederzeit alles lernen können. Redemitteln muss man Aufmerksamkeit schenken, damit sie zum Sprachbesitz werden (DeKeyser 2000).

Implizites mit explizitem Lernen kombinieren

Die bisherigen methodischen Impulse werden von der Forschung unterstützt. Demnach baut ein erfolgversprechender Unterricht auf Aktivitäten auf, die das explizite und implizite Lernen gleichermaßen fördern (Pfenninger 2016). Lernaufgaben mit einer sprachlichen Fokussierung, Szenarien, an die sich die Behandlung eines aufgetretenen sprachlichen Phänomens anschließt oder die Einführung von Redemitteln, auf die eine aufgabenbezogene Anwendung folgt, sind wichtige Bausteine der Unterrichtsgestaltung.

Beispiel

1. Schreiben Sie eine E-Mail an eine Bekannte oder an einen Bekannten.
   Berichten Sie, wie Sie den Tag gestern verbracht haben.
   Ich bin ...... *Dann* *Zuletzt*
   Ich habe ......
   Am Morgen *Am Nachmittag* *Am Abend*

2. Tauschen Sie Ihre Mail mit der Ihres Nachbars oder ihrer Nachbarin. Unterstreichen Sie zwei Äußerungen. Schauen Sie im Textbuch oder im Wörterbuch nach, wie man die beiden Äußerungen anders ausdrücken kann.
3. Schreiben Sie Ihre Alternativen mit grüner Farbe in die E-Mail.

Gemeinsamkeiten nutzen

Viele Spätlernende sind mehrsprachig. Sie haben also vielfältige Erfahrungen mit dem Erwerb einer Sprache bereits gemacht. Diese Lernerfahrungen können sehr unterstützend beim Erwerb einer neuen Sprache sein (vgl. Kap. 5 und 26).

Zum Weiterlesen

Berndt, A.: Senioren lernen Deutsch: 13 Grundgedanken. In: gfl-journal 3/2000, 1-14.
Fremdsprache Deutsch, Heft 48: „Deutsch für Kinder". Berlin 2013.
Fremdsprache Deutsch, Heft 51: „Wie Jugendliche Deutsch lernen". Berlin 2014.
Tracy, R.: Wie Kinder Sprachen lernen: Und wie wir sie dabei unterstützen können. Tübingen 2008.

6 Verständlichkeit

- Ohne inhaltliches Verstehen von Informationen misslingt Spracherwerb.
- Das Verstehen sicherzustellen ist eine zentrale Aufgabe der Unterrichtsgestaltung.
- Es gibt verstehensfördernde Strategien, die Lehrkräfte anwenden können.

Kontext

Die Verständlichkeit der Sprache, die Lernende umgibt, ist entscheidend dafür, dass sie diese Sprache erwerben. Wenn man damit beginnt, eine neue Sprache zu lernen, hört man erst einmal zu. Erst nach einer bestimmten Zeit versucht man selbst, eigene Sätze zu formulieren und etwas auszudrücken.

Vereinfachung	Fokussierung	Vorentlastung

Schon Babys tun dies. In den ersten Lebensmonaten durchlaufen sie eine stille Phase (*silent period*). Sie trainieren sich in Lauten, imitieren sie spielerisch, verwenden aber noch keine Wörter. Um das erste Lebensjahr herum beginnen sie mit dem Sprechen und wollen etwas mitteilen: In Einwortsätzen, in Zweiwortsätzen, im Telegrammstil (ohne Funktionswörter).

Ab dem 3. Lebensjahr formulieren Kleinkinder schon grammatisch differenziert. Ihr Umfeld hat sie mit Input versorgt, mit allerlei Inhalten, verpackt in Wörtern, Ausrufen, Aufforderungen, Fragen, kleinen Erzählungen etc. Streckenweise wurde der Input unbewusst angepasst, verlangsamt, stark vereinfacht, manchmal auch verniedlicht. Vieles wurde wiederholt, in anderen Worten nochmals gesagt.

Die Eltern haben auf Objekte der Umwelt aufmerksam gemacht (Schau da, die schöne Blume), Mimik und Gestik eingesetzt, um Wörter oder Begriffe verständlich zu machen. Dabei haben sie sehr oft unbewusst überprüft, ob ihr Kind sie verstanden hat: Und dies wieder in eine Äußerung gepackt: „Jetzt hast du die Blume gesehen, schön …“.

Methodik

Ein DaF/DaZ-Unterricht, dem es auf Verständlichkeit ankommt, nutzt in erster Line vergleichbare Techniken, wie sie Eltern bei ihren Kindern im Erstsprachenerwerb verwenden. Oder Menschen, die mit einer bestimmten Gruppe sprachlich zu tun haben: Mit Kindern, mit Erwachsenen, die eine Landessprache nicht gut verstehen. Dann wird simplifiziert, reduziert, fokussiert, überladen, wiederholt, paraphrasiert, das Bildliche genutzt.

Verständlicher Input

Der amerikanische Spracherwerbsforscher Stephen Krashen hat schon in den 1980er Jahren auf die Bedeutung eines verständlichen Input für das Sprachenlernen hingewiesen. Solch ein Input ist authentisch in dem Sinne, dass er auch Elemente mündlicher Sprache nutzt und einige wenige Begriffe bzw. Satzpatterns, die Lernende noch nicht selbst nutzen können. Vielleicht können sie einige Begriffe noch nicht einmal verstehen. Eltern machen das übrigens genauso. Im Grunde sprechen sie mit ihrem Kind bald so, wie mit einem Erwachsenen. Auf diese Weise wird Verstehen vorbereitet. Das, was explizit verstanden werden soll, wird durch verschiedene Techniken hervorgehoben. Unbewusst oder bewusst. Im Übrigen ist es ein Kennzeichen von Sprachaufnahme, dass nicht alles verstanden werden muss, um mit einer Aussage etwas anfangen zu können. Im Kasten finden Sie ein Beispiel (in Auszügen), wie man Farben nach den Vorgaben eines verständlichen Input einführen würde:

Beispiel

Lassen Sie mich die Zahl der Schülerinnen und Schüler mit blauen Augen zählen. Eins, zwei, drei, vier ... OK. Gibt es noch andere? Ja? Ach, natürlich, ich darf Selma nicht vergessen. Sie hat blaue Augen. Nun, wer hat braune Augen? Schauen Sie einmal. Hat Martin braune Augen? Und welche Farbe hat sein Pullover (braun)? ...

Kennzeichen eines verständlichen Input:
- Verweilen bei der Darbietung neuer Wörter (Zeit lassen).
- Mehrere Anwendungsbeispiele für ein Wort nennen (braune Augen, Pullover braun).
- Erklärungen auf das Hier und Jetzt beziehen (Kleidung, Haar-, Augenfarbe von Lernern).
- Neue Wörter in authentische Sätze einbauen (Hat Martin braune Augen?).
- Wörter in Alltagssprache einbinden, einschließlich der Füllwörter (OK, Ja? Ach!).
- Bedeutung von Begriffen visualisieren (auf Augen deuten, auf Kleidungsstück deuten).
- Einführung in einfache Interaktion einbinden, die für SchülerInnen mit ja/nein beantwortbar ist (Hat Malte braune Augen?).

Könnte man zuhören, wie die Lehrkraft die Farben einführt, kämen zu den Merkmalen eines verständlichen Input hinzu:
- Weite Tonhöhen.
- Eine ausgeprägte Intonation.
- Ein etwas verlangsamtes Sprechtempo.

Fokussierter Input

Ein fokussierter Input zielt ebenfalls auf Verständlichkeit. Aber er verzichtet auf alle Sprachmittel, die vom Lernstoff vermeintlich ablenken könnten. Das Ziel ist es, einen bestimmten Wortschatz zu vermitteln oder, wie im Falle des Beispiels unten, ein ausgewähltes grammatisches Phänomen vorzustellen:

Beispiel

L: Wo ist die Aktentasche? (L unterstützt mimisch) Unter dem Bett (zeigt auf Bild). Und wo ist das Heft? Auf dem Tisch (L zeigt auf Bild, Realie) …
L: Bitte zeigen Sie auf den Gegenstand und sprechen Sie dazu: Wo ist die Schultasche? …

Kennzeichen eines fokussierten Input:
- Fokussierung auf Lernstoff.
- Nur bekannte Sprachmittel (Frageform, Wortschatz Kursmaterialien, Kurzantwort).
- Visuelle Semantisierung (Bild, Realien).
- Mimisch-gestische Semantisierung (z. B. ‚fragendes' Gesicht, Handflächen nach oben).
- Nonverbales erstes Überprüfen des Verstehens (Bitte zeigen Sie …).

Vorentlasteter Input

Die Input-Beispiele oben können von der Lehrkraft spontan beeinflusst werden. Sie hat jederzeit die Möglichkeit, auf Verständnisprobleme zu reagieren, die bei der Präsentation von Input auftreten. Sie kann eine Äußerung paraphrasieren, sie erläutern, weitere individuelle Beispiele benutzen.
Anders sieht es mit Input aus, der eingesetzt wird, um das Hörverstehen zu trainieren oder das Leseverstehen. Manchmal ist es nötig, einige Wörter oder Begriffe zu erklären, bevor die Lerner:innen den Text selbst hören oder lesen. Genauso wichtig ist es, vor einer Textrezeption das Vorwissen der Teilnehmenden zu aktivieren. Wenn man Titel, Überschriften, Bilder zum Textinhalt sieht, fällt einem ein, was man darüber selbst weiß. Man entwickelt eine Vorahnung, ein Vorverständnis. Beides ist für das Verstehen des Input sehr hilfreich. Auch Hinweise, worauf man besonders achten sollte, entlasten vor. Dann stellt die Lehrkraft Fragen, die verhindern, dass sich SchülerInnen auf Unwichtiges, Nebensächliches im Text konzentrieren.

Beispiel

Die Überschrift des Textes lautet: „Was man in Deutschland gerne isst." Es geht um Lieblingsgerichte in Deutschland. Mein Lieblingsgericht ist Pizza. Haben Sie auch ein Lieblingsgericht? ... Diese Bilder zeigen verschiedene Gerichte. Welches Gericht essen Sie gerne, welches nicht so gerne? ... Kreuzen Sie bitte die Gerichte im Arbeitsblatt an, die Sie hören.

Kennzeichen eines vorentlasteten Input:

- Bildhafte, mündliche oder schriftliche Impulse zum Input sollen vor dem Hören oder Lesen das Vorwissen aktivieren.
- Wichtiges Vokabular, das für das Verstehen zentral ist, wird vorab angesprochen.
- Manche Textinhalte werden auch visuell dargestellt.
- Es gibt Fragen zum Input, die das Hören oder Lesen lenken, schwierige Passagen umgehen.

Einfache Sprache, leichte Sprache

Einfache bzw. leichte Sprache sind Konzepte zur verständlichen Formulierung von Informationen. Ziel der Konzepte ist es, Menschen mit Beeinträchtigungen Inhalte zugänglich zu machen. Dazu zählt auch, wer nicht so gut Deutsch versteht. Für diese Personengruppe werden Texte in einfacher Sprache verfasst. Die Wortschatzauswahl ist am Verstehens- und Formulierungsniveau der Zielgruppe orientiert. Die Satzstrukturen repräsentieren das im Lehrplan intendierte Kompetenzniveau. Man findet Texte in einfacher Sprache beispielsweise in Lehrmedien für Deutsch als Fremdsprache.

Beispiel

Hören Sie den Text. Kreuzen Sie an: Wer sagt was?	Kundin	Verkäufer
Guten Tag. Ich hätte gerne Kartoffeln.		
Gerne. Wie viel möchten Sie denn?		
2 Kilo bitte. Ich brauche auch noch Äpfel.		
Welche Sorte möchten Sie denn?		
Fünf Stück von den roten, bitte.		
Darf es noch etwas sein?		
Nein danke, das ist alles.		
Das macht genau 5 Euro, bitte.		

Kennzeichen einfacher Sprache:

- Begrenzte Satzstrukturen.
- Alltagsbezogener Wortschatz.
- An Situationen und Themen orientiertes linguistisches Inventar.
- Auswahl der Redemittel entsprechend der Lehrwerksprogression.

Das Netzwerk ‚People First' hat die Initiative ‚Leichte Sprache' ins Leben gerufen und eine Reihe von Regeln zusammengestellt, wie man Inhalte in mündlichen oder schriftlichen Texten sprachlich leicht verständlich halten kann. Texte in leichter Sprache enthalten oftmals zusätzliche Erklärungen zur verwendeten Begrifflichkeit. Darüber hinaus wird das Layout angepasst (im Beispiel des rechten Kastens nicht übernommen).

Beispiel

Schwere Sprache (Auszug)	Leichte Sprache (Auszug)
Im Prozess um die getötete Galeristin Gerda B. aus Leer hat das Landgericht Aurich den 55-jährigen Angeklagten wegen Körperverletzung mit Todesfolge zu sechseinhalb Jahren Haft verurteilt. Die Staatsanwaltschaft hatte sieben Jahre Haft gefordert, die Verteidigung sechs Jahre. Gerda B. wurde im Oktober 2016 getötet. Monate später fanden Spaziergänger die Leiche der 66-Jährigen in einem Waldstück an der Autobahn 1 bei Seevetal.	In Niedersachsen war ein Prozess. *(Ein Prozess ist ein Streit vor Gericht. Bei einem Prozess entscheidet das Gericht: Hat ein Mensch etwas Verbotenes getan? Dann bekommt dieser Mensch eine Strafe. Oder hat ein Mensch nichts Verbotenes getan? Dann bekommt dieser Mensch keine Strafe).* Der Prozess war in Aurich. Bei dem Prozess hat das Gericht einen Mann verurteilt. Der Mann hat nämlich eine Frau getötet. Jetzt muss der Mann für 6 Jahre und 6 Monate ins Gefängnis. [Im Original Hervorhebungen und Absätze WG].

Aus: NDR.de (24.11.17)
[http://www.ndr.de/suche10.html?query=prozess+aurich].

Kreuzen Sie an:	Ja	Nein
Eine Frau starb.		
Der Prozess war in Bremen.		
Ein Mann hat eine Strafe bekommen.		
Der Mann muss nicht ins Gefängnis.		

Kennzeichen leichter Sprache:

- Die Sätze sind kurz, einfach konstruiert und enthalten immer nur einen Gedanken.
- Schwerer zu verstehende Konstruktionen wie Passiv oder Konjunktiv werden vermieden.
- Die Begrifflichkeit ist konkret, anstelle von Fachvokabular gibt es Beispiele.
- Für eine Sache wird immer dasselbe Wort benutzt.
- Lange Wörter werden durch Bindestrich aufgelöst.

(vgl. Freyhoff u. a. 1998)

Zum Weiterlesen

Bredel, U./Maaß, C.: Leichte Sprache. Berlin 2016.

Crawford, C./Krashen, S.: English Learners in American Classrooms. Portland 2015.

Freyhoff, G. u. a.: Sag es einfach. Europäische Richtlinien für die Erstellung von leicht lesbaren Informationen. 1998. [http://www.webforall.info/wp-content/uploads/2012/12/EURichtlinie_sag_es_einfach.pdf].

7 Aktivierung

- Die kognitive Aktivierung der Lernenden ist mitentscheidend für die sprachliche Entwicklung.
- Kommunikative Tätigkeiten im weiteren Sinne lassen sich von Anfang an im Curriculum verankern.
- Kommunikativ arbeitende Lehrkräfte achten auf einen anregenden Anforderungscharakter der Aufgaben.

Kontext

Das Aktivieren der Schüler:innen ist eine der wichtigsten Maßnahmen von Lehrkräften. Sie zielen darauf ab, Lerner dazu zu bringen, in der Fremdsprache zu hören, lesen, sprechen oder zu schreiben. Unterteilen lassen sich Aktivitäten in kognitive und kommunikative Tätigkeiten. Manche Didaktiker ergänzen die Kategorie ganzheitlich, die auch hier schon erwähnt wurde. Damit meinen sie Aktivitäten, die die Sprachverwendung mit künstlerischen, musischen oder bewegungsintensiven Tätigkeiten verbindet. Bisweilen steht der nichtsprachliche Anteil am Tätigsein auch im Vordergrund, was dazu beträgt, dass das Sprachenlernen eher implizit profitiert.

Im Fremdsprachenunterricht ist die Unterscheidung allerdings fließend. Wer sich überlegt, wie er etwas ausdrücken soll oder kurz darüber nachdenkt, welche Vokabeln, welche Strukturen den Ausdruckswillen am besten realisieren helfen, der

Kognitiv	Kommunikativ	Ganzheitlich

ist kognitiv und gleichermaßen kommunikativ aktiv. Schließlich macht man sich Gedanken, wie der Redebeitrag gestaltet sein sollte für den betreffenden kommunikativen Anlass. Dies gilt auch für Aufgaben, in denen z. B. verlangt wird, Sprachimpulse in Bewegungen zu überführen. Um dies zu leisten, muss der Auftrag erst einmal dekodiert werden.
Aufgrund dieser Überschneidungen sollen Aktivitäten im Folgenden zunächst daraufhin zu betrachten, welche kognitiven und kommunikativen Anforderungen sie stellen. Imitationsaufgaben habe ich nicht aufgenommen, da keine dieser Anforderungen erfüllen. Sie unterstützen primär Festigungsprozesse bei Ausspracheroutinen oder Satzbaumustern.

Methodik

Kognitiv aktivieren

Bei der Einschätzung der kognitiven Aktivierung wird danach gefragt, wie anspruchsvoll eine Aktivität ist und welche gedanklichen Operationen man durchführen muss, um sie zu lösen.

- Reproduktionsaufgaben trainieren ausgewählte Elemente des Sprachsystems oder einer Kompetenz. Die LernerInnen kennen das Neue und sollen es nun festigen.

Beispiel

Sammeln Sie Artikel, die man in einem Supermarkt kaufen kann:
Anorak, Apfel, B __________ C __________ D __________

- Anwendungsaufgaben sind so angelegt, dass das Neue in veränderter Form verwendet werden soll.

Beispiel

Blättern Sie den aktuellen Prospekt eines Supermarktes durch.
Stellen Sie eine Einkaufsliste zusammen.
Sie haben 50 Euro zur Verfügung.

- Transferaufgaben sind in eine neue Situation eingebettet und stellen Erwartungen, die in vorausgehenden Aktivitäten der Stunde nicht aufgetreten sind.

Beispiel

Sie möchten Kleidung bei Ebay verkaufen.
1) Suchen Sie sich 5 Kleidungsstücke aus.
2) Beschreiben Sie sie stichpunktartig (Art, Marke, Größe, Farbe, Preis).
3) Erstellen Sie nun ein Angebot.

Es sollte ein Maß gefunden werden, das weder über- noch unterfordert und dennoch dazu anspornt, sprachlich etwas zu wagen.

Kommunikativ aktivieren

Bei Aufgaben mit einer stärker kommunikativen Aktivierung wird danach gefragt, welche Formen der Sprachverwendung sie auslösen. Drei Formen sollen hier genügen:

- Kommunikation vorbereitende Tätigkeiten üben und festigen Redemittel.

Beispiel

Setzen Sie in die Vergangenheit:

1. Lara besucht ihre Mutter.
2. Achmed telefoniert mit seiner Tante

...

- Kommunikation erprobende Tätigkeiten bieten Situationen an, in denen Lernende in kleinen Rollen, Dramaaktivitäten, Schreibanlässen sprachlich aktiv werden. Das sprachliche Niveau ist auf das Können der Lerngruppe angepasst.

Beispiel

A: Sie sind Kunde auf dem Wochenmarkt. Sie möchten frische Orangen aus Italien kaufen.
B: Sie verkaufen Obst auf dem Wochenmarkt. Sie haben keine Orangen aus Italien, aber frische Melonen von der Großmarkthalle.

- Kommunikation gestaltende Tätigkeiten werden in Aufgaben ausgeführt, in denen die Lernsprache ziel- und ergebnisorientiert eingesetzt wird.

Beispiel

Sie sind Sprecherin einer Bürgerinitiative gegen Windräder. Heute sollen Sie eine kurze Rede vor dem Stadtrat halten und die Argumente Ihrer Initiative vortragen.
Notieren Sie in Stichpunkten Ihre Argumente.
Bringen sie die Argumente in eine überzeugende Anordnung.
Tragen Sie nun Ihre Positionen vor. Lesen Sie nicht wortwörtlich vom Blatt ab.

Wer die neue Sprache nur als Lerngegenstand kennenlernt, den man in Reihenübungen zur Vorbereitung auf Kommunikationssituationen trainiert, wird es schwer haben, die kommunikative Kraft des Geübten und Gefestigten im Alltag zu erkennen. Der Nutzen des Wortfeldes, der Satzstruktur, der Wendung für die sprachlichen Herausforderungen im Alltag erschließt sich leichter, wenn neue Redemittel in kommunikative Anlässe integriert werden.

Ansteigend aktivieren

Am Ende einer Lerneinheit sollen die Lerner:innen mehr können als am Anfang. Dies klingt nach einer Binsenweisheit. Dennoch sollte man sich daran halten und Aufgaben so zusammenstellen, dass die kommunikativen Anforderungen ansteigen und vielfältiger werden. Man spricht hier auch von kommunikativer Progression:

Zu Beginn einer Einheit haben die Lernenden viel reproduziert und in Kommunikation vorbereitenden und erprobenden Tätigkeiten Neues geübt und gefestigt. Am Ende der Einheit ist der Anteil des freien Sprechens oder Schreibens, das Anwenden und Transferieren also, deutlich höher.

Beispiel

1) Bilden Sie Fragen: Woher __________
Wie __________
Wissen Sie __________
...
2) Sie treffen sich an einer Bushaltestelle zum ersten Mal. Unterhalten Sie sich spontan.

Verweilend aktivieren

Es geht in einem Sprachkurs nicht darum, möglichst schnell möglichst viele Redemittel zu vermitteln. An die neuen Vokabeln, Strukturen und Sprachfunktionen müssen sich Lernende gewöhnen. Sie benötigen Zeit, die Redemittel in ihren Sprachbestand zu integrieren. Auch die Vernetzung des neuen Stoffs mit dem bestehenden Wissen geht nicht von heute auf morgen. Lehrkräfte können diese Prozesse unterstützen, indem sie beim neuen Lernstoff länger verweilen. In diesem Fall sorgen sie für viele, vielfältige Anwendungssituationen mit dem neuen Inhalt: reproduktiv und produktiv, rezeptiv und aktiv, schriftlich und mündlich.

Beispiel

1. Schreiben Sie Fragen.
Sie – kommen – woher   Woher kommen Sie?
Sie – Dortmund – wohnen   __________
Sie – haben – Hobby   __________
2. Schreiben Sie Fragen.
__________   Ich lese gerne
__________   Ich lese gerne Krimis
3. Lesen Sie den Text.
Sammeln Sie Fragen.
Schreiben Sie 5 Fragen, die der Text beantwortet.
Lassen Sie Ihre Nachbarin ihre Fragen beantworten.
4. Ein Interview vorbereiten.
Sie bereiten sich auf ein Interview mit ihrem/r Lieblingssänger/in vor.
Schreiben Sie Fragen auf, die sie gerne stellen würden.
Spielen Sie das Interview mit Ihrem Banknachbarn vor der Klasse.

Vielfältig aktivieren

Durch die Gestaltung erreicht man Vielfalt, wenn man verschiedene Teilkompetenzen und Arbeitsformen im Lehrkonzept aufruft. Dann gibt es gesteuerte und ungesteuerte Hör- und Lesephasen, Raum für Sprachhandlungen, wie auch für Schreibphasen. Die Arbeitsaufträge werden alleine, in Partner- und in Gruppenphasen bearbeitet, die Lehrkraft wechselt von der Instruktion zur Individualisierung, von zentrierten zu kooperativen Phasen. Diese Vielfalt wird auch als Rhythmisierung bezeichnet oder als Methodenwechsel.

Die Vielfalt der Talente auszuschöpfen setzt ein Bündel an Aktivitäten voraus. Es enthält Aufgaben zur Reproduktion von Lernstoff, zur Anwendung und, zumindest für einige Schüler, zum Transfer. Die Tätigkeiten können das Versprachlichen oder das Verschriftlichen sein, das nonverbale Reagieren, das szenische Erspielen: der Aktivierungsbogen ist weit gespannt. Die jeweiligen Operatoren der betreffenden Formate sorgen dafür, dass sprachliches Training nicht eintönig wird. Und dass man das Ziel der Aktivität im Auge behält.

Operatoren

Operatoren sind Aktivverben, die eine Tätigkeit in der Fremdsprache beschreiben. Sie definieren für verschiedene Anwendungsbereiche die sprachliche Leistung. Beispielweise hat ein Lückentext den Operator ‚ergänzen'. Anwendungsaufgaben operieren auf der Ebene z.B. von ‚ausführen, erklären, Stellung nehmen' etc. Ein Operator ist nicht zwingend trennscharf. Beispielsweise ist das Beschreiben eines Bildes weniger komplex als die Beschreibung von Beweggründen einer Romanfigur. Damit der Zweck erfüllt wird, bietet es sich in solchen Fällen an, Operatoren miteinander zu kombinieren und Teilhandlungen zu spezifizieren, also: Beschreibe die Menschen im Bild, erkläre, weshalb keine Gesichter zu sehen sind usw. In diesem Buch verwende ich Operatoren, um die Anforderung eines Beispiels darzustellen. Dabei beziehe ich mich auf das Modell kognitiver Leistungen nach Anderson/Krathwohl 2001.

Beispiele

Reproduzieren:	Beschreiben Sie, führen Sie zusammen, benennen Sie, ordnen Sie etc.
Analysieren:	Stellen Sie dar, beschreiben Sie, kategorisieren Sie, vergleichen Sie etc.
Bewerten:	Nehmen Sie Stellung, diskutieren Sie, wägen Sie ab, beschreiben Sie etc.

Die Dokumentation von Lernergebnissen trägt ebenfalls zur Vielfalt bei. Ergebnisse einer Lerntätigkeit können mündlich dargestellt werden, nicht zuletzt als Podcast oder Aufnahme mit dem Smartphone. Tafel, OHP, Flipchart unterstützen die Schriftlichkeit, das Erstellen eines Posters oder eines Aushangs führt zu individuellen

Produkten. Das didaktisch durchdachte Zusammenspiel traditioneller und digitaler Medien trägt dazu bei, dass Teilnehmende ihre Stärken einbringen, im Umgang mit Smartphone-Funktionen, bei der Gestaltung von Aushängen (vgl. auch Kap. 29).

Sozial aktivieren

Zusammen etwas zu teilen oder gemeinsam etwas zu erarbeiten ist heute Teil der Alltagskultur. Einst initiiert durch soziale Medien, hat man sich inzwischen daran gewohnt, Inhalte anderen verfügbar zu machen und deren Meinung einzuholen. Im Unterricht heißt soziales Aktivieren zunächst die Verlagerung von Arbeitsphasen in verschiedene Kooperationsformen. Soziales Aktivieren basiert auf Tätigkeiten, bei der jeder Kooperationspartner einen Teil einer Aufgabe bearbeitet. Jeder Beitrag trägt zur Lösung der Aufgabe bei.
Eine Variante sozialen Aktivierens sind Arbeitsgruppen, die Beiträge der einzelnen Mitglieder kommentieren, ergänzen oder editieren. Die Ergebnisse werden im Plenum verteidigt bzw. kommentiert. Ein bekanntes Format ist die Schreibkonferenz.

Beispiel

1. Schreiben Sie einen Erstentwurf zum Thema.
2. Bilden Sie eine Gruppe aus 5 Personen.
3. Lesen Sie ihren Entwurf ihrer Gruppe vor.
4. Hören Sie sich die Entwürfe Ihrer Gruppenmitglieder an.
5. Notieren Sie zu jedem Entwurf, was ihnen gefallen hat und was nicht.
6. Stellen Sie ihre Sichtweise in der Gruppe vor und verteidigen sie gegebenenfalls.

Wiederholend aktivieren

Viele Unterrichtsstunden beginnen mit dem Wiederholen von Lernstoff, der in einer vorausgehenden Lerneinheit vermittelt wurde. Wiederholung ist eine gute Möglichkeit für LernerInnen, die Erinnerung aufzufrischen und Sprachfunktionen nochmals zu erproben. Während einer Unterrichtsstunde von 45-Minuten sollte in 15-Minuten-Abständen wiederholt werden. Am besten von den Teilnehmenden selbst.
Nachhaltig sind Wiederholungen, die einem didaktischen Plan folgen und somit eine Systematik aufweisen. Ein eingeführter Inhalt muss in mehreren Wiederholungsphasen, die auf mehrere Wochen verteilt sind, immer wieder aufgerufen werden, damit er ins Langzeitgedächtnis übergeht.

Planvoll aktivieren

Bei der Planung von Aktivitäten müssen eine Reihe von Aspekten mitbedacht werden. Sie lassen sich als Analysekomponenten darstellen (siehe Kasten):

Analysekomponenten

1. **Zielanalyse:** Zunächst muss klar sein, was genau die Lehrkraft trainieren will, ein sprachliches Element oder eine Kommunikationsform, das inhaltliche Verstehen oder das sinnhafte Verstehen etc.
2. **Formatanalyse:** Im zweiten Schritt legt man die Aktivierungsform fest. Man wählt ein Format aus, z. B. geschlossen (Einfüllübung etc.), oder offen (d. h. eine Aufgabe).
3. **Schwierigkeitsanalyse:** Nun überprüft man, ob die Leistungen, die das Format verlangt, von den Lernenden erbracht werden können.
4. **Kontextanalyse:** Jetzt entscheiden Lehrkräfte, in welche Situation das Format überführt wird.
5. **Kooperationsanalyse:** Gegebenenfalls muss noch bedacht werden, welche Sozialformen sich eignen, um das Format zu bearbeiten und einer Lösung zuzuführen.

Des Weiteren ist bei der Planung das Verhältnis von kognitiven und kommunikativen Aufgaben zu beachten, auch Fragen nach der Zusammenarbeit oder des sozialen Miteinanders sind wichtige Aspekte der Aktivierung. Schließlich sind didaktische Entscheidungen notwendig. Sie betreffen zu einem Teil die Wiederholungssystematik. Zum anderen den Anspruch, den Aufgaben an die Adressaten richten.

Analysebeispiel

Aktivierungsform	**Analysekomponenten**				
	1	2	3	4	5
Vier-Ecken-Gespräch Lernende erhalten von Lehrkraft eine Frage, z. B. „Wie sehr beeinflusst Sie schlechtes Wetter?“ In jeder Ecke des Klassenzimmers klebt ein Statement: Ecke 1 sehr stark; Ecke 2 durchschnittlich, Ecke 3: kaum; Ecke 4: überhaupt nicht. SuS stellen sich in die Ecke ihres Statements, überlegen sich drei Gründe über ihre Entscheidung für ihre Ecke und sprechen mit anderen Lernenden darüber.	Sprechen	Lernaufgabe	Ab A2	Anwendung	Gruppe

Analysebeispiel

Aktivierungsform	Analysekomponenten				
Gallery Walk An verschiedenen Stellen im Klassenzimmer sind Fragen oder Aufgaben auf großflächigem Papierposter ausgestellt. SuS durchlaufen in Gruppen alle Poster und notieren darauf Antworten und Kommentare zu Antworten anderer SuS. Anstelle von Aufgaben können auch Lernerprodukte ausgestellt sein. Diese sollen von der Lerngruppe evaluiert werden.	1 Sprechen Schreiben	2 Lern aufgabe	3 Ab A1	4 Anwendung	5 Gruppe Partnerarbeit
Geben und Nehmen SuS unterteilen Papier in mehrere Kästchen. Sie schreiben die Antwort zu einer Aufgabe in ein bis zwei Kästchen. Dann erfragen sie Antworten ihrer unmittelbaren Partnerin und weiterer Lernender und tragen sie in ihr Blatt ein. Danach präsentieren sie Ergebnisse.	1 Sprechen Schreiben	2 Aufgabe	3 Ab A2	4 Erarbeitung Sicherung	5 Einzelarbeit

Zum Weiterlesen

Müller-Hartmann, A./Schocker-v Ditfurth, M. (Hg.): Aufgabenorientierung im Fremdsprachenunterricht – Task-Based Language Learning and Teaching. Tübingen 2005.

Piepho, H.-E./Häussermann, U.: Aufgaben-Handbuch Deutsch als Fremdsprache: Abriss einer Aufgaben- und Übungstypologie. München 1996.

Wicke, R. E.: Aufgabenorientiertes und projektorientiertes Lernen im DaF-Unterricht: Genese und Entwicklung. München 2012.

8 Kompetenzaufbau

- Fremdsprachenlernen bedeutet mehr als Grammatik und Wortschatz.
- Es geht nicht mehr allein um Ziele, sondern um Kompetenzen.
- Für unterschiedliche Erwartungen gibt es verschiedene Arbeitsformate.

Kontext

Das sprachliche Können, das Lehrkräfte im Unterricht entwickeln, wird durch ein Bündel an Kompetenzen konkret beschrieben. Kompetenzen stehen in Lehrplänen und geben konkrete Leistungserwartungen an. Für jede Unterrichtsstunde legt man die Kompetenzen und Teilkompetenzen fest, die angebahnt, gefestigt oder aktiviert werden sollen. Am Ende einer Stunde können Lehrkräfte überprüfen, ob sie die beabsichtigten Lernergebnisse erreicht haben.

Kompetenzen

Kompetenzen sind Fähigkeiten. Sie sind für die aktive und rezeptive Verwendung einer Fremdsprache auschlaggebend. Um in einer Fremdsprache zu kommunizieren, müssen Lernpersonen Kompetenzen für die Ebenen beherrschen, für die sie die Fremdsprache einsetzen.

Systemische Kompetenzen	Strategische Kompetenzen	Rezeptive Kompetenzen	Produktive Kompetenzen	Interkulturelle Kompetenzen

Im Alltag genügen manchmal elementarste Sprachkenntnisse, um sich verständlich zu machen. Sie stehen am Anfang eines Lehrgangs. Im weiteren Verlauf kommen Situationen hinzu, die komplexere Sprachhandlungen und kommunikative Interaktionen abverlangen. Zunächst aber sind sie überschaubar, weil sie nur einen bestimmten Anlass des alltäglichen Sprachgebrauchs trainieren.

Beispiel

Die Lernpersonen können einfache Strukturen verstehen und sie in Alltagsgesprächen anwenden, z. B. etwas bestellen, nach dem Weg fragen, sich vorstellen, eine Preisangabe verstehen, einer Wegbeschreibung folgen können.

Gemeinsamer europäischer Referenzrahmen für Sprachen

Fremdsprachenunterricht ist an Lehrplänen orientiert. Moderne Lehrpläne sind am Europäischen Referenzrahmen (GeR) ausgerichtet. Der GeR ist eine empirisch ermittelte Zusammenstellung von Fähigkeiten in einer Fremdsprache, die für bestimmte Niveaus erwartet werden. Das Rahmenpapier entstand auf Anregung des Europarates und hatte zum Ziel, Orientierungslinien zu erstellen, die zu Aussagen über das sprachliche Vermögen von Lernenden einer europäischen Sprache verhelfen. Der GeR ist darüber hinaus eine große Hilfe für die Planung und Durchführung von Lehrgängen in einer europäischen Sprache (Europarat 2000).

Niveaustufen

In Lehrplänen ordnet man Kompetenzen nach Niveaustufen. Dadurch lässt sich die Anbahnung sprachlichen Wachstums systematisch beschrieben, auf der Grundlage einer lockeren kommunikativen Progression, d. h. nach sprachlichen Tätigkeiten. Das Voranschreiten beim Kompetenzaufbau nach dem GeR erfolgt von einfachen zu schwierigeren Anlässen der Sprachverwendung.
Der GeR unterscheidet die sechs Niveaustufen A1, A2, B1, B2, C1, C2. Die Niveaustufen beschreiben die erwarteten Leistungen beim Sprechen, Schreiben, Lesen und Hören von der elementaren Sprachverwendung (A1) bis zu einer Stufe nahe am muttersprachlichen Können (C2).

Niveaustufen des GeR

A1-A2	B1-B2	C1-C2
Elementar	Selbständig	Kompetent

Wer sich unterhalten möchte, muss auf systemische Kompetenzen zurückgreifen und über rezeptive und produktive Kompetenzen verfügen. Je nach Situation und Gesprächsintention sind interkulturelle oder strategische Kompetenzen angezeigt, damit ein Gespräch erfolgreich verläuft.

Systemische Kompetenzen

Dieses Kompetenzfeld umfasst die sprachlichen Mittel. Dazu gehören der Wortschatz, die Aussprache, die Grammatik und die Orthographie. Sie sind die Basis dafür, dass man in einer Fremdsprache mündlich bzw. schriftlich kommunizieren kann, fähig ist, hörend oder lesend Inhalte, Mitteilungen und Informationen aufzunehmen.

Beispiel

Lexik:	Zeitangaben, Farben, Berufsbezeichnungen, Verben, Adjektive ... u. s. w.
Grammatik:	Frageform (Wo gibt es ...?); Aussagen (Wir sind/ich bin/wir haben ...) u. s. w.
Aussprache:	Auslautverhärtung, Diskriminierung/g//k//b//p/. u. s. w.

Rezeptive Kompetenzen

Dieses Kompetenzfeld beschreibt Fähigkeiten, Texte in der Fremdsprache durch Zuhören oder durch Lesen zu verstehen. Weil es inzwischen vermehrt Bildtexte gibt, hat man das Sehverstehen als weitere rezeptive Kompetenz in das Modell aufgenommen. Beim Hören weisen sich Kompetenzen darin aus, Wörter, Aussagen, Mitteilungen und andere Inhalte global oder im Detail ohne Textvorlage zu verstehen. Kompetenzen, die beim Lesen benötigt werden, umfassen verschiedene Formen der Informationsentnahme aus schriftlichen Texten. Sehverstehen ist bei Texten gefordert, die mit Bildern arbeiten, sog. diskontinuierlichen Texten. Hinzu kommen Informationen, die nur in Bildern oder visuellen Symbolen vermittelt werden. Abhängig sind die Anforderungen vom Text und – mehr noch – von den dazu gestellten Aufgaben.

Beispiel

Hören:
Hauptinformationen verstehen, Anweisungen, Erklärungen verstehen ...
Lesen:
Aufgabenstellungen verstehen, Sachtexte zu vertrauten Themen verstehen ...

Produktive Kompetenzen

Unter produktive Kompetenzen fasst man all jene Fähigkeiten zusammen, die es Sprachbenutzern ermöglichen, aktiv zu formulieren, Gedanken zu vermitteln, kurzum den Ausdruckswillen adäquat und angemessen sprachlich und kommunikativ zu realisieren. In den ersten Lernjahren trainieren diese Kompetenzen Anwendungsphasen in Unterrichtsstunden, die auf das Üben und Festigen neuer Redemittel folgen. Auf fortgeschrittenem Niveau bearbeiten Lernende Aufgaben, zu deren Lösung sie frei formulieren, d. h. ohne vorgegebene Redemittel.

Beispiel

Schreiben: E-Mails adressatengerecht verfassen, einfache Gedanken darlegen.
Sprechen: (a) An Gesprächen teilnehmen: Auskünfte geben, sich sprachlich an Debatten beteiligen.
(b) Zusammenhängendes Sprechen: Arbeitsergebnisse darstellen, über Erfahrungen berichten.

Intrakulturelles Lernen

Der Begriff Kultur wird in Lernkontexten verwendet, um Verhaltensformen, Konventionen, Werte, Handlungs- und Lebensweisen zusammenzufassen. Der GeR spricht von Domänen einer Sprachgemeinschaft, in denen die Sprachverwendung und viele Kontakte angesiedelt sind. Intrakulturelles Lernen setzt ganz konkret bei Alltagsphänomenen an, bei der Organisation und Gestaltung des politischen, sozialen, religiösen, kulturellen Lebens der Gemeinschaft, deren Sprache man lernt. So wird danach gefragt, wie diese Facetten in der Kultur der Lernsprache organisiert sind und gelebt werden. Auf fortgeschrittenem Niveau setzt man literarische Texte zur Vertiefung kultureller Lernerfahrungen ein.

Beispiel

Wo bekomme ich eine Busfahrkarte?
Welche Informationen stehen im Fahrplan?
Wie lange sind die Geschäfte offen?
Wie begrüßen sich die Menschen am Ort?

Interkulturelle Kompetenzen

Interkulturelle Kompetenzen beziehen sich auf die eigene Kultur sowie auf Kulturen, mit denen man im Umgang ist. Sie zeigen sich in Haltungen und Einstellungen, die sich darin ausweisen, dass man Fremdem interessiert, unbefangen und vorurteilsfrei begegnet. Zu interkulturellen Kompetenzen gehört außerdem Wissen über eine Kultur, gerade was die Hintergründe für Phänomene betrifft, die einem zunächst fremd erscheinen. In diesem Zusammenhang ist als affektive Komponente die Bereitschaft bedeutsam, eigene Haltungen kritisch zu überprüfen. Und natürlich Phänomene der eigenen Kultur bewusst wahrzunehmen und zu hinterfragen.

Beispiel

Was machen Menschen am Wochenende in einer deutschen Stadt?
Wie ist es bei uns?
Wie leben Familien mit Kindern in Deutschland?
Worin liegen die Unterschiede zu uns?
Welche Unterschiede gibt es bei der Distanzregelung in unserer und in der neuen Kultur?

Transkulturelle Kompetenzen

Viele Alltagsphänomene treten in unterschiedlichen Kulturen in Erscheinung, mitunter in einer bestimmten Nuancierung oder Ausprägung. Gemeinsamkeiten oder Ähnlichkeiten gibt es bei sehr vielen grundständigen Lebensbereichen, sogenannten Domänen wie z. B. Wohnen, Schule, Arbeiten, Freizeit. Nutzungsformen z. B. des Nahverkehrs sind genauso kulturübergreifend wie Konventionen z. B. im Schulbus. In den meisten Sprachgemeinschaften sind sie irgendwie geregelt, im Detail können sie sich unterscheiden. Man selbst hat ebenfalls Erfahrungen und Erwartungen, an die man gewöhnt ist. In einer anderen Kultur muss man sie mitunter dem Vorgefundenen angleichen, d. h. ihren transkulturellen Charakter identifizieren. Das Gemeinsame und das Eigenständige bei z. B. der Organisation

alltäglicher Vollzüge, aber auch bei der Gesetzgebung, Religionsausübung, Mediennutzung erkennen und würdigen, ist ein Merkmal transkultureller Kompetenzen. Tendenziell entwickeln sich in einer Kultur verstärkt Mixturen, die als kulturelle Mikrostrukturen erfahrbar sind, z. B. beim Studium, am Arbeitsplatz, im Sprachkurs, am Verhandlungstisch. Dann ist nicht mehr die Kultur der Großgruppe ‚deutsche Sprachgemeinschaft' einflussreich, sondern die Kultur, die sich in der jeweiligen Mikrostruktur durchgesetzt hat.
Zu einem Meeting treffen sich Beschäftigte eines internationalen Konzerns aus Deutschland, Italien und Großbritannien dann z. B. am frühen Morgen, was in Italien und in Großbritannien unüblich ist. Die Teilnehmer:innen sprechen sich beim Vornamen an, was in Deutschland unüblich ist, sie drücken ihre Anliegen ohne Umschweife, direkt aus, was in Großbritannien unüblich ist. Außerhalb der Mikroebene eines international besetzten Meetings sind wieder andere Regularitäten üblich. Transkulturelle Kompetenzen sind damit etwas, was sich als Fähigkeiten darstellt, Fremdes auszuhalten und die angewandten kulturellen Strukturen auszuhandeln.

Beispiel

Müssen Eltern streng sein?
Wer geht heute noch in die Kirche?
Ärgert es Sie, wenn Sie unterbrochen werden?

Strategische Kompetenzen

Dieses Kompetenzfeld umfasst zum einen das Bündel an methodischen Kompetenzen. Lernpersonen benötigen sie, um Texte auszuwerten, Informationen zu recherchieren, zu sammeln, Präsentationen zu planen etc. Auch Lernstrategien zählen zu den strategischen Kompetenzen. Soziokulturelle Kompetenzen haben ebenfalls eine strategische Komponente, die es ermöglicht, für das vorgefundene Umfeld geeignete Gesprächsthemen auszuwählen, die adäquate Anredeformen auszuwählen, zu wissen, wie man sich auf angemessene Weise in ein Gespräch einschaltet.

Beispiel

Wie arbeitet man mit der Wortschatz-App?
Wie kann man sich in ein Gespräch einbringen?
Was schreibe ich beim Hören eines Textes mit?

Kommunikationsstrategien

Kommunikationsstrategien erleichtern ebenfalls eine angemessene Verwendung einer Fremdsprache. Durch ihren Einsatz lässt sich ein Gesprächsabbruch vermeiden, der zu Irritationen führen könnte. Außerdem helfen sie dabei, den Ausdruckswillen erfolgreich umzusetzen, obwohl die expliziten Redemittel nicht verfügbar sind oder gerade nicht erinnert werden.

Kommunikationsstrategien

- **Verallgemeinerung:** Regel unüblich verwenden: Vorhin *esste ich was an einer Tankstelle.
- **Codewechsel:** Kurzer Wechsel in eine andere Sprache: Wo ist der *restroom, bitte?
- **Wortschöpfung:** Wörter werden ‚erfunden': Wo finde ich die nächste *Tankstation?
- **Paraphrasierung:** Gesuchtes Wort wird umschrieben: *Ich suche Haus mit Benzin für Auto.

Methodik

Kompetenzen werden vorrangig im Unterricht angebahnt. Grundsätzlich stehen Lehrkräften drei Basiskonzepte zur Verfügung, wie sie Lernumgebungen didaktisch und methodisch gestalten (Meyer 2007):

Instruktivistisches Konzept

- Lehrkraft initiiert die Lernabläufe, begleitet und dokumentiert sie.
- Starke Lenkung des Unterrichtsverlaufs durch Lehrkraft.
- Interaktionen mit Lernenden sind eng geführt.
- Verstehen wird kontinuierlich überprüft.

Individualisierendes Konzept

- Lehrkraft betreut und regt zum Lernen an, gibt nicht alles vor.
- Lehrkraft leistet Hilfe bei der Bearbeitung, nicht aber bei der Lösung.
- Die Schülerinnen und Schüler befassen sich weitgehend selbsttätig mit Aufgaben.
- Aufgaben gibt es für verschiedene Lernniveaus.

Kooperatives Konzept

- Lernformate haben einem hohen Anteil an Arbeiten in Gruppen.
- Lernergebnisse werden vor Klasse präsentiert.
- Die SchülerInnen übernehmen auch Lehrverantwortung.
- Lehrkraft übernimmt Moderation der Lernprozesse.
- Lehrkraft berät Gruppen oder einzelne Lernende.

Zum Weiterlesen

Coste, D./North, B./Trim, J.: Gemeinsamer europäischer Referenzrahmen für Sprachen: lernen, lehren, beurteilen. Stuttgart 2013.

Huneke, H.-W./Steinig, W.: Deutsch als Fremdsprache. Eine Einführung. Berlin 2013.

Meyer, H.: Leitfaden Unterrichtsvorbereitung. Berlin 2007.

Rösler, D.: Deutsch als Fremdsprache: Eine Einführung. Stuttgart 2012.

9 Sprachlehrmethoden

- In der Vergangenheit sind eine Reihe von Sprachlehrmethoden mit spezifischen Formen der Vermittlung im Format einer Unterrichtseinheit entstanden.
- Heute bevorzugt man freiere Konzepte, die stärker auf eine konkrete Aufgabenstellung ausgerichtet ist.
- Moderne Lehrkräfte kombinieren Elemente klassischer Methoden mit modernen Aufgabenformaten.

Kontext

Der Begriff ‚Methode' wird oft wenig trennscharf verwendet. In der didaktischen Diskussion versteht man unter einer Methode ein bestimmtes Lehr-Lernkonzept zur Vermittlung einer Fremdsprache.

Lehr-Lernkonzepte	Lerntätigkeiten	Lehransätze

Ein Lehr-Lernkonzept basiert auf lernpsychologischen Grundsätzen und Theorien zum Erwerb einer Fremdsprache. Hierauf bezogen werden strukturierte Vorschläge für Lernarrangements abgeleitet, die Rollen von Lernenden und Lehrkräften, von Materialien und Plänen geklärt (Richards/Rogers 2013).
Grundsätzlich basiert eine Methodik auf drei Säulen. Die erste ist die Lern- oder Erwerbstheorie, auf der die Unterrichtsstruktur und die Aktivitäten bezogen werden. Die zweite Säule ist der Plan, nach dem die sprachlichen, strategischen und kommunikativen Elemente verteilt sind, die vermittelt werden sollen. Die dritte Säule schließlich sind die Aktivitäten und Verfahren, die für eine bestimmte eine Methode kennzeichnend ist.

Methodik

In der Vergangenheit des Fremdsprachenunterrichts hat es eine ganze Reihe von zum Teil sehr unterschiedlichen Methoden gegeben. Kaum eine davon ist aus dem Repertoire der modernen DaF/DaZ-Vermittlung ganz verschwunden. Obwohl einige überhaupt keine theoretische Fundierung haben und ihr Nutzen nicht nachweisbar ist, werden sie noch benutzt. Allerdings nicht mehr als alleinige Methode.

Erhalten geblieben sind alte Methoden in Form einzelner Aktivitäten, Verfahren und Übungsformate, die im modernen Unterricht noch zum Einsatz kommen.

Grammatik-Übersetzungs-Methode (GÜM)

Grundidee: Diese Methode (GÜM) stellt eine grammatische Regel vor, und bietet danach Übungen zur Verwendung dieser Regel. Die GÜM war im 19ten Jahrhundert an Gymnasien weit verbreitet. In ihrer ursprünglichen Form kamen Übersetzungen von und in die Fremdsprache dazu. Heute ‚übersetzt' man die Grammatik in Beispielsätze in der Fremdsprache. Wortschatz- und Ausspracheerwerb, die Anbahnung kommunikativer Fähigkeiten spielen keine Rolle.

Beispiel

Schritt 1: Erklärung.
Plural mit „n"/„en": männliche Nomen mit der Endung e, ent, and, ant, ist, or ...

Schritt 2: Übung.
Schreiben Sie den Plural für folgende Nomen.
1. der Opa ______ 2. der Junge __________.

(Lingua4you 2016, 19)

Die GÜM rückt nicht das Sprachlernen, sondern das Analysieren von Sprache in den Vordergrund. Man muss sich erst mit der Regel befassen und auch noch linguistische Begriffe lernen (Nomen, Plural). Zu kompliziert, zu theoretisch.
GÜM heute: Übersetzungsübungen, metasprachliche Regeln, Analyse von sprachlichen Phänomenen.

Interlinear-Methode (IM)

Grundidee: IM ist in erster Linie eine Präsentationsmethode, ebenfalls des 19-ten Jahrhunderts. Durch Spiegelung muttersprachlicher und fremdsprachlicher Redemittel werde Verständnis erreicht.

Beispiel

Ich	gehe	in	die	Bücherei.
I	go	to	the	library.

Zwischen zwei Sprachen hin und her zu wechseln kostet Lernenden Kapazität und Zeit. Übersetzungsübungen bringen wenig. Nachhaltiger ist einsprachiges Lernen.
IM heute: Zweisprachige Dialoge, Vokabellisten, zweisprachige Literatur.

Audiolinguale Methode (ALM)

Grundidee: Sprachaneignung nach der ALM vollzieht sich über das Imitieren und Reproduzieren sprachlicher Vorbilder. Trainiert wird in Drill-Übungen, längere Reihen an wiederkehrenden Aktivitäten zu einer ausgewählten Struktur (Pattern). Gute Imitationen werden positiv, schlechte negativ verstärkt.

Beispiel

Ergänzen Sie das Verb:
leben Familie Kiener _____ in Dresden.
arbeiten Herr Kiener ________ als Jurist.

Enggesteuerte Übungen sind hilfreich, um ausgewählte Strukturen zu trainieren. Ohne nachfolgende echte Redeanlässe bringen sie jedoch wenig Ertrag.
ALM heute: Eng gesteuerte Übungsformen nach Operatoren wie z. B. ergänzen, ersetzen, erweitern, zusammensetzen.

Total Physical Response (TPR)

Grundidee: Lernende setzen Befehle und Aufforderungen in Körperbewegungen um. Zunächst reagieren sie ausschließlich nonverbal auf einen Input. Lernen werde durch das gemeinsame Auftreten von motorischen und verbalen Reizen gut angebahnt.

Beispiel

L: Zeigen Sie auf folgende Gegenstände auf Ihrem Arbeitsblatt:
Fernsehgerät, Kochlöffel …

TPR sorgt für Bewegung im Klassenzimmer, man lernt etwas, ohne die Sprache aktiv zu verwenden. Fraglich bleibt, ob Lernern immer bewusst ist, was genau sie lernen.
TPR heute: Verständnisüberprüfung, dramapädagogische Techniken (z. B. Standbild, Pantomime).

Kommunikativer Ansatz (KA)

Grundidee: Spracherwerb folgt einer Progression, die in enggesteuerten und offeneren Aktivitäten umgesetzt wird. Es werden Fertigkeiten (systematische Kompetenzen), kommunikative Fähigkeiten (rezeptive, produktive Kompetenzen) und interkulturelle in der neuen Sprache entwickelt. Die Lernszenarien sollen schülernah sein, auch die Arbeit an einem Redemittel soll in kommunikativen Situationen erfolgen und in Sprachhandlungen münden.

Beispiel

Sie sind in einem Schnellrestaurant.
Partner:in A: Stellen Sie von der Karte ein Menü für zwei Personen zusammen und bestellen Sie es.
Partner:in B: Nehmen Sie die Bestellung auf und überprüfen Sie sie.

KA heute: Der Kommunikative Ansatz hat Leitliniencharakter im modernen Fremdsprachenunterricht.

Aufgabengestützter Ansatz (AGA)

Grundidee: Lernenden wenden die Sprache ihrem Niveau gemäß an, indem sie eine Lernaufgabe lösen. Sprachliche Bereiche werden vor oder nach der Aufgabenbearbeitung thematisiert.

Beispiel

Sie sind Moderatorin einer Talkshow und haben den Bundespräsidenten zu Gast. Stellen Sie Fragen an ihn zusammen. Spielen Sie dann mit Ihrer Partner:in das Interview vor der Klasse vor.

AGA heute: Die Methode macht Lernenden den praktischen Nutzen der neuen Sprache deutlich. AGA ist auch konsequenter als KA auf Anwendung und Sprachproduktion ausgerichtet. Eine Lehrprogression auf der Grundlage von Aufgaben ist schwer zu realisieren.

Bilinguale Methode (BiLiM)

Grundidee: Alle Inhalte eines Sachfachs werden in der neuen Sprache vermittelt und verhandelt. In dieser Version von ‚Sprachbad' ist die Sprache nicht mehr Lerngegenstand, sondern Werkzeug. Der eigentliche Sprachunterricht wird ausgelagert.

Beispiel

Lesen Sie den Text zum Expressionismus in der bildenden Kunst. Beantworten Sie die Fragen zum Text. Verfassen Sie dann einen Lexikonartikel zum Thema.

Aneignung durch Verwendung hat einen positiven Einfluss auf Kompetenzen. Nachgewiesen ist ein hohes rezeptives Können in bilingual unterrichteten Lerngruppen (Desi 2006). Theoretisch wenden Lernende die Sprache ständig an, hören oder lesen authentischen Input, überlegen angemessene, treffende Formulierungen, tragen spontan zur Diskussion bei. Die Frage bleibt, wer am häufigsten die Fremdsprache im Unterricht nutzt, Lehrkraft oder Lernende.

BiLiM heute: Im modernen Fremdsprachenunterricht gibt es regelmäßig inhaltsorientierte Phasen, viele moderne Verfahren setzen darauf, dass die Lernenden die Fremdsprache frei anwenden. Auch AGA ist nahe an diesem innovativen Konzept.

Aktivierungsformen	Inszenierungskontexte	Kooperationsformate

Verfahren dienen dazu, Lernende zu aktivieren. Hierzu gehören Übungsformate (ausfüllen, zuordnen, ergänzen), soziale Verfahren (zusammen schreiben, editieren, etwas bearbeiten), dramenpädagogische Verfahren (vorspielen, pantomimisch gestalten), kompetative Verfahren (Wettbewerbe) etc.

Darbietung

Gängige Verfahren sind der Einsatz visueller oder audio-visueller Materialien, zu denen ein Text vorgetragen wird, z. B. mit einem grammatischen oder lexikalischen Schwerpunkt. Wort- und Satzkarten gehören dazu. Manche Methoden sehen auch eine zweisprachige Darbietung vor, z. B. die Sandwich-Technik.

Beispiel

Sandwich-Technik
L: And then he goes on to say: „Have you ever tried vegetarian food?" Can anyone translate that sentence for us? S: Hast du schon mal vegetarische Kost probiert? L: Yes. Or perhaps? S: Hast du schon mal vegetarisch gegessen? (Butzkamm 2007)

Aktivierung

Gerade zu Stundenbeginn möchte man die Scheu vor der neuen Sprache nehmen. Aktivierungsverfahren, die im weitesten Sinne auf das Sammeln ausgerichtet sind, erleichtern dies. Blitzlicht oder Fastwriting führen zu Sprachprodukten, die Lehrkräfte nicht explizit evaluieren. Es geht um spontanes, schnelles Formulieren. Das Mindmap und seine Varianten sollen ebenfalls möglichst viele LernerInnen sprachlich aktivieren.

Beispiel

Fastwriting
- Wählen Sie einen Wörterpool aus (1,2 oder 3).
- Wählen Sie ein Wort aus dem Pool aus und schreiben Sie einen Satz.
- Gehen Sie weiterhin so vor, bis die 90 Sekunden vorüber sind.

1. essen, trinken, spielen, denken usw.	2. braun, fett, süß, weiß, Geld, Kiosk usw.	3. hungrig, schön, billig, gesund usw.

Inszenierung

Alle Aktivformen, in denen Lernende in irgendeiner Weise eine Rolle ausführen oder aus einer Rolle heraus agieren, sind Formen der Inszenierung. Die Dramapädagogik hat viele Techniken beigesteuert, um in kleinem Umfang Kreativität und Sprachtraining zusammenzubringen. Die große Inszenierung sind von Lernenden selbst verfasste Szenen, die sie in der Schulaula vorspielen.

Beispiel

A: Sie sind ein verärgerter Kunde, der nicht findet, was er sucht.
B: Sie sind ein sehr freundlicher Mitarbeiter des Geschäfts.

Kontextualisierung

Ein roter Faden, der sich durch eine Unterrichtsstunde zieht, hilft sehr dabei, sich zu orientieren und Vorwissen zu aktivieren. Storytelling ist ein Verfahren, bei der eine Geschichte mit vielen sprachlichen Aktivitäten erzählt wird. Dabei werden Redemittel eingeführt, trainiert oder angewendet. Fortgeschrittene Lernpersonen entwerfen Geschichten (*stories*) selbst, indem sie sich entlang eines thematischen oder narrativen Handlungsstrangs mit einem Phänomen befassen. Gegebenenfalls gestalten sie es medial aus.

Beispiel

Berichten Sie von einem für Sie typischen Werktag. Zeigen Sie anhand von Bildern und Karten, wie dieser alltägliche Tag sich darstellt und wo er Sie überall hinführt.

Wettbewerbe

Viele Spielformen aus den Unterhaltungsmedien sind geeignet, das Sprachlernen interessant zu gestalten und für Abwechslung zu sorgen. Ob Stadt-Land-Fluss; Quizlash, Ruckzuck, Montagsmaler oder Wer wird Millionär: Alle Formate lösen eine Variante von freier Sprachverwendung aus (Gehring 2015).

Beispiel

Montagsmaler
Wählen Sie eine Person aus Ihrem Team aus. Die Lehrkraft zeigt ihr einen Ratebegriff (Sprichwort, Namen, Filmtitel o. ä.).
Ihr Teammitglied hat nun 60 Sekunden Zeit, Ihnen durch Zeichnungen auf dem OHP zu helfen, den Begriff zu erraten.
Sobald Sie glauben, den Begriff zu erkennen, nennen Sie ihn laut.

Kooperation

Wenn Lerner:innen gemeinsam etwas erarbeiten und jeder zur Lösung beitragen muss, ist Kooperation angesagt. Debatte, Schreibkonferenz, Think-Pair-Share sind solche Formate. Für schriftliche Aktivitäten gibt es Formen wie Brainwriting, bei denen Texte eines jedes Mitglieds in der Gruppe durchgereicht und kommentiert werden.

Beispiel

Think-Pair-Share
Finden Sie eine Antwort auf die Aufgabe (think). Besprechen Sie sich mit Ihrem Partner, Ihrer Partner:in (pair). Stellen Sie ihre gemeinsame Lösung der Lerngruppe vor (share).

Interaktion

Interaktion meint kommunikativen Austausch zwischen den Teilnehmenden. Dies geht oftmals über traditionelle Sozialformen wie Partner- und Gruppenarbeit. Für Abwechslung ist gesorgt, wenn die Gruppen sich in einem zweiten Durchgang neu zusammensetzen und über Inhalte und Ergebnisse des ersten Durchgangs in ihren Gruppen sprechen (*numbered heads together*). Dass Akteure wechseln, ist das Prinzip vieler interaktiver Szenarien, z. B. Kugellager, Aquarium (vgl. S. 130).

Beispiel

Kugellager
Setzen Sie sich in einem inneren und einem äußeren Kreis Ihrem Nachbarn gegenüber. Beginnen Sie mit der Interaktion. Auf Zuruf der Lehrkraft wechseln Sie jeweils einen Platz nach links. Fassen Sie dann die bisherige Interaktion für Ihren neuen Nachbarn zusammen und führen Sie diese fort.

Zum Weiterlesen

Brenner, G.: Lernen lehren: Methoden für Deutsch und Fremdsprachen: Sekundarstufe I und II. Berlin 2011.

Grieser-Kindel, C./Henseler, R./Möller, S.: Method Guide – Methoden für den Englischunterricht – Klassen 5-13. 2 Bde. Braunschweig 2016.

Richards, J. C./Rogers, T. S.: Approaches and Methods in Language Teaching. Cambridge 2015.

10 Unterrichtsplanung

- Unterrichtstunden sollten didaktisch und methodisch durchdacht sein.
- Bei manchen Unterrichtsstunden sollten auch kleinere Verlaufsschritte geplant werden.
- Bei der Planung sind verschiedene Entscheidungsfelder zu berücksichtigen.

Kontext

Unterricht für das Klassenzimmer wird in der Regel geplant. Er entsteht also nicht zufällig und spontan. Tatsächlich sind Planung und Gestaltung von Unterricht gewissermaßen das Kerngeschäft der DaF/DaZ-Lehrkräfte.
Dennoch planen sie nicht alle ihre Unterrichtsstunden bis in jedes Detail. Es mag manchmal genügen, den Vorschlägen des Lehrerhandbuchs zu folgen oder eine ungefähre Vorstellung von den Inhalten zu haben, die man vermitteln möchte. Spontane Entwicklungen während des Unterrichts können Lehrkräfte dazu veranlassen, ihr Konzept umzustoßen, um z. B. Interessen zu berücksichtigen, Motivationsanflüge zu bedienen, sprachliche oder inhaltliche Fragen zu klären. Generell auf Planung verzichten wird niemand. Schließlich sorgt Unterrichtsplanung für Sicherheit, hält eine didaktische Struktur vor und erleichtert eine lernergemäße Impulsierung und Aktivierung. All dies sind Anforderungen an eine Stundengestaltung, die weder das Handbuch eines Lehrwerks noch intuitive methodische Kreativität auf Dauer sicherstellen.

Jahres- bzw. Lehrgangsplanung

Hier legen Lehrkräfte fest, welche Ziele sie erreichen möchten. Die zu entwickelnden Kompetenzen hierzu sind in offiziellen Lehrplänen dargestellt. Viele Lehrkräfte verteilen die Inhalte eines Lehrwerks auf die Anzahl der Unterrichtseinheiten eines Lernzeitraums. Dagegen ist im Grunde nichts einzuwenden. Lehrbuchredaktionen haben sich intensiv mit den Leistungserwartungen befasst. Lehrwerke für den schulischen Unterricht durchlaufen ein Evaluationsverfahren der Kultusbehörden. Und nur bei einem positiven Ergebnis sind sie zugelassen. Allerdings muss sichergestellt sein, dass die Lernvoraussetzungen und Interessenslagen der betreffenden Gruppe im Lehrplan hinreichend Berücksichtigung finden.

Beispiel

Klasse 5 September Lernbereich Sprechen und Zuhören

Sprachfunktion	Syntaktische Mittel	Lexikalische Mittel	Aussprache	Lernstrategien	Übergreifend
Von Familie und Wohnung erzählen	Er/Sie/Wir wohnt/wohnen in … Er/Sie/Wir kommt/kommen … Meine Familie/ unser/e Nachbar/in … In meinem Zimmer ist ein …	Familie Freunde Wohnen	Sprachmelodie Intonation Betonung	Karteikarten	Erkundung Einrichtungscenter (Erdkunde) Lieblingsmusik in der Familie (Musik)

Sequentielle Planung

Eine Unterrichtsstunde ist normalerweise Teil einer Sequenz. Eine Unterrichtssequenz besteht aus einer Reihe einzelner Unterrichtsstunden. Sie hängen thematisch oder im Hinblick auf einen Lernprozess zusammen. Vernetzungen der Lernziele werden ebenfalls hier aufgezeigt.

Beispiel

UE 1: Einführung Wortschatz Familie.
UE 2: Einführung Redemittel „Er/Sie/Wir wohnt/wohnen in … Er/Sie/Wir kommt/kommen".
UE 3: Lesetext „Zuhause bei Larissa".
UE 4: Über Zuhause sprechen und Fragen stellen.
UE 5: Wortschatz „Möbel".
UE 6: Hören Podcast: „Das steht in Lieblingszimmern in Deutschland".
UE 7: „Finde-jemanden- der …" Aktivität zu „Möbel zuhause".
UE 8: Unterrichtsgang ins Einrichtungscenter.

Tagesplanung

Diese Ebene ist für die alltägliche Vorbereitung der Lehr- und Lerneinheiten reserviert. Sie lässt sich didaktisch und methodisch beschreiben.
Didaktische Überlegungen stellt man zu grundlegenden Bereichen an, die für die Stundenplanung bedeutsam sind:

Ausgangsbedingungen	Anforderungen	Integration

Ausgangsbedingungen

Man fragt danach, welche besonderen Lernbedingungen die Gruppe aufweist. Wer verfügt bereits über Kenntnisse in der neuen Sprache, wer hat Erfahrungen mit dem Lernen einer neuen Sprache, welche Lerntechniken (z. B. Umgang mit Nachschlagemedien) sind bekannt, welche individuellen Voraussetzungen sollten im Stundenverlauf beachtet werden?

Schwierigkeiten

Man untersucht die potentiellen Schwierigkeiten des neuen Lernstoffs und wägt Möglichkeiten ab, wie man methodisch darauf reagieren kann.

Einbindung

Hier geht es darum, die Integrationsmöglichkeiten des neuen Lernstoffs in bestehendes Wissen und Können auszuloten. Wie soll der Lernstoff eingeübt werden, welche kommunikativen Anschlussaktivitäten sind vorstellbar für diese spezielle Gruppe, wie kann der Lernstoff in anderen Sachzusammenhängen wiederholt werden, wie in das allgemeine Kompetenztraining eingebunden werden?

Vernetzung

Man geht nun der Frage nach, welche vorausgehenden und nachfolgenden Unterrichtsstunden für den aktuellen Lernstoff von Bedeutung sind. Auf welche bekannten Inhalte lässt sich der neue Stoff beziehen (Vorwissen), welche Inhalte auf Ebene 2 werden durch den aktuellen Lernstoff ggf. vorentlastet?

Lernbarkeit

Es werden Reaktionen auf die Heterogenität der Lerngruppe eruiert. Wie kann die Schwierigkeit des Lernstoffs reduziert werden, wie kann Verständlichkeit hergestellt werden, welche Beispiele und Situationen sind besonders erklärungsstark, welche Arbeitsformen sind denkbar, in welcher Weise kann differenziert werden?

Lehrplanbezug

DaF/DaZ-Kurse und der DaF/DaZ-Unterricht an den Schulen basieren auf offiziellen Lehrplänen. Daher wäre immer auch zu überprüfen, welche Kompetenzen des Lehrplans die Unterrichtsstunde anbahnt bzw. ob sie dies überhaupt leistet.

Leistungserwartungen

Es wird festgelegt, was die Lernenden am Ende der Stunde (mehr, besser, neu) können sollen (im Vergleich zum Stundenbeginn). Neben neuen Lernergebnissen steht in den Leistungserwartungen, welche Fähigkeiten oder Fertigkeiten aufgerufen werden, um die Ergebnisse zu erreichen.

Leistungsbezogene Planungsschritte	Beispiel
a) die angestrebten kognitiven Leistungsergebnisse/Kompetenzen werden festgelegt. Sie repräsentieren das Stundenziel.	Die Lernenden können Kleidungsstücke benennen, sie können eine Einkaufssituation zu Dingen des täglichen Bedarfs sprachlich bewältigen (neue Kleidung einkaufen).
b) es wird nun beschrieben, in welchen Lernschritten die kognitiven Leistungsergebnisse angebahnt werden. Diese Lernschritte repräsentieren die Feinziele.	Die Lernenden benennen Vokabeln für Kleidungsstücke. Sie fragen nach Größen. Sie fragen nach Preisen. Sie fragen nach …
c) beschrieben werden darüber hinaus nichtkognitive Kompetenzen, die man benötigt, um die Leistungserwartungen zu erfüllen. Diese Kompetenzen sind affektiver oder instrumenteller Natur, es werden also eine gewisse Einstellung erwartet sowie Kenntnisse über Übungsformate, Handhabungen etc.	Die Lernenden zeigen Bereitschaft, einen Dialog zu spielen (affektiv). Die Lernenden können eine Flowchart umsetzen (instrumentell).

Beispiel

Leistungserwartung:		Die Lernenden können eine Einkaufssituation sprachlich bewältigen.
Feinziele	(kognitiv):	Sie benennen Kleidungsstücke. Sie fragen nach Preisen. Sie fragen nach Größen.
	(affektiv):	Sie spielen einen Einkaufsdialog vor.
	(instrumentell):	Sie setzen ein Interaktionsdiagramm (Flowchart) um.

Methodik

Methodische Überlegungen konzentrieren sich auf die Durchführung einer Unterrichtsstunde.

Artikulation	Stoffliche Entwicklung	Gestaltung

Artikulation

Artikulation meint den Ablauf einer Unterrichtsstunde, ihre Artikulation. In der Regel unterteilt man den Ablauf in Phasen. Bekannt ist das Dreiphasenmodell. Es heißt so, weil die Aneignung des Lernstoffs in drei Schritten artikuliert wird. Unterscheiden lässt sich eine übungsbasierte von einer aufgabenbasierten Planungsstruktur.

- In übungsbasierten Unterrichtsstunden werden ausgewählte Redemittel oder Techniken trainiert und dann angewandt. Die Redemittel sind zum größeren Teil vorhersehbar.

- In aufgabenbasierten Unterrichtsstunden wird eine Lernaufgabe gelöst, die Sprache ist das Werkzeug. Die Lernenden entscheiden selbst, welche Redemittel sie verwenden möchten.

Ein Phasenmodell kann sowohl den Verlauf von übungs- als auch von aufgabenorientierten Stunden ordnen. Die Unterschiede der einzelnen Modelle ergeben sich aus den Aktivitäten, die die Lernenden durchführen. Grundsätzlich treten in übungs- wie in aufgabenorientierten Stunden diese Phasen in Erscheinung.

- **Phase 1:** Kontextualisierung (auch Vorphase, Einstimmung, Initiation),
  Der Handlungsrahmen für die Stunde und für die Zielstellung wird eingeführt, die Situation oder die Thematik. Die Phase schließt mit der Bekanntgabe der Leistungserwartungen, in der Regel schriftlich fixiert, für den permanenten Zugriff.
  Lerneraktivitäten: Sie lassen sich auf die Stunde ein, präsentieren Vorwissen, zeigen Interesse.
- **Phase 2:** Erarbeitungsphase (auch Hauptphase),
  Die Lösungsplanung einer Aufgabe wird eingeleitet bzw. die Festigung sprachlicher Mittel auf den Weg gebracht.
  Lerneraktivitäten: Sie bearbeiten Übungen, untersuchen oder analysieren Texte, beantworten Fragen, recherchieren Inhalte.
- **Phase 3**: Verarbeitungsphase (auch Schlussphase, Anwendung, Transfer),
  Im Mittelpunkt stehen die Verwendung oder die Übertragung der Inhalte aus den vorausgehenden Phasen. Die geübten Sprachmittel werden in veränderten Situationen angewendet. Ergebnisse von Arbeitsaufträgen werden diskutiert, sprachliche Probleme bei der Aufgabenbearbeitung gegebenenfalls näher beleuchtet.
  Lerneraktivitäten: Sie wenden die neuen Redemittel in Transferübungen und-aufträgen an, sie präsentieren, kommentieren Ergebnisse, widmen sich Transferaufgaben.

Phase/Artikulation	**Stoffliche Entwicklung/Konkretisierung**
Kontextualisierung/	a) Aufbau einer kommunikativen Lernsituation, b) Situative Einbettung des Lerninhalts, c) Integration und Aktivierung verfügbarer Wissensbestände, d) Hinführung zur Stundenthematik, e) Fixierung der Leistungserwartungen, ggf. Darstellung des Stundenthemas,
Erarbeitung	f) Kognitive, instrumentelle und/oder affektive Annäherung, tätige Auseinandersetzung mit der Stundenthematik (individualisiert, differenziert), g) Überprüfung des Verständnisses und des erreichten Lernstands, h) Sicherung, Festigung des Lerninhalts, i) Punktuelle Reaktivierung bestehender Wissensbestände,

Phase/Artikulation	Stoffliche Entwicklung/Konkretisierung
Verarbeitung – Expansion – Sprachlicher Akzent	j) Vertiefung und Restrukturierung des Lernstands, k) Verwendung des Lerninhalts in neuen, eher aufgabenorientierten Zusammenhängen, l) Einführung von, Konsolidierung von und/oder Fokussierung auf Redemittel, (In Anlehnung an Gehring 2015.)

Die Ergebnisse werden in einem tabellarischen Plan gehalten, der eine horizontale und eine vertikale Achse aufweist. Die Phasierung des Unterrichtsverlaufs wird auf der vertikalen Achse festgelegt.

Stoffliche Entwicklung

Die Lehrkraft entscheidet nun, wie die stofflichen Kompetenzen im Einzelnen angebahnt werden sollen. Hierzu wird die horizontale Achse des tabellarischen Plans genutzt. Auf ihr finden sich relevante Informationen zur stofflichen Entwicklung und zur inhaltlichen Gestaltung. Man kann auch sagen, dass die Phasen auf der vertikalen Achse auf der horizontalen Ebene konkretisiert werden. Auf der horizontalen Ebene trägt man Entscheidungen zu Fragen der Formate der Aktivierung ein. Konkret wird festgehalten, wann und in welcher Form die Lerner kognitiv tätig werden, wo sie ihr Vorwissen einbringen, welche Kooperationen sie eingehen sollen, wann und wie eine Differenzierung geplant ist, welche reproduktiven Übungen in produktive münden, wie oft die Sicherung des Lernstoffes angedacht ist etc.

Beispiel

Sprachbasierte Unterrichtsstunde (A2)

Phase/ Artikulation	Stoffliche Entwicklung/Konkretisierung
Kontextualisierung	L: Sie möchten ein Geschenk im Kaufhaus kaufen. Schreiben Sie auf, welche Waren man dort kaufen können. LP: (Lernpersonen) notieren. L: Schauen Sie sich nun den Lageplan an. Suchen Sie eine Ware heraus und fragen Sie, in welchem Stockwerk Sie die Ware erhalten. Lp.1: Ich suche … Wo finde ich…., wo bekomme ich … Lp 2: Im ersten(zweiten… L: Nun wollen wir uns das Angebot an Kleidung genauer anschauen.
Zielvorstellung	Wortschatz Kleidung

Phase/ Artikulation	Stoffliche Entwicklung/Konkretisierung	
Darbietung	L:	führt 8-10 neue Wörter ein, unterstützt mit Bildkarten, die an die Tafel geklebt werden.
Erarbeitung	LP:	nennen Wort, hängt Bildkarte an die Seitentafel.
	LP:	Bearbeiten Arbeitsblatt mit 2-3 geschlossenen Übungen (vgl. Kap. 12).
– Sicherung	L:	Ordnen Sie die Wörter bitte in diese Kategorien ein (OHP): Oberbekleidung, Unterwäsche, Winterkleidung, Sommerkleidung, Sonstiges.
	L:	Die Tafel ist nun ein Schaufenster. Wählen Sie ein Bild von der Seitentafel, finden Sie die Wortkarte dazu (Tisch). Kleben Sie beide Karten an die Haupttafel. Schreiben Sie einen Preis unter die beiden Karten.
Verarbeitung	L:	Sie sind Kunde (A), Ihr Partner ist Verkäufer (B).
	A:	Fragen Sie nach zwei Kleidungsstücken von der Tafel.
	B:	Sagen Sie, dass man es im Regal/am Ständer/links/rechts/hinten/vorne findet.
	A:	Fragen Sie nach Preisen.
	B:	Nennen Sie die Preise für das Kleidungsstück.
	A:	Fragen Sie nach der Umkleidekabine.
	B:	Erklären Sie den Weg (s. o.).
	A:	Bedanken Sie sich.

Beispiel

Aufgabenbasierte Unterrichtsstunde (B1)

Phase/Artikulation	Stoffliche Entwicklung/Konkretisierung
Kontextualisierung (Vorphase)	Präsentation der Aufgabe. Team A: Sie sind in der Kommission, deren Aufgabe es ist, eine geeignete Kandidatin für die Leitung der Schülerfirma ‚Pausensnack' auszuwählen. Bereiten Sie Themenbereiche für das Interview vor. Notieren Sie konkrete Themenbereiche und Fragen, skizzieren Sie, welche Antworten Sie erwarten. Team B: Sie sollen eine Bewerberin für die Leitung der Schülerfirma ‚Pausensnack' vorbereiten. Erarbeiten Sie mit ihr ein Coaching-Programm. Notieren Sie konkrete Themenbereiche und Fragen, skizzieren Sie, welche Antworten Sie empfehlen.

Phase/Artikulation	Stoffliche Entwicklung/Konkretisierung
Erarbeitung (Arbeitsphase)	Jedes Team plant und vollzieht Bearbeitung. Teams stellen Themenbereiche zusammen, sammeln Fragen und formulieren dazu Antworten.
Verarbeitung (Präsentationsphase)	Teams präsentieren ihre Ergebnisse. 2-3 Bewerber (aus Team B) stellen sich den Fragen der Kommission (aus Team A). Die Klasse äußert sich zu den Bewerbungen, erläutert, für wen sie sich entscheiden würde.
– Sprachlicher Akzent	Einführung, Konsolidierung von Redemitteln, Thematisierung konkreter Formulierungsprobleme.

Entscheidungsfelder

Bei der Planung des stofflichen Vorhabens wird jede Phase aus der Perspektive mehrerer Entscheidungsfelder betrachtet (Merrill 2002). Diese sind vielschichtig und verweisen auf eine ganze Reihe unterrichtsrelevanter Aspekte. Die Tabelle unten fasst die wichtigsten stichpunktartig zusammen:

Entscheidungsfeld	Teilaspekte
Situativer Kontext	Handlungsrahmen, ‚roter Faden', Thematik und Situation.
Vorwissen der Lernenden	Sprachliches, kulturelles Wissen, Lebensweltbezug, Vertrautheit mit Arbeits- und Aktivierungsformen.
Operatoren	Erwartungen an kommunikative und kognitive Leistungen.
Sprachproduktion	Formen der Sprachverwendung (vorhersehbar, nicht-vorhersehbar, imitativ, reproduktiv, frei, experimentell). Rückmeldung, Feedback.
Outcome	Lernprodukt, Ergebnisse. Formen der Lenkung, Impulsierung, Progression und Anforderungen der Arbeitsformen, Übungs- und Aufgabenstruktur, Aktivierungsformate.
Veranschaulichung	Maßnahmen zur Illustration, Klarheit der Erklärungen, Aufgabenstellung. Maßnahmen zur Bewusstmachung des Lernstoffs. Maßnahmen zum Verständnis.
Sicherung	Lernstandsüberprüfung, Festigung des Lernstoffs. Rückmeldung, Feedback.
Fehlerbehandlung	Umgang mit Fehlern, Möglichkeiten zur Hypothesenüberprüfung.
Differenzierung	Niveaustufung der Aufgaben, Texte, Zugangsweisen, Formen der Unterstützung. Sozialformen (Partizipation).
Ausgewogenheit	Rhythmisierung, Methodenvielfalt.

Materialien, Medien, Zeit

Die Aktivierung lässt sich vom Lehrbuch und seinen Begleitmedien steuern, oftmals besteht Anlass dafür, individuelle Arbeitsblätter zu erstellen. In beiden Fällen muss entschieden werden, in welcher Form die Materialien zum Einsatz kommen. Nicht zuletzt stellen sich bei der stoffliche Entwicklung Fragen zum Medieneinsatz (OHP, Dokumentenkamera) oder zur Dokumentation von Ergebnissen (Tafelbild, Clipboard). Auch macht es Sinn, den zeitlichen Rahmen für die Durchführung der einzelnen Phasen und Schrittfolgen zu notieren.

Planungschart

In einem Unterrichtsentwurf sollten sich die Teilbereiche von Entscheidungsfeldern auch konkret darstellen. In der Planungschart wird aufgezeigt, in welcher Form Aspekte der Entscheidungsfelder im Entwurf repräsentiert sind. Das Beispiel soll auch deutlich machen, dass die einzelnen Teilaspekte für die Überprüfung des didaktisch-methodischen Gerüsts des Entwurfs herangezogen werden können.

Entscheidungsfeld	Umsetzung
Leistungserwartungen?	SuS sollen ein Poster zu Sehenswürdigkeiten erstellen.
Kontextualisierung	
Hinführung/Vorwissen? Sprachproduktion?	Impuls: Was würdest du Gästen an deinem Wohnort zeigen? Welche Stadt hast du schon einmal besucht? Was hast du gesehen?
Kontext/ Überleitung?	Lohnt sich München für eine Klassenfahrt?
Outcome/ Produkt?	Ein Poster zu Sehenswürdigkeiten in München erstellen.
Erarbeitung	
Vorwissen? Sprachproduktion?	SuS erzählen von eigenen Erfahrungen. SuS erzählen, welche Art von Sehenswürdigkeiten sie grundsätzlich interessieren.
Veranschaulichung? Sprachproduktion?	L teilt kurzen Text zur Frauenkirche aus, SuS lesen, beantworten Inhaltsfragen. Wer, wo, wann … SuS antworten, dann Abstimmung, wer in der Klasse den Besuch der Frauenkirche interessant findet.
Differenzierung/ Erarbeitung? Lehrsteuerung? Rhythmisierung?	Arbeitsgleiche Gruppenarbeit, Lehrkraft als Beraterin, Quellenmaterial, Leitfragen für Gr 2 und Gr 3, Vortrag

Entscheidungsfeld	Umsetzung
Differenzierung) Partizipation?	Gruppe 1: erarbeitet kurze Präsentation einer Sehenswürdigkeit aus Auswahl: Bereitstellung von Links Gruppe 2: erhält Links zu einer Sehenswürdigkeit und Leitfragen. Gruppe 3: erhält Link zu Sehenswürdigkeit und Ja/Nein-Antwortauswahl.
Ergebnissicherung? Sprachproduktion?	Gruppen tragen vor, Feedback durch SuS und L., ggf. liegen Lösungsblätter auf.
Verarbeitung	
Outcome/ Produkt?	Gruppen erarbeiten Poster zu ihrer Sehenswürdigkeit.
Differenzierung/ Unterstützung?	Postertemplate, Sprachhilfen liegen vor.
Rückmeldung?	Poster werden virtuell oder in Gallery Walk präsentiert. SuS äußern sich zu Inhalten, bewerten und machen Vorschläge.

Zum Weiterlesen

Bimmel, P./Neuner, G.: Deutschunterricht planen. München 2015.

Esslinger-Hinz, I./Wigbers, M. u. a.: Der ausführliche Unterrichtsentwurf. Weinheim und Basel 2013.

Gehring, W.: Praxis Planung Englischunterricht. Bad Heilbrunn [2]2021.

Kaufmann, S./Zehnder, K./Vanderheiden, E./Frank, W. (Hg.): Fortbildung für Kursleitende Deutsch als Zweitsprache: Deutsch als Fremdsprache/Band 3 – Unterrichtsplanung und –durchführung. Ismaning 2008.

Kiel, E./Haag, L./Keller-Schneider, M./Zierer, K.: Unterricht planen, durchführen, reflektieren. Praxisorientierung, Fallbeispiele, Reflexionsaufgaben. Berlin 2014.

Fertigkeiten, Fähigkeiten, Einstellungen

11 Aussprache

- Eine gute Aussprache ist erstrebenswert, sie ist aber nicht ausschlaggebend für erfolgreiche Kommunikation.
- Aussprache sollten Lehrkräfte vor allem in kommunikativen Situationen trainieren lassen.

Kontext

Keine Frage: Wer etwas falsch ausspricht, wird unter Umständen überhaupt nicht verstanden. Manchmal beeinträchtigt eine unklare, undeutliche Aussprache auch die Akzeptanz als Gesprächspartner.
Je älter Lernende sind, desto schwieriger wird es für sie, die Aussprache der neuen Sprache akzentfrei zu erwerben. Aber ein von der Muttersprache getragener Akzent im Deutschen ist unproblematisch, solange man verstanden wird. Im Unterricht werden Lehrkräfte versuchen, dass die Teilnehmenden lernen, alles verständlich auszusprechen.
Damit sich längerfristig eine verständliche Aussprache einstellt, bedarf es häufiger Aufforderungen zum Sprechen in kommunikativen Kontexten mit entsprechendem Lehrerfeedback. Hin und wieder sind punktuelle Ausspracheübungen durchaus angezeigt. Dann nämlich, wenn ein massives Ausspracheproblem festgestellt wurde, das die Verständlichkeit stark beeinträchtigt. Oder es haben sich nicht akzeptable Ausspracheroutinen gefestigt.

Identifizieren	Diskriminieren	Imitieren	Produzieren

Da es von der Umgebung abhängig ist, wie ein Einzellaut ausgesprochen ist, sind kommunikative Anlässe grundsätzlich für die Anbahnung einer verständlichen Aussprache hilfreicher. Gegenüber isolierten Ausspracheübungen sollten sie deutlich in der Mehrheit sein.

Methodik

Chorsprechen

Die hauptsächliche Aktivität wird das Vor- und Nachsprechen sein, das man durch verschiedene Lautstärken und wechselnde Sprechergruppen variiert.

Lautes Vorlesen

Es macht Sinn, laut zu lesen, um die Aussprache zu trainieren. Selbst Schauspieler trainieren so ihre Texte. Vorlesen fördert aber nur eine Leseweise, nämlich die, jedes Wort in einem Text wahrzunehmen, auf jedes Wort zu achten. Das Vorlesen sollte man auf solche Sätze beschränken, die ein Ausspracheproblem repräsentieren. Texte nutzt man in einem kompetenzorientierten Unterricht vor allem für die Entwicklung des Leseverstehens und für die entsprechenden Strategien. Es sei denn, man möchte das gestaltende Vorlesen üben.

Beispiel

1. Wählen Sie einen Text im Lehrbuch aus.
2. Teilen Sie ihn in verschiedene Paragraphen zum Vorlesen auf.
3. Jedes Gruppenmitglied entscheidet sich für eine Lesepassage. Die restlichen Passagen liest die ganze Gruppe vor.
4. Tragen Sie den Text in der Klasse vor.

Intonation üben

Sprachmelodie, Akzentuierung und Betonung sind Träger von Bedeutung. Je nach Betonung kann ein Satz unterschiedlich aufgefasst werden. Im Bereich Intonation sind Übungen genauso wichtig wie das phonologische Training bedeutungstragender Laute.

Beispiel

Lesen Sie die Sätze vor. Betonen Sie so, dass die Information in der Klammer deutlich wird.

Wie alt sind Sie?	(Erstaunen).
Wie ist Ihr Name?	(Nicht das Alter).
Die Ärztin kommt heute Abend.	(Nicht die Pfarrerin).

Kommunikativ Aussprache üben

Gegen einzelne, gezielte Ausspracheübungen gibt es bei speziellen Ausspracheproblemen nichts einzuwenden. Gerade erwachsene Lernende benötigen Zeit, um die neuen Routinen zu erwerben. In kommunikativen Aktivitäten erfahren sie die Bedeutung einer guten Aussprache dafür, etwas erfolgreich mitzuteilen. Kommunikative Aktivitäten sollten der Kontext sein, von dem aus gegebenenfalls eine Schwerpunktübung zu einem Ausspracheproblem ausgeht. Danach sollte das Geübte wieder kommunikativ verwendet werden.

Für Aussprache sensibilisieren

Lernpersonen sollten eine Bewusstheit für eine verständliche Aussprache entwickeln. Man wird daher bemüht sein, einzelne Lernende kontinuierlich auf phonologische Stärken und Schwächen hinzuweisen, damit sie selbstständig an der Verbesserung ihrer Aussprache arbeiten können. Dazu gehört das Verstehen der Lautschrift, mit der zu arbeiten früh begonnen werden sollte.

Rezeptive Schwerpunktübungen	Produktive Schwerpunktübungen

Laute erkennen

Sprachhandlungen: Wörter mit gleichen Vokalen markieren oder durch Handzeichen identifizieren. Reimwörter zuordnen, in Arbeitsblatt oder an der Tafel.

Beispiel

Verbinden Sie Wörter, die sich reimen:

	Hasen
Rasen	Tassen
springen	singen
	Sprünge
	Saal
	Tal
Ball	Fall
	See

Laute unterscheiden

Sprachhandlungen: Klangeinheiten in Wörtern erkennen.

Beispiel

Kreisen Sie die Wörter ein, die Sie hören:

Ente	Ende
vergnügen	verfügen

Wörter erkennen

Sprachhandlungen: Ausgewählte Wörter eines Hörtextes werden markiert.

Beispiel

Kreisen Sie die Wörter ein, die Sie hören:

S-Bahn Verspätung
pünktlich stündlich erreicht

Lautgeschichten erfinden

Sprachhandlungen: Geschichten mit Ausspracheschwerpunkten erzählen.

Beispiel

Schreiben Sie eine Geschichte auf. Vier dieser Wörter sollen darin vorkommen:

hinein	neu
dabei	teuer
frei	Flugzeug

Wörter zuordnen

Sprachhandlungen: Wörter aus einer Wortsammlung verschiedenen Aussprachemustern zuordnen.

Beispiel

1. Schreiben Sie Wörter unter den passenden Wortakzent.
   Welche Wörter passen nicht?

   Ansage, Bahnsteig, Verspätung, Fahrkarte, Eingang, Zeitungsstand, Zugbegleiter, Restaurant.

0o	o0o	0oo

2. Schreiben Sie zwei weitere Wörter unter jedes Muster.
3. Lesen Sie laut vor.

Zum Weiterlesen

Dieling, H./Hirschfeld, U.: Phonetik lehren und lernen. München 2000.
Fremdsprache Deutsch Heft 55. Phonetik in der Unterrichtspraxis. Berlin 2016.
Reinke, K.: Phonetiktrainer A1-B1: Aussichten. Stuttgart 2012.

12 Wortschatz

- Lernende erweitern ihren Wortschatz implizit und explizit. Der Unterricht muss sich hierauf einstellen.
- Eine Reihe aktivierender und effektiver Techniken und Formate unterstützt das nachhaltige Lernen.

Kontext

Wortschatz erwirbt man auf verschiedenen Wegen. Einer besteht darin, sich neue Vokabeln implizit anzueignen. Ohne dass man die Wörter bewusst lernt. Im kommunikativen Umgang mit anderen Sprechern, beim Lesen oder Zuhören von deutschen Texten ordnet man aus dem Zusammenhang heraus Bedeutungen zu. Je erfahrener man darin ist, je mehr man also liest oder hört, desto ausgereifter wird der implizite Wortschatz. Das Verstehen von mündlichen und schriftlichen Texten wird leichter.

Impliziter Wortschatz hilft beim Verstehen, man kann ihn aber noch nicht kontinuierlich beim Formulieren eigener Mitteilungen einsetzen. Damit dies gelingt, muss er in den produktiven Bereich überführt werden. Durch häufiges Sprechen oder Schreiben verbessert sich der Zugriff auf Wörter, denen man beim Hören oder Lesen der Sprache begegnet ist. Mangels Gebrauch sind sie noch im Hintergrund.
Ein anderer Weg des Wortschatzerwerbs geht –wenig überraschend – über das explizite Lernen. Gerade im Anfangsunterricht verwenden Lehrkräfte viel Zeit darauf, neuen Wortschatz aktiv zu vermitteln. Aus gutem Grund. Ohne einen soliden aktiven Bestand an Vokabeln gelingen weder das Verstehen noch das Mitteilen. Explizites Wortschatzlernen kommt auch in Aufgaben ins Spiel, bei denen es um das Lesen geht (z. B. von Comics), das Hören (z. B. eines Podcast) oder das Betrachten (z. B. einer Theateraufführung). Voraussetzung für Lernen ist, dass die SchülerInnen der lexikalischen Ebene Aufmerksamkeit entgegenbringen. Lehrkräfte werden daher manche Phasen der Rezeption durch Begleitmaterialien für die Wortschatzarbeit nutzbar machen.
Lehrkräfte unterstützen den Wortschatzerwerb durch explizite Wortschatzeinführungen, die das Abspeichern im mentalen Lexikon begünstigen. Die Vorstellung

hierbei ist, dass Vokabeln an mehreren Stellen im Gedächtnis abgelegt werden. Die einzelnen Einträge sind miteinander verbunden und bilden begriffliche Netze. Es gibt für ein Wort also Speicherorte für die Aussprache, für die Grundbedeutung, für miteinander verwandte Wörter, Einträge für bestimmte Umgebungen (Kollokationen). Das Netzwerk entsteht auf systematische Weise. Man kann Netzwerke des eigenen mentalen Lexikons entdecken, wenn man z. B. Mindmaps zu einem Oberbegriff erstellt und dann Verästelungen entfaltet.

Beispiel

Ein Buch kann man:	lesen, rezensieren, verschlingen, kaufen, ausleihen, verleihen, verkaufen …
Wörter mit ‚Buch':	Buchhandlung- Buchverlag-Buchversand-Buchvorstellung, Buchreport …
Wörter mit ‚Bücher':	Bücherregal, Bücherkiste, Bücherei, Bücherbasar …

Der integrative Weg ist eine Kombination aus implizitem und explizitem Lernen. Eine Vokabel wird explizit gelernt, die verschiedenen Verwendungsmöglichkeiten der Vokabel übernimmt man implizit aus den vielfachen Situationen, in denen sie kommunikativ in Erscheinung tritt. Implizit organisiert sind die meisten authentischen Erwerbssituationen.

Methodik

Der Hypothese vom Mentalen Lexikon angemessen sind Techniken, die sicherstellen, dass die Lernenden den Lernwortschatz in vielen Zusammenhängen und Verbindungen kennenlernen. Eine zweisprachige Wortzuordnung ohne Folgeaktivitäten steht außer Frage. Folgende Techniken zur Einführung neuen Wortschatzes werden in der Didaktik empfohlen (Storck, 2013, Takac 2008)

- Verwendung expliziter Einführungsstrategien (siehe unten).
- Verwendung kommunikativer Kontexte (Beispielsätze).
- Integration in Wortfelder, -familien, -hierarchien (z. B.: Ordnen Sie diese Wörter nach Oberbegriffen).
- Zusammenführung neuer und eingeführter Wörter (z. B.: Ordnen Sie die neuen Wörter in diese Wörterlisten ein).
- Einsatz mehrerer Medien bei der Bedeutungsvermittlung.
- Unmittelbare Hilfestellung bei Versprachlichungsproblemen mit neuem Wortschatz.
- Systematische Wiederholungsangebote in ähnlichen Situationen.
- Erstellen von lexikalischen Netzen.

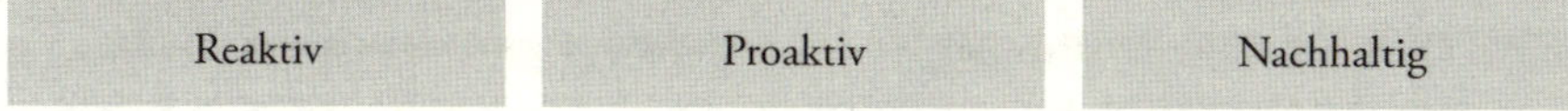

Reaktive Einführung

Es ist ein gutes Zeichen, wenn Lernende Fragen zur Bedeutung von Wörtern stellen. Denn diese Fragen sind entstanden, weil sich eine Wissenslücke aufgetan hat. Sie schließen zu wollen ist lernwirksam. Vermeiden sollten Lehrkräfte, als ‚lebendes Wörterbuch' zu agieren. Langfristig gilt es, bei den LernerInnen Strategien zu entwickeln und sie zu befähigen, Bedeutungen unbekannter Wörter selbst herausfinden, z. B. durch nachschlagen oder dadurch, dass sie Vermutungen anstellen. Hierzu schaut man auf die Umgebung des unbekannten Wortes und versucht, die Bedeutung zu entschlüsseln (Inferieren).

Proaktive Einführung

In expliziten Wortschatzstunden führt die Lehrkraft 7-12 neue Wörter ein. Bei der Auswahl wird darauf geachtet, dass diese Wörter Gemeinsamkeiten aufweisen, z. B. demselben Wortfeld angehören (semantisch). Das gemeinsame Auftreten in einer Geschichte, einer Situation, einer Thematik ist ebenfalls ein Kontext, der Zusammengehörigkeit andeutet (inhaltlich).

Aktivierung

Bei der Bedeutungsvermittlung wird auf das Vorwissen der Lernenden zurückgegriffen. Dadurch wird eine erste Verankerungsmöglichkeit genutzt. Aktivitäten zur Festigung lenken die Aufmerksamkeit auf das einzelne Wort.

Beispiele

Operator	**Beispiel**	
Vorspielen	öffnen:	Ich öffne das Fenster, ich öffne das Buch …
Narrative Einbettung	spät:	Der Unterricht beginnt um 9. Uhr. Frau Klimt kommt um 10 Uhr. Sie ist zu spät.
Semantische Reihen	Herbst:	Es gibt vier Jahreszeiten. Frühling, Sommer, Herbst und Winter.
Definieren	Klempner:	Ein Handwerker, der mit Metall und Blech arbeitet.
Sachfelder zusammenstellen	Möbel:	Tisch, Stuhl, Schrank, Couch sind Möbel.
Analogien herstellen	regnen:	wenn es regnet, ist es nass. Die Menschen spannen einen Schirm auf. Es regnet nicht mehr auf sie.

Operator	Beispiel
Wortverwandtschaften aufzeigen	Synonyme: barmherzig, idealistisch. Antonyme: gut-schlecht; witzig-fad.
Wortnachbarschaften aufzeigen	schwarz: Kollokation: Schwarzer Anzug, schwarze Gedanken etc. Idiom: Schwarzes Brett, schwarzer Tod, etc.

Neuer Wortschatz wird nach der Einführung gefestigt, in kurzen, dann in längeren Abständen. Dies leisten diverse Übungsformate. Wert wird auf Vielfalt gelegt, damit die Lernenden Vernetzungen im mentalen Lexikon anlegen können und die neuen Wörter länger behalten.

Beispiele

Operator	Beispiel	
Wortgrenzen markieren	Kreisen Sie die Wörter ein: Kleigehenvronfahrenmerlfliegenvrbrow	
Wörter zusammensetzen	Win* son* gril* ba* rei *Winter*	ter* sen* ne* len*den
Wörter einordnen	Diese Wörter haben mit Bewegung zu tun (4): *schlurfen* ~~schlurfen~~, lesen schlafen, Fahrrad, tanzen usw.	Diese Wörter sind Nomen (4): schnell, hopsen, Rolltreppe Bett, liegen usw.
Wortbeziehungen zuordnen (Hypernomie)	Markieren Sie Wörter, die eine Beziehung zueinander haben: Gleis Hund neunzehn Banane Frage Deutsch usw. Sprache Obst Bahnhof Grammatik Tier Zahl usw.	
Semantische Beziehungen erkennen	a) Streichen Sie das unpassende Wort durch: Mantel Hosen Shirt ~~Papier~~ Schal annehmen denken zustimmen glauben planen usw. b) Entwerfen Sie nun selbst Wörterreihen, in denen ein Wort nicht passt. sehen hören betrachten anschauen usw. ____________________________	

<table>
<tr><th>Operator</th><th>Beispiel</th></tr>
<tr><td>Wörter sammeln</td><td>Entwerfen Sie ein Wortcluster. Gehen Sie von folgendem Wort aus:
Zoo – Tiere
Berlin —— Bahnhof
usw.</td></tr>
<tr><td>Definitionen bezeichnen</td><td>a) Schreiben Sie das Wort hinter die Definition.
Die kälteste Jahreszeit: Winter ______
Man hat sie oft, wenn man schläft: ______
usw.
b) Definieren Sie nun selbst 5 Wörter für Ihre(n) Lernpartner(in) usw.</td></tr>
<tr><td>Wort-umgebungen festlegen</td><td>Schreiben Sie das richtige Wort in die Satzlücken.
lebt Unsere Familie *lebt* in einem Haus ~~hat~~
treffen Wollen wir uns vor dem Kino ______? ~~gehen~~</td></tr>
<tr><td>Wörter bilden</td><td>Bilden Sie Wörter mit **Eis**
creme ______ ______ ______
~~creme~~ becher linie hafen hof gleis bahn führer tüte hülle</td></tr>
<tr><td>Wortbildungs-regeln anwenden</td><td>Ergänzen Sie:
<table><tr><th>Adjektiv</th><th>Verb</th><th>Nomen</th></tr><tr><td>fröhlich</td><td>sich freuen</td><td>Freude</td></tr><tr><td>beeindruckt</td><td>______</td><td>Eindruck</td></tr><tr><td>______</td><td>sich erkälten</td><td>______</td></tr></table>
usw.</td></tr>
</table>

Nachhaltigkeit

Wörter muss man immer wieder aufs Neue anwenden, dann bleiben sie im Gedächtnis und der Zugriff vollzieht sich ohne Hindernisse. Im Unterricht können nachhaltige Aktivitäten initiiert werden, z. B. durch

- Führen eines Wortschatztagebuchs.
- regelmäßige Wiederholung von Lernwortschatz in verschiedenen Kontexten.
- Dokumentation wichtiger Wörter auf Lernplakaten, Post-its.
- regelmäßige Phasen freier Sprachverwendung mit fokussierten Aufgabenstellung.
- Verfassen von Geschichten.
- Extensives Lesen von längeren didaktisierten Texten bzw. vereinfachte Lektüren.

Phasierung

Die folgende Unterrichtsmatrix bezieht sich auf die explizite Einführung und Verarbeitung von neuem Wortschatz. Unbekannte Wörter zu klären ist natürlich in Unterrichtseinheiten mit anderen Schwerpunkten ebenfalls sinnvoll. Darüber hinaus sind eigene Phasen angezeigt, in denen Lernende Strategien trainieren, wie man mit unbekanntem Vokabular umgeht.

Stufe/Artikulation	Stoffliches Vorhaben
Einstimmung	Wiederholung, Aktivierung von Vorwissen.
Einführung/ Kontextualisierung	Darbieten der Situation, des Kontextes, des Beginns der Geschichte. Ziel ist der Aufbau einer kommunikativen Situation durch – Skizze, – Bildfolie, – Lehrererzählung.
Präsentation der neuen Wörter	Vorstellen der neuen Wörter – mit Bild- und Wortkarten, – mit verschiedenen Vermittlungstechniken (siehe oben).
Einüben der neuen Wörter	– Vor-/Nachsprechen lassen, laut, leise, nach Zeigen auf das Bild … – Übungen zum Sammeln, Zusammenführen, Definieren (siehe oben).
Wiederholung/ Sicherung	Verständnis überprüfen: Lernende lesen Ergebnisse vor, Lehrkraft präsentiert ausgewählte Bearbeitungen via Dokumentenkamera.
Anwendung der neuen Wörter	– Lernende entwerfen kleine Dialoge und tragen vor – entwerfen Mindmaps, – stellen neue Begriffe szenisch dar, – bearbeiten eine kleine Aufgabe (siehe unten).

Zum Weiterlesen

Bohn, R.: Probleme der Wortschatzarbeit. Stuttgart 2013.
Nation, I. S. P.: Learning Vocabulary in Another Language. Cambridge 2013.
Stork, A.: Vokabellernen. Tübingen 2003.
Takac, V. P.: Vocabulary Learning Strategies and Foreign Language Acquisition. Clevedon 2008.
Thornbury, S./Ur, P.: Penny Ur's 77 Tips for Teaching Vocabulary. Cambridge 2022.

13 Grammatik

- Grammatikunterricht soll das Sprachenlernen unterstützen, nicht den Menschen bilden.
- Eine Regel zu präsentieren ist nicht der einzige Weg, um Grammatik zu unterrichten.

Kontext

Sprachwissenschaftlich betrachtet ist Grammatik der Oberbegriff für die Regeln, Normen, Konventionen einer Sprache. Wie der Satzbau funktioniert, nach welchen Regeln man Wörter bildet und welche Wortformen möglich sind, wird durch die Grammatik der Sprache geregelt. Auch für den sozialen Gebrauch einer Sprache gibt es Regeln, die in einer Sprachgemeinschaft mehrheitsfähig sind (sprachliche Höflichkeit, Sprecherwechsel, Formen der Anrede etc.) Wer eine Sprache lernt, eignet sich zunächst, vereinfacht ausgedrückt, ihren Wortschatz und ihre Grammatik an.

Lernwege verkürzen	Hypothesen überprüfen	Lernprobleme vermeiden

Für den Unterricht stellt sich die Frage, wie man mit Regeln umgeht und in welcher Abfolge man sie gegebenenfalls vermittelt. In der didaktischen Diskussion haben sich zwei Positionen gebildet, die Anti-Grammatik- und die Pro-Grammatik-Fraktion.

Die Anti-Grammatik-Position postuliert, dass man auf expliziten Grammatikunterricht verzichten sollte, weder Regeln erklären noch sich bewusst mit ihnen auseinandersetzen sollte. Schließlich hätten alle Lernende eine Sprache ohne Erklärungen zur Grammatik erworben: eben ihre Muttersprache (Timmis 2017).

Allerdings sind Mutter- und Fremdsprachenerwerb nur eingeschränkt miteinander vergleichbar. Vor allem, wenn Lernende erwachsen sind. Ihre Bedingungen sind gänzlich anders als die von Kindern in einem natürlichen Umfeld, wo sie tagtäglich mit reichem Input versorgt werden, viel Sprache hören und auch viel selbst reden.

Im Unterricht muss man Lernwege verkürzen, auf Regularitäten aufmerksam machen, sie vergegenwärtigen, damit sie wahrgenommen werden. Deshalb spricht sich die Pro-Grammatik-Position dafür aus, Grammatik im Unterricht zu behandeln, mit Vermittlungsformen, die recht unterschiedlich sein können. Ihre Argumen-

tation hat sich inzwischen weitgehend durchgesetzt. Grammatiklernen hat seinen Platz im Fremdsprachenunterricht. Grundsätzlich ist es Konsens, dass Regelwissen Lernern hilft. Gerade erwachsene Lerner möchten häufig erfahren, warum ein sprachliches Phänomen so verwendet wird, wie es der Unterricht aufzeigt. Sie wollen erklärt bekommen, warum Redemittel nur in einer Form verwendet werden. Tatsächlich verkürzt manch eine Regelvermittlung den Lernweg. Das Erklären und Besprechen auf der kognitiven Ebene ist also durchaus effektiv.
Doch Vorsicht: Expliziter Grammatikunterricht kann auch schädlich sein (Schlak 2002). Er begünstigt Frustrationen, wenn er durchgeführt wird, um Lernprozesse vorschnell zu beschleunigen.

Methodik

Deduktive Vermittlung

In alten Methoden war es üblich, zunächst eine Regel vorzustellen und Beispielsätze zu präsentieren. Danach war Zeit, die neue Regel zu üben und anzuwenden. Es ging mehr darum, sich mit der Sprachsystematik zu befassen als mit dem Erwerb kommunikativer Kompetenzen. Sich mit einer Regel zu beschäftigen, deren kommunikativen Nutzen man nicht kennt, führt kaum zu einer motivierten, interessierten Haltung, die für nachhaltiges Lernen notwendig ist. Das abstrakte Niveau gleich zu Stundenbeginn dürfte auf viele Teilnehmende verstörend wirken. Es passt auch nicht zu einer lernwirksamen Orchestrierung des Lernprozesses. Insbesondere junge Lernende entwickeln kein Problembewusstsein, sie können keine Hypothesen bilden und erfahren zunächst nichts über die alltagskulturellen Kontexte für das betreffende sprachliche Phänomen.

Beispiel

L.: Ich möchte Ihnen heute erklären, wie man im Deutschen ausdrückt, dass der Prozess wichtiger ist als die Person. Das Passiv wird mit dem Verb werden und dem Partizip II gebildet. „Der Fernseher wurde gestern geliefert“.

Bilden Sie nun weitere Sätze mit dem Passiv.
Fußballspiel abbrechen,
Pizza liefern,
usw.

Induktive Vermittlung

Das heute übliche Verfahren entwickelt Regelwissen von Beispielen aus. Die LernerInnen werden in einer typischen Situation durch die Vorstellung massierter Beispielsätze auf eine neue Regel aufmerksam gemacht. Dies geschieht zunächst implizit. Sie haben Gelegenheit, für sich Arbeitshypothesen aufstellen, die sie im weiteren Stundenverlauf überprüfen können. Dies scheint motivational ertragreich. Nach der Präsentation der Beispiele arbeiten sie selbst mit Formulierungen auf der Grundlage der neuen Regel. Hierzu werden geschlossene Übungsaktivitäten angeboten. In manchen Fällen sind die Lernenden selbst gefordert, eine –alltagssprachliche- Regel zu formulieren und vorzustellen. Es folgen komplexere kommunikative Tätigkeiten.

Beispiel

So funktioniert der neue Kopierer:
1. Das Kopiergut wird auf die Glasfläche gelegt.
2. Das Druckformat wird festgelegt.
3. Die Anzahl der gewünschten Kopien wird eingestellt
   usw.

Schreiben Sie nun eine Aufbauanleitung für die Kommode ‚Sylt'.
1. (Teile alle zurechtlegt werden) *Alle Teile werden zurechtgelegt.*__________
2. (einstecken werden Seitenflächen Bodenfläche in) ____________________
   usw.

So können Sie ausdrücken, dass der Prozess wichtiger als die Person ist:
Das Kopiergut wird auf die Glasfläche gelegt.
Schreiben Sie nun auf, was man tun muss, wenn man einen Vorgang oder einen Prozess beschreiben will:______________________________

Präsentationsweisen

Ein Grammatikphänomen kann man auf verschiedene Weise darbieten. Stets geht es jedoch darum, Situationen aufzuzeigen, in der die Regularität, das Satzbaumusters oder die Sprachfunktion typischerweise Verwendung finden.

Präsentationsweise	Prinzip	Beispiel
Situative Beispielsätze	Es werden Äußerungen vorgestellt, die häufig mit dem Grammatikphänomen formuliert werden.	Ich kündige, weil die Arbeit langweilig ist. Ich kündige, weil mein Chef schwierig ist. Ich kündige, weil die Fahrt zur Arbeitsstelle sehr lang ist. …
Storyline	Die Verwendung des Phänomens wird in einer Geschichte oder Handlung dargeboten	Ich frühstückte. Dann ging ich zur Arbeit. Im Büro beantwortete ich meine E-Mails. Dann erledigte ich Aufträge. Gegen 11 Uhr kam Sebastian in mein Büro. Er fragte mich, ….

Präsentationsweise	Prinzip	Beispiel
Kontrastierung	Das neue Phänomen wird einem bereits eingeführtem gegenübergestellt, der Gegensatz soll beschrieben werden.	Gestern beantwortete ich Mails. Heute beantworte ich Telefonanfragen. Gestern frühstückte ich mit den Kindern. Heute frühstücke ich alleine. Die Kinder sind schon in der Schule.

Aktivierung

Im folgenden Übungsformate trainieren das Neue in enggesteuerten Aufgaben. Das grammatische Phänomen steht im Mittelpunkt:

Beispiele

Zuordnen	Ordnen Sie Satzteile aus A A Er war unpünktlich, Er trug immer einen Schirm bei sich, Er kaufte sich die teure Hose, usw.	und B durch Striche zu. B obwohl er knapp bei Kasse war. sogar bei Sonne. obwohl er den Job brauchte. immer zuhause
Ergänzen	Dieser Person können Sie Fragen stellen. Ergänzen Sie Spalte 3, 4, 5.	
Reproduzieren	Tablet (gebraucht) Kaffeeautomat (blau) Bsp.: Tausche gebrauchtes Tablet Nun sind Sie dran: Tausche …. usw.	Smartphone (neuwertig) Kaffeepad-Maschine (schwarz) gegen neuwertiges Smartphone gegen … (nach Häussermann/Piepho 1995)
Auswählen	Bitte bestellen Sie ein, eine, oder einen 1 Ich hätte gerne ___ Wasser, bitte 2 Ich hätte gerne ______________ 3 usw.	(Als Bilder verfügbar: Wasser, Limonade, Hamburger, Bratwurst)

Ergänzen:

1	2	3	4	5
Warum	ist	die	Bank	geschlossen?
Warum	ist	____	____	________?
Wieviel	ist	____	____	________?
Wer	ist	____	____	________?
Wozu	braucht	____	____	________?
usw.				

Vervollständigen	Frau Gerlach ist 32 Jahre Sie <u>raucht</u> nicht. Sie _______ oft nach Österreich. Sie _______ gerne Blockflöte. Sie _______ im Internet. usw.	surfen ~~rauchen~~ fahren spielen

Anwendungsformen

Auf das fokussierte Training folgen Aufgaben mit dem Neuen und mit anderen grammatischen Regeln. Die Beispiele unten sind sie Genres zugeordnet.

Beispiele

Dialog	A: Sie arbeiten im Service einer Kneipe. Nehmen Sie die Getränkebestellung auf. B/C/D/: Sie sind mit 3 Freunden in der Kneipe. Sie wollen etwas trinken. Geben Sie ihre Bestellung auf. Wechseln Sie nun die Rollen.
Rolle	Sie arbeiten für ein Reiseunternehmen. Sie sollen eine Kundenbefragung durchführen. Schreiben Sie fünf Fragen auf und stellen Sie diese ihrem Nachbarn/ihrer Nachbarin. Wohin möchten Sie reisen? Wie möchten _________? Wann _______________? Wie viele ____________? Haben Sie ___________? Können Sie __________?
Szene	Sie befinden sich im Wartezimmer Ihres Hausarztes. Neben Sie setzt sich eine andere Patientin. Sie kommen ins Gespräch. Stellen Sie jeweils fünf Fragen und beantworten Sie die Fragen.
Text	Schreiben Sie eine Whatsapp-Nachricht an den Freund oder die Freundin. Schildern Sie, was es Neues gibt: Sie haben sich ein neues Smartphone gekauft. Es ist/es war ______. Sie haben einige Sehenswürdigkeiten besucht. Es war _______. Sie haben eine Wohnung gefunden. Sie ist ____________. Sie arbeiten jetzt für ein kleines Unternehmen. Es stellt _____. Sie sind dort ________. usw.

Phasierung

Die Anordnung der Aktivitäten oben zeigt schon, wie man eine Grammatikstunde strukturiert. Es folgt wieder ein idealtypisches Strukturmodell:

Stufe/Artikulation	Stoffliches Vorhaben
Einstimmung	Wiederholung, Aktivierung von Vorwissen.
Einführung/ Kontextualisierung	Darbieten der Situation, des Kontextes, des Beginns der Geschichte. Ziel ist der Aufbau einer kommunikativen Situation durch – Skizze, – Bildfolie, – Lehrererzählung.
Präsentation der neuen Regularität	Einbinden in eine Geschichte oder Handlungsabfolge. Das neue Phänomen wird häufig genannt und verwendet. Die Darbietung kann unterstützt werden durch – Visualisierungen – Vermittlungstechniken wie z. B. Mimik, Gestik, Pantomime, – Fokussierungstechniken wie z. B. unterstreichen, hervorheben, einkreisen etc.
Verstehens-sicherung	Tafelbild, Plakat mit Beispielen, Grammatik ist hervorgehoben, Beispielsätze sind verfügbar.
Einüben der neuen Grammatik	Eng gesteuerte Übungen (siehe oben), die Situation oder Geschichte wird weitergeführt.
Wiederholung/ Sicherung	Verständnis überprüfen: Lernende lesen Ergebnisse vor, Lehrkraft präsentiert ausgewählte Bearbeitungen via Dokumenten-Kamera. Gegebenenfalls beschreibt die Gruppe gemeinsam in eigenen Worten die Regel.
Anwendung der neuen Grammatik	Lernende bearbeiten Aufgabe, in der die neue und schon bekannte Grammatik vorkommen (siehe oben).

Zum Weiterlesen

Funk, H./König, M.: Grammatik lehren und lernen. Stuttgart 2013.

Puchta, H/Thorbury, S.: Teaching Grammar Creatively. Innsbruck [2]2021.

Schlak, Th.: Die „teachability"-Hypothese. Ein kritischer Überblick und neue Entwicklungen. *Babylonia* 4/2002, 40-44.

Timmis, I.: Teaching Grammar. In: Eisenmann/Summer 2017, 119-128.

14 Hörverstehen

- Beim Hören wendet man verschiedene Strategien am, um einen Hörtext zu verstehen.
- Die Aktivitäten für die Lernenden sollten den Hörstrategien entsprechen.

Kontext

Hörtexte sind oft spontan formuliert. Sie sind Teil von Gesprächen, Interviews und anderen Situationen, in denen man auf eine Information hört. Manche Hörtexte sind vorbereitet, z. B. Reden, Predigten, Radionachrichten. Sie werden vorgelesen. Bei direktem Kontakt haben Zuhörer die Möglichkeit nachzufragen, wenn sie etwas nicht verstanden haben. Viele Anlässe zum Hören spontaner Sprache bietet der Unterricht selbst. Anfangs bereiten Lehrkräfte ihren Input didaktisch auf oder setzen stark bearbeitete Hörtexte ein. Später kommen Texte hinzu, die authentischer sind. Sie weisen dann Kennzeichen mündlicher Sprache auf (natürliche Tempi, Verschleifungen, Satzabbrüche, dialektale Färbungen).
Grundsätzlich kann gelten, dass Aufgaben zu Hörtexten nicht vom Hören ablenken dürfen. Aufwändigere Schreibaufträge während des Hörens verbieten sich zumindest bei der ersten Präsentation. Teilnehmende sollten sich ganz auf das Hören konzentrieren können. Weitere Textpräsentationen sollten mit Aufgaben einhergehen, die sich von denen beim ersten Hören unterscheiden: hinsichtlich Komplexität, Fokus, Ergebnisdarstellung. Sonst wird es schnell langweilig und damit demotivierend.

Hörauftäge variieren	Textmenge anpassen	Textsorten kombinieren

Manche Lernende empfinden es als große Hilfe, wenn ihnen der Hörtext auch schriftlich vorliegt. Eine pointierte Hilfe ist es, ausgewählte, schwierige Hörpassagen zum (stillen) Mitlesen vorzubereiten. Dann bleibt der erwünschte größere Anteil des Hörens an der Textrezeption erhalten.

Vorentlastung

Erfolgreiches Verstehen setzt voraus, dass der eingehende Lautstrom segmentiert und Bedeutungen zugeordnet werden können. Lernende müssen sich zuerst darin trainieren, mündlich vorgetragene Sprache zu verstehen. Schon im Anfangsunterricht stehen deshalb viele Begegnungen mit verständlicher Sprache auf dem Programm.

Hörtexte im Unterricht

Organisatorisches Erklärungen Aufforderungen
Arbeitsaufträge Ermahnungen Einführungen
Lehrervortrag Dialoge Lautsprecheransage Tonträgertexte

Mithilfe nonverbaler Techniken wie z. B. Gestik, Mimik, Handzeichen bietet die Lehrkraft Unterstützung beim Verstehen an. Durch Wechsel des Vortragstempos richtet sie die Aufmerksamkeit auf Wort- und Satzgrenzen und erleichtert auf diese Weise das Erkennen.

Vorentlastungen von Wortschatz oder Thema tragen ebenfalls dazu bei, das Hörverstehen zu erleichtern. Dies gelingt, indem das Vorwissen der Lernenden aktiviert wird, durch Bilder, Wortschatzsammeln, Überschriften etc. Je authentischer ein Hörerlebnis werden soll, desto stärker wird man es an die Gegebenheiten des Alltags anpassen und Hintergrundgeräusche, Dialekt, Akzent, undeutliche Passagen etc. zulassen.

Bei authentischen Hörtexten sind Übertragungshilfen durch die Lehrkraft angezeigt. Ein nicht vorentlastetes nochmaliges Präsentieren ist didaktisch weniger ertragreich. Die Lehrkraft entschlüsselt nach dem ersten Hören die Passagen, die für Schwierigkeiten gesorgt haben. Sie macht Unverstandenes an der Tafel sichtbar, spricht langsam und deutlich Passagen nach, parallelisiert sie mit der Textstelle des Originals. Wenn auf diese Weise eine verbesserte Verstehenssituation vorbereitet wurde, kann ein nochmaliges Hören im Zusammenhang sinnvoll sein.

Kontextualisierung

Das Vorwissen der Lernenden sollte stets einbezogen werden. Lehrkräfte leisten dies, indem sie einen Hörtext in Situationen einbetten, mit denen Lernende Erfahrungen haben. In der Literatur wird häufig das Netz als Bild verwendet, um aufzuzeigen, wie aktives Vorwissen zum Verstehen beiträgt. Verweise auf etwas Vertrautes wecken Konzepte, die man erinnert. Diese Wissenselemente können Lernende beim Hören einsetzen.

Beispiel

Sie hören gleich eine Geschichte, die an einem Bahnschalter stattfindet.
Schreiben Sie auf,
welche Geräusche man am Bahnschalter hört ______________________
was man an einem Bahnschalter alles findet ______________________
was Menschen dort machen ______________________

Strategien

Strategien sind bewusste Pläne zur Lösung eines Vorhabens oder einer Aufgabe. Bei der Informationsaufnahme während des Hörens wendet man bewusst oder unbewusst zwei Arten von Strategien in unterschiedlicher Mischung an:
Absteigend (*top down*) ist die Informationsaufnahme, wenn Hörer rinnen oder Hörer die inhaltliche Struktur einer Textinformation von oben nach unten wahrnehmen, vom Text oder Satz zum Wort. Tatsächlich hören sie nicht auf das einzelne Wort. Sie widmen sich der Textinformation. Dazu wenden sie Vorwissen an, um damit ggf. Informationslücken zu verringern. Sie vermuten, wie eine Textinformation weitergeht, sie interpretieren eine Information auf der Grundlage ihres verfügbaren Wissens.

Beispiel

Aufgaben mit absteigender Informationsentnahme:

A) Ich lese Ihnen Satzteile vor. Bitte ergänzen Sie diese spontan für sich. Nennen Sie uns dann Ihre Vorschläge:
Ich freue mich sehr über dieses schöne ___________, lassen Sie mich noch schnell einen Satz __________, gestern war es noch so schön. Und heute haben wir so ein ____________________.

B) Ich lese Ihnen einen kurzen Text vor. Klären Sie nach dem Hören bitte folgende Fragen:
Wer spricht?
Worüber spricht die Person?
Wer ist Gesprächspartner der Person?

Aufsteigend (*bottom up*) ist eine Informationsaufnahme, die vom einzelnen Wort in einem Satz ausgeht; eine gängige Vorgehensweise bei Lernpersonen, die mit einer neuen Sprache beginnen. Sie versuchen, jedes Wort zu verstehen und ihm Bedeutung zuzuordnen. Unterrichtsaktivitäten, die viel Wert darauf legen, dass eine einzelne Information, einzelne Wörter, Begriffe aus einem Text herausgehört werden, fördern diese künstliche Form der Rezeption.

Beispiel

Aufgabe mit aufsteigender Informationsentnahme:

a) Unterstreichen Sie alle Adjektive.
b) Kreisen Sie die Wörter ein, die Vergangenheit ausdrücken.

Hörziele

Hörziele setzt man sich mehr oder weniger bewusst, ändert sie womöglich während des Hörens. Zumindest außerhalb von Lernkontexten entscheiden Hörer:innen selbst, wie intensiv sie sich mit dem Hörtext und seinen Inhalten befassen. In einem

Sprachkurs entscheiden die Aktivitäten darüber. Durch gezielte Aktivitäten führen Lehrkräfte ihre Lernenden an die verschiedenen Hörziele heran:

Global	Selektiv	Detailliert	Produktorientiert

Globales Hören

Ziel ist es, einen ersten Eindruck vom Inhalt zu gewinnen. Die Antworten der Aufträge sind leicht zu finden.

Beispiel

Wohin fährt die Familie in Urlaub?
Finden Sie bitte eine Überschrift für den Hörtext.

Selektives Hören

Ziel ist es, Information zu bestimmten Aspekten zu finden und andere im Text zu ignorieren.

Beispiel

Heben Sie bitte die Hand, wenn Sie Informationen zum Wetter hören.
Kreuzen Sie bitte an, wie das Wetter während der Ferien in Dortmund sein wird.

Physisches Reagieren

Ziel ist es, bei LernerInnen kommunikative Reaktionen mit ihrem Körper auszuführen. Diese Form des Hörens gehört zur Methode des Total Physical Response.

Beispiel

Deuten Sie auf das kleinere Dreieck an der Tafel.
Laufen Sie auf Zehenspitzen von Ihrem Platz zur Tür.

Detailliertes Hören

Ziel ist es, Einzelinformationen in einem Text genau zu erfassen. Damit ist nicht gemeint, jedes Wort zu verstehen. Unser Gedächtnis könnte diese Vielzahl an Informationen gar nicht speichern. In aller Regel hat man sich vor dem Hören auf die Ziele festgelegt. Die Erledigung von Höraufträgen gelingt durch Mitschreiben, Notieren der Informationen während des Hörens.

Beispiel

Bitte kreisen Sie auf Ihrem Arbeitsblatt ein, was Frau Oster in München alles vorhat.

Produktorientiertes Hören

Ziel ist es, Informationen aus dem Text in eigenen Texten zu verwerten. Der Hörtext kann dabei als Modell dienen. Die häufigere Form produktorientierten Hörens ist eine von den Lernenden selbst verfasste Reaktion auf einen Hörtext.

Beispiel

Hören Sie, was Herr Wissler zum Problem sagt. Schreiben Sie ihm Ihre Antwort (150 Wörter).

Methodik

Reproduktives Hören

Die folgenden Aufträge zielen auf die Beschäftigung mit Einzelbegriffen.

Beispiele

Tätigkeit	Beispiel
Laute unterscheiden	Kreuzen Sie an, wenn Sie ein/g/hören. vergleichen auskennen Ausgabe Terminkalender etc.
Laute unterscheiden	Welches Wort hören Sie? Kreisen Sie es ein. Wahl Wall fahl Fall Ofen offen Mus muss etc.
Akzent markieren	Bitte markieren Sie den Wortakzent. Ansage Bahnsteig Verspätung Fahrkarte Zugbegleiterin Lokführer Regionalexpress

Die folgenden Aufträge verlangen eine Auseinandersetzung mit Inhalten:

Aus- wählen	Welche Antwort ist richtig, A oder B? Kreuzen Sie bitte an. Daniel kommt aus (a) Breslau. (b) dem Breisgau.
Aus- wählen	Wählen Sie die Passage aus, die den Hörtext am besten zusammenfasst. a) Der Text informiert über die Kulturhauptstadt Breslau. Die Leser erfahren, weshalb die Stadt ausgewählt wurde. … b) Der Text berichtet über Polen …
Markieren	Unterstreichen Sie die richtige Information, während Sie zuhören. Goethe wurde 1749/1790 in Frankfurt geboren.
Kenn- zeichnen	Heben Sie die rote (falsch) oder die grüne (richtig) Karte hoch. Was sagt der Text? Goethe wurde 1790 in Frankfurt geboren.
Unter- streichen	Unterstreichen Sie die Überschrift, die zum gerade gehörten Text am besten passt: Eine langweilige Idee. Abenteuer an der Autobahn. Ein Wochenende auf dem Lande.
Verbessern	Lesen Sie die Notizen zum Hörtext und verbessern Sie diese, wo es nötig ist. Breslau wurde 2015 Kulturhauptstadt. Über 60 000 Menschen leben in der Stadt in Ungarn. …
Beant- worten	W-Fragen: Welche Instanz ist für die Wahl zur Kulturhauptstadt verantwortlich? Wie sehen die Bürgerinnen und Bürger die Wahl ihrer Stadt zur Kulturhauptstadt? …
Antizi- pieren	Ergänzen Sie die Wörter, die Ihrer Meinung nach passen. Vergleichen Sie, während Sie den Text hören: Breslau ________ 2015 Kulturhauptstadt Salz und ____________.
Ergänzen	Ergänzen Sie Wörter, die Sie hören. Verbinden Sie A und B mit Linien. A Breslau ______ 2015 Kulturhauptstadt. Salz und ___________. Er ist nicht von ___________. Das geht nicht von heute auf ______. B heute morgen gestern wird wurde Zucker Pfeffer

Produktives Hören

Die folgenden Aufträge veranlassen zu eigenständigen Reaktionen auf einen Hörtext.

Beispiele

Tätigkeit	Beispiel
Verfassen	Schreiben Sie einen Text über Ihre Stadt. Orientieren Sie sich dabei am Hörtext. Tragen Sie Ihren Text vor.
Verändern	Verfassen Sie einen Text, der einen anderen Ausgang nimmt, als der Hörtext. Tragen Sie Ihren Text vor.
Erwidern	Im Hörtext wurde vor zu viel Medienkonsum gewarnt. Bereiten Sie eine kurze Antwort vor und präsentieren Sie diese.
Verarbeiten	Im Hörtext wurden Nachrichten verlesen. Verfassen Sie nun auch Nachrichten aus ihrem Alltag oder aus der Tagespolitik. Lesen Sie Ihre Texte wie ein Nachrichtensprecher vor.
Überführen	Sie haben mehrere Werbetexte gehört. Entwerfen Sie nun einen ähnlichen Werbetext für Ihr Lehrbuch. Tragen Sie vor.

Phasierung

Die folgende Unterrichtsmatrix bezieht sich auf grundlegende Kontexte des Hörverstehens. Hierzu gehören Vorentlastungsmaßnahmen sowie Aufträge, die verschiedene Hörstrategien aufrufen.

Stufe/ Artikulation	Stoffliches Vorhaben
Einstimmung	Wiederholung, Aktivierung von Vorwissen, Aussprachespiel.
Einführung/ Kontextualisierung	Einführung der Situation, des Kontextes, des Themas des Hörtextes. – Überschriften, – Bildfolie, – situative Bildausschnitte, – Lehrererzählung, – Lokalisierung des Hörtextes, – ggf. Semantisierung schwieriger Begriffe, – Antizipation/Vorwissen: Was könnte ein Text zum Thema ‚Breslau' mitteilen?
Erarbeitung Globalverstehen	Frageblock 1: Einfache Fragen vor dem ersten Hören. – Präsentation des Hörtextes. – Auswertung, Sicherung Frageblock 1.

Stufe/ Artikulation	**Stoffliches Vorhaben**
Wiederholung	Zusammenfassung, bisherige Höreindrücke sammeln: Woran erinnern Sie sich noch?
Detailverstehen	Frageblock 2: Ermittlung gezielter Antworten. Fokussierte Aufträge (ergänzen, zuordnen), W-Fragen.
Wiederholung/ Sicherung	Ergebnisse überprüfen: Lernende tragen vor, vergleichen mit Antwortblättern. Lehrkraft präsentiert ausgewählte Bearbeitungen via Dokumentenkamera.
Anwendung	Lernende bearbeiten Aufgabe, die einen Bezug zum Hörtext hat, z. B. Dialoge, Antworten, ähnliche Texte verfassen, Informationen in anderes Medium überführen (Poster, WebQuest), Video.

Zum Weiterlesen

Adamczak-Krysztofowicz, S./Stork, A.: Hör- und Sprechtraining mit Audioportfolios – ja, aber wie? In: Fremdsprache Deutsch 45/2011, 17-20.

Dahlhaus, M.: Fertigkeit Hören. Stuttgart 2013.

Kluckhohn, Kim: Podcasts im Sprachunterricht am Beispiel Deutsch. Berlin u. a. 2009.

Schönicke, J./Speck-Hamdan, A.: Hören ohne Grenzen. Sprache entdecken, Interkulturelles Lernen, Deutsch als Zweitsprache. Braunschweig 2010.

Solmecke, G.: Texte hören, lesen und verstehen. Eine Einführung in die Schulung rezeptiver Kompetenz mit den Beispielen für den Unterricht Deutsch als Fremdsprache. Berlin u. a. 1997.

15 Leseverstehen

- Lesen ist eine effiziente Art, um das eigene Sprachkönnen auszubauen.
- Aktivitäten zu Lesetexten sollten auch die verschiedenen Leseweisen fördern.
- Lesen auf Deutsch soll auch Spaß machen.

Kontext

Das Lesen in einer Fremdsprache ist zwar erst einmal anstrengend. Aber es lohnt sich für alle, die Sprachkenntnisse verbessern wollen. Einmal abgesehen davon, dass Lesen Spaß macht und bildet, unterhält und nachdenklich macht, Neues vermittelt und Altes zu hinterfragen anregt. Die kulturelle Welt der neuen Sprache erschließt sich ohne Lesen nur rudimentär. Außer Frage steht der Nutzen des Lesens für Wissensaufbau, Information und Bildung, kulturell wie interkulturell. Auch die meisten Informationen in digitalen Medien sind zum Lesen.

Verständnis	Struktur	Darbietung

Ein Lesetext ist solange verfügbar wie man es möchte. Leserinnen und Leser können im Text zurückblättern, das Lesen unterbrechen, um Begriffe nachzuschlagen. Sie können eine Passage nochmals lesen, wenn etwas unverstanden geblieben ist. Das Lesetempo bestimmen allein sie, nicht wie beim Hörtext das Medium. Allerdings fehlt Lesetexten meist die einfache Strukturierung, die Redundanz, die sich in Hörtexten findet. Denn Hörer:innen müssen Textabsichten beim ersten Mal erkennen. Leser:innen haben mehr Zeit dafür. Oftmals benötigen sie diese auch, weil Lesetexte dichter formuliert sind, das Vokabular differenziert, der Satzbau mitunter komplex, die Informations- oder Erzählstruktur verschachtelt.

In vereinfachten Texten werden allerdings genau diese Kennzeichen zum leichteren Lesen bearbeitet: Hochfrequentes Vokabular, einfacher Satzbau, reihende Informationsdarbietung oder Erzählstrukturen, und eine Unterstützung des Verständnisses durch Bilder und Worterklärungen machen ein frühes Lesen in der Fremdsprache leicht. Wird dann bei der Auswahl noch darauf geachtet, dass nicht mehr als 2 Prozent der Wörter unbekannt sind, finden auch ungeübte Lesende einen Zugang zur Lektüre schriftlicher Texte.

Kompetenzförderung

Sprachlich betrachtet werden beim Lesen potentiell alle verfügbaren Redemittel aktiviert und erweitert. Man lernt neue Umgebungen und Kontexte kennen, neue Situationen, in denen schon bekannte sprachliche Mittel wieder auftreten, z.B. Wörter, Grammatikmuster, Idioms. Auf diese Weise entstehen neue Verknüpfungen im mentalen Lexikon.

Beim Lesen erwirbt oder trainiert man Fähigkeiten, Unbekanntes aus dem Zusammenhang zu erschließen, die Konzentration auf Inhalte verbessert sich. An neue Redemittel führt das Lesen implizit heran, man ist ihnen dann schon einmal begegnet. Ein Vorteil, wenn sie anderswo auftreten. Lesen ist also ein sehr aktiver Umgang mit der Fremdsprache, der sich positiv auf die Kompetenzentwicklung auswirkt.

Im Unterricht gehen Lesen und Sprechen oder Schreiben eine didaktische Einheit ein. Informationen und Inhalte sollen die LernerInnen verarbeiten, sich zu ihnen äußern oder kreativ mit ihnen umgehen. Viele Aktivitäten zum Sprechen und Schreiben können Lehrkräfte daher als Anschlusstätigkeiten nach dem Lesen in Erwägung ziehen (vgl. Kap. 16 und 18).

Unterhaltung	Information	Analyse

Lesen ist Freizeitbeschäftigung, Fort- und Weiterbildung, Kulturgenuss oder auch alles zusammen. Manchmal möchte man sich intensiv in eine Thematik einlesen oder sich mit ihr beschäftigen. Ein anderes Mal will man sich schnell über ein Thema informieren. Sehr häufig will man sich einfach unterhalten lassen. Man liest dann nicht jedes Wort im Roman intensiv, verliert aber dennoch nicht den Überblick. Bei allen Leseweisen kommt es zu einem Zusammenspiel aufsteigender und absteigender Verarbeitung. Die Top-down-Verarbeitung der Informationen überwiegt. Man überlegt nicht, welche Bedeutung das einzelne Wort hat, sondern sucht, den Sinn des Satzes als Ganzes zu erfassen.

Lust-und- Laune-Lesen

Für DaF/DaZ-Lernpersonen haben die Verlage eine Vielzahl an vereinfachten Lektüren im Angebot. Bereits für Anfänger gibt es interessante Erzählungen und Sachtexte. Oft sind sie mit Worterklärungen ausgestattet. So können Lernende über weite Strecken ohne Nachschlagemedien lesen. Vereinfachte Lektüren sollten dazu beitragen, die Lust am Lesen auf Deutsch zu fördern, das Schmökern für sich zu entdecken.

Beispiel

Beschreiben Sie in 100 Wörtern, wie Ihnen das Buch gefallen hat.

Extensives Lesen

Wer über längere Zeit einen Text oder ein Buch liest, ist am großen Ganzen interessiert, weniger an der Einzelinformation. Beim extensiven Lesen entwickelt sich das Gespür für Wichtiges und weniger Wichtiges und damit auch die Leseflüssigkeit.

Beispiel

Beschreiben Sie, wie sich Benedikt in der Großstadt entwickelt (Kap 6-10).
Beschreiben Sie, welcher Eindruck im Kapitel von der Großstadt vermittelt wird (Kap 6-10.)

Detailliertes Lesen

Lesen in der Schule ist sehr häufig so angelegt, dass sich die Lernenden mit Einzelinformationen auseinandersetzen. Sie müssen einen Text detailliert lesen, um die Informationen zu erhalten, nach der die Aufgabenstellung verlangt. Strategien entwickeln ist wichtig für den kompetenten Umgang gerade mit Sachtexten.

Beispiel

WebQuests sind Aufgaben, die man mit Internetressourcen bearbeitet.
Sie planen einen Kurzbesuch in Hamburg

1. Lesen Sie, welche Sehenswürdigkeiten es gibt:
   [http://www.hamburg.de/sehenswuerdigkeiten/]
2. Einigen Sie sich mit Ihrem Partner, Ihrer Partnerin auf eine Sehenswürdigkeit, die Sie beide interessant finden.
3. Stellen Sie diese in Ihrem WebQuest genauer dar.
   - Warum sollte man die Sehenswürdigkeit besuchen?
   - Was ist das Besondere daran?
   - Was kann man erleben oder sehen?
   - Wie teuer ist der Besuch?
   - Was muss man bedenken?
   - Wie lange dauert es von der Unterkunft, bis man dort ist?

Vertieftes Lesen

Wer einen Text hinterfragen will, muss genau lesen, sich mit den Argumenten auseinandersetzen und versuchen zu erkunden, was der Text impliziert, mitteilt, ohne es zu erwähnen. Gewissermaßen muss man herausfinden, was zwischen den Zeilen steht. Vertieftes Lesen wird nicht nur bei literarischen Texten verlangt. Bei wissenschaftlichen Texten, Kommentaren, Essays, Streitschriften, Rezensionen und anderen intellektuellen Textsorten verbleibt man ohne vertieftes Lesen an der Oberfläche.

Beispiel

Der Autor nennt seinen Text eine Glosse. Nehmen Sie anhand von Beispielen aus dem Text Stellung zu dieser Form der Genrebezeichnung.

Methodik

Aktivitäten vor dem Lesen

In einer typischen Lesestunde versucht man zunächst, das Vorwissen der Lerner zu aktivieren. Und man will Interesse wecken für den Text. Manchmal ist es notwendig, vor dem Lesen einige Wörter zu erklären. Mittelfristig sollten Lesende lernen, selbst zu recherchieren, was ihnen an Redemitteln unbekannt ist und ob es überhaupt nötig ist, etwas nachzuschlagen.

Beispiele

Operator	Beispiel
Sammeln	Unser Text handelt vom Alltagsleben auf dem Lande. Schreiben Sie bitte auf, was Ihnen zum Begriff ‚Land' einfällt.
Fragehaltung einnehmen	Welche Fragen möchten Sie vom Text „Gesünder essen“ beantwortet haben. Schreiben Sie sie bitte auf.
Vermuten	Lesen Sie die Überschrift: „Landleben macht einsam“. Notieren Sie in Stichpunkten, was im Text stehen könnte.
Versprachlichen	Schauen Sie sich die Bilder an. Sie sind aus unserem Text. Notieren Sie bitte, was die Bilder über den Inhalt des Textes schon aussagen.

Aktivitäten während des Lesens und nach dem Lesen

Beispiele

Auswählen	Kreuzen Sie bitte an: Im Dorf wohnen nur ältere Menschen. usw.	Richtig * falsch * nicht im Text

Zusammenstellen	Notieren Sie bitte alle Informationen zum Thema Ernährung.
Ordnen	Finden Sie Überbegriffe und ordnen Sie die Informationen darunter.
Editieren	Unterstreichen Sie die Fehler. Schreiben Sie die Korrektur über den Fehler.
Ergänzen	Im Text fehlen Wörter. Ergänzen Sie: Berlin die Hauptstadt von Deutschland. Ungefähr 3,5 Millionen Menschen dort … usw.
Ergänzen	Der Text hat keine Satzzeichen. Ergänzen Sie sie bitte. Markieren Sie, welche Buchstaben großgeschrieben werden müssen.
Rekonstruieren	Im Text fehlt jedes dritte Wort. Ergänzen Sie bitte. Berlin ist die ________von Deutschland. Heute ________ ca. 3,5 Millionen Menschen ________. usw.
Ordnen	Aus diesen Paragraphen besteht unser Text. Ordnen Sie die Paragraphen in der bestverständlichen Reihenfolge.
Zusammenfassen	Finden Sie zu jedem Paragraphen eine Überschrift.
Kurzantworten formulieren	Welche Sprachen lernt man dem Text nach auf dem Neusprachlichen Gymnasium?
Antworten formulieren	Warum ziehen nach Ansicht des Textautors so viele Menschen vom Dorf in die Stadt?
Ausführlich antworten	Beschreiben Sie den typischen Tag eines Dorfbewohners aus dem Text.
Kommentieren	Schreiben Sie eine Mail an einen der Dorfbewohner. Erklären Sie, warum sie gerne dort wohnen oder nicht wohnen würden.
Verarbeiten	Entwerfen Sie ein Plakat, das für ein Leben auf dem Lande wirbt oder davor warnt.

Phasierung

Die folgende Unterrichtsmatrix bezieht sich auf grundlegende Unterrichtssituationen mit dem Schwerpunkt Lesen. Wichtige Elemente sind die Aktivierung von Vorwissen, die Überprüfung des Verstandenen und die explizite oder implizite Anwendung des erarbeiteten Stoffes.

Stufe/Artikulation	Stoffliches Vorhaben
Einstimmung	Wiederholung, Aktivierung von Vorwissen.
Einführung/ Kontextualisierung	Einführung der Situation, des Kontextes, des Themas des Lesetextes. – Überschriften, – Bildfolie, – situative Bildausschnitte, – Lehrererzählung, – Lokalisierung des Lesetextes, – ggf. Semantisierung schwieriger Begriffe, – Vermutungen äußern.
Erarbeitung Globalverstehen	Frageblock 1: Einfache Fragen vor dem ersten Lesen. – Präsentation des Lesetextes. – Lückentexte, Textteile ordnen, sortieren, auswählen lassen. – Auswertung, Sicherung Frageblock 1.
Wiederholung	Zusammenfassung, bisherige Leseeindrücke sammeln: Woran erinnern Sie sich noch?
Detailverstehen	Frageblock 2: Ermittlung gezielter Antworten. Fokussierte Aufträge, W-Fragen.
Wiederholung/ Sicherung	Ergebnisse überprüfen: Lernende tragen vor, vergleichen mit Antwortblättern.
Anwendung	Lernende bearbeiten Aufgaben, die einen Bezug zum Lesetext haben. Dialoge, Antworten, ähnliche Texte verfassen, Informationen in anderes Medium überführen (Poster, WebQuest), Video. Lesevortrag.

Zum Weiterlesen

Gehring, W.: „Flanieren, schmökern, recherchieren. Warum öffentliche Bibliotheken ideale Lernorte für fremde Sprachen und Kulturen sind“, in: Gehring/Stinshoff 2010, 56-67.

Gold, A.: Lesen kann man lernen. Lesestrategien für das 5. und 6. Schuljahr. Göttingen 2007.

Jaglarz, J./Bemmerlein, G.: Ganz einfache Alltagstexte lesen und verstehen: Textverständnis, Wortschatz und Grammatik. 5. bis 10. Klasse. (Deutsch als Zweitsprache). Hamburg 2015.

Kursiša, A.: Lesen und verstehen, »ohne das Deutsche so besonders gut zu können« Lesetexte im schulischen Anfangsunterricht DaFnE. Fremdsprache Deutsch 50/2014, 30-35.

Rosebrock, C./Nix, D.: Grundlagen der Lesedidaktik. Baltmannsweiler [9]2020.

16 Schreiben

- Die Heterogenität einer Klassengemeinschaft kann bedeuten, auch grundlegende Schreibkompetenzen vermitteln zu müssen.
- SchülerInnen schreiben im digitalen Zeitalter mehr, seltener sind wohl längere, durchformulierte Texte.

Kontext

Dass Sicherheiten im Schreiben die Lesefähigkeit fördern, steht heute außer Frage. Geschrieben wird im Unterricht auch aus anderen Gründen relativ früh. Viele Übungen in den Lehrwerken sind mit dem Schreiben (und dem Lesen) verbunden. Dies hat Vorteile. Lernende können Aktivitäten nach ihrem Lernrhythmus erledigen, sich die Zeit nehmen, die sie benötigen, um eine Aktivität zu bearbeiten. Sie können nachdenken, bevor sie einen Lösungsvorschlag formulieren. Oftmals gewinnt erst bei der schriftlichen Auseinandersetzung mit einem sprachlichen Phänomen ein Lernproblem an Konturen, sodass es angegangen werden kann.
Die Ergebnisse einer schriftlichen Aktivität lassen sich leicht, vor allem aber nachhaltig, korrigieren. Nicht nur von Lernpartnern oder von der Lehrkraft. Mit Hilfe von Lösungsblättern gelingt dies SchülerInnen selbst. Das Schreiben führt auch dazu, dass man über den Prozess nachdenkt, der manchmal sehr kleinschrittig abläuft. Buchstabe für Buchstabe, Wort für Wort, Satzteil für Satzteil. Nicht zuletzt wirkt sich Schreiben positiv auf die Lesefähigkeit aus. Denn es prägen sich die Schriftbilder der deutschen Sprache beim Schreiben aus.
In Schreibphasen wird Lernstoff, der zuvor mündlich erarbeitet wurde, einmal mehr gefestigt. Jetzt haben Lernende die Zeit, um sich individuell auf den Stoff einzulassen, ihn zu trainieren. Nun können sie das Wichtige für wiederholende Lernprozesse festzuhalten, ausprobieren, wie sich Gehörtes im Schriftlichen darstellt. Aus dieser Perspektive betrachtet kommt dem Schreiben für die Organisation der Lernprozesse eine wichtige Funktion zu. Denn es ermöglicht konzentrierte, individualisierte Arbeitsphasen.
Ohne Schreiben wäre das Fremdsprachenlernen schwieriger. Alles müsste man sogleich ‚im Kopf' behalten, neue Wörter, und Begriffe, Inhalte und Informationen. Dies ist unmöglich, Lernende würden schnell selbst eine Strategie entwerfen, die ihnen dabei hilft, Lerngegenstände irgendwie schriftlich festzuhalten. Lehrkräfte wollen jedoch vermeiden, dass Systeme Verwendung finden, die stark von der Schreibnorm abweichen. Daher ist es sinnvoll, das Verschriftlichen und das Schreiben von Anfang an in den Lehrplan aufzunehmen.

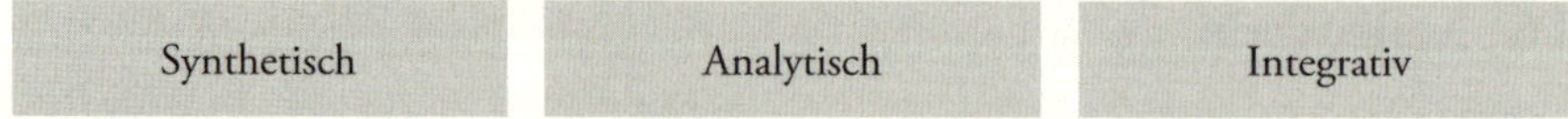

Teilnehmer:innen, die mit dem lateinischen Schriftbild nicht vertraut sind, bedürfen einer eigenen Einweisung in die Verschriftlichung von Redemitteln, Äußerungen und Inhalten. Zwei methodische Verfahren werden hierbei bevorzugt und kommen integrativ zum Einsatz.

Synthetische Methoden

Synthetische Methoden entwickeln die Kompetenzen vom Laut oder Buchstaben zum Wort, vom Wort zum Satz, zur Äußerung, zum Text. Zunächst wird geübt, wie man Laute in Schrift überführt. Die betreffenden Buchstaben (*n*) werden als Laut /n/, nicht als /en/ vorgetragen. Trainiert wird die Schriftform des Lauts, der Buchstabe also. Dann kommt es zur Synthese des Schriftzeichens, zum Zusammensetzen. Der Buchstabe wird in Einzelwörtern angewendet und geübt: durch Abschreiben, Aufschreiben, Sammeln ähnlicher Wörter. Manche verwenden eine Anlautmethode, die einen Laut mit einem Bild als Merkhilfe präsentiert (Heuß 1993).

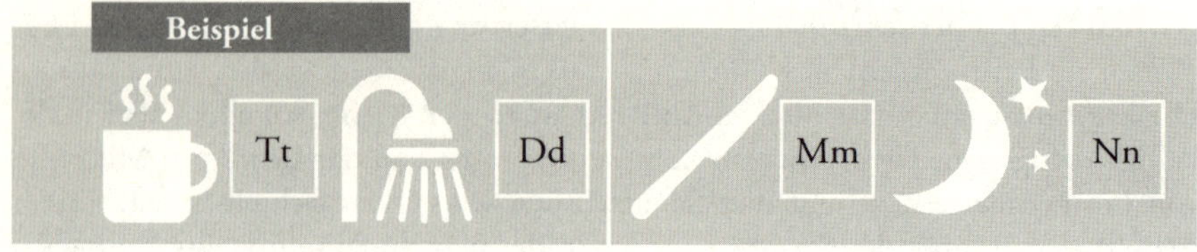

Das synthetische Verfahren ist in aktuellen Lehrbüchern und Unterrichtsmodellen vorherrschend.

Analytische Methoden

Analytische Verfahren entwickeln den Kompetenzaufbau vom Satz aus, von der kommunikativen Äußerung, zum Wort, vom Wort zum Buchstaben. Wörter werden als Ganzes vorgestellt, verglichen, ggf. zerlegt und trainiert. Lernende schreiben auch nach Gehör, probieren die Schriftform aus und erhalten eine Rückmeldung über Fehler in ihren Notizen (Köhnen 2011, 54ff.).

Integrative Verfahren

Beide Verfahren haben Vor- und Nachteile. Deshalb finden verstärkt integrative Modelle Anwendung (analytisch-synthetisch), die Vorteile beider Ansätze zusammenführen. Erst werden die Laute eines Wortes betrachtet. Dann ordnet man den Lauten Buchstaben zu. Als dritter Schritt folgt die Zusammenführung des Wortes mit Buchstaben.

Schreibformen	Schreibziele	Schreibformate

Die Textfunktion wird zunächst von den Lesenden bestimmt, sie entscheiden darüber, ob sie das Geschriebene als Information, als Appell, als Information etc. lesen wollen. Darüber hinaus gibt es verschiedene Ziele, die sich Schreibende setzen. Die Phasen des Schreibprozesses sind, unabhängig von den Zielen, weitgehend am Viererschritt der Textkonstruktion ausgerichtet: Man überlegt, was man schreiben will (Planen), schreibt es in einer Version auf (Verfassen), überlegt, ob das, was man aufgeschrieben hat dem entspricht, was man ausdrücken wollte (Überprüfen). Ist dem nicht so, kommt es zu Neuformulierungen (Editieren)um das Schreibziel zu erreichen.

Übendes Schreiben

Einsetzen, ergänzen, zusammenfügen, solche und ähnliche Schreibaktivitäten helfen dabei, spezielle orthographische Phänomene zu trainieren und zu festigen.

Beispiel

Ergänzen Sie die fehlenden Satzelemente:
Im Süden von Oldenburg _____ gestern ein neues Baugebiet feierlich _____________. Der leitende Architekt Bühler ________: Im Stadthafen wird es Wohnungen _____alle geben …

Dokumentierendes Schreiben

Die Dokumentation ist eine Form des alltäglichen Schreibens. Man übt es aus, um Informationen festzuhalten, Eindrücke aufzuschreiben, Merkhilfen zu verfassen. An typischen Texten entstehen dabei Einträge in Tagebücher, Hefte, Notizblöcke, Portfolios und ihre digitale Varianten.

Beispiel

Betrachten Sie das Foto im Buch auf der Seite 45. Schreiben Sie Ihre Eindrücke auf. Stichwörter genügen.

Kommunikatives Schreiben

Schriftliche Mitteilungen verfasst man mit dem Ziel, anderen etwas mitzuteilen, sie zu überzeugen, an sie zu appellieren, Kontakt mit ihnen zu halten etc. Nicht zuletzt durch die Digitalisierung haben sich die schriftlichen Kommunikationsformen deutlich erweitert. Auch die Rückmeldung auf Texte, die früher zeitversetzt stattfand, kann nunmehr unmittelbar erfolgen, vergleichbar einer mündlichen Interaktion.

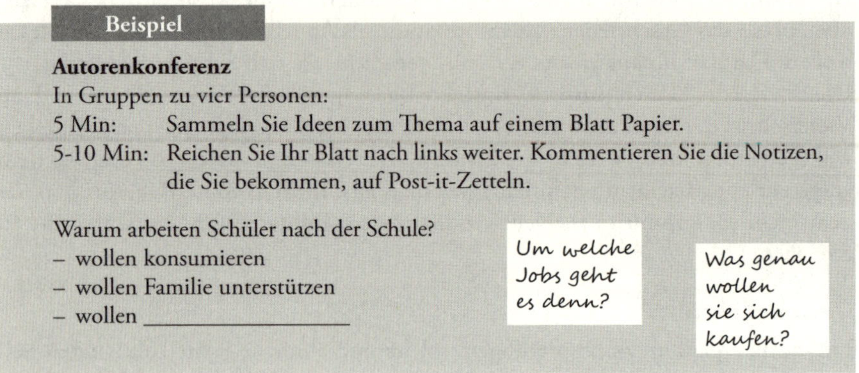
Beispiel

Autorenkonferenz

In Gruppen zu vier Personen:

5 Min: Sammeln Sie Ideen zum Thema auf einem Blatt Papier.

5-10 Min: Reichen Sie Ihr Blatt nach links weiter. Kommentieren Sie die Notizen, die Sie bekommen, auf Post-it-Zetteln.

Warum arbeiten Schüler nach der Schule?
- wollen konsumieren
- wollen Familie unterstützen
- wollen ________________

Schreibendes Sprechen

Diese Schreibform wurde durch Smartphone und Internet ermöglicht. Beim Chatten kann man sofort nach der Texteingabe eine Rückmeldung der Chatpartner erhalten. Dieses Prinzip der Instant-Messaging-Information ist durch die weite Verbreitung von Smartphones unter den Teilnehmenden als Aktivierungsformat in Schreibphasen durchaus vorstellbar.

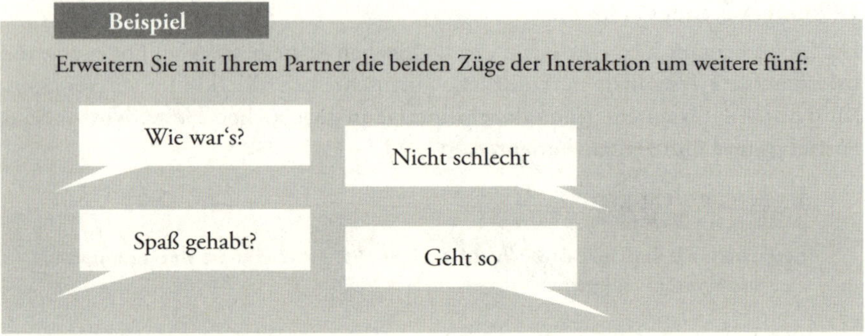
Beispiel

Erweitern Sie mit Ihrem Partner die beiden Züge der Interaktion um weitere fünf:

Strategisches Schreiben

Wer Mindmaps erstellt, Wörterlisten schriftlich ausgestaltet, Lernposter zusammenstellt, wer damit das Schreiben planvoll einsetzt, um zu lernen, Stoff zu behalten, zu ordnen etc. bedient sich dieser Schreibform.

Beispiel

Erweitern Sie die Mindmap (Auszug).

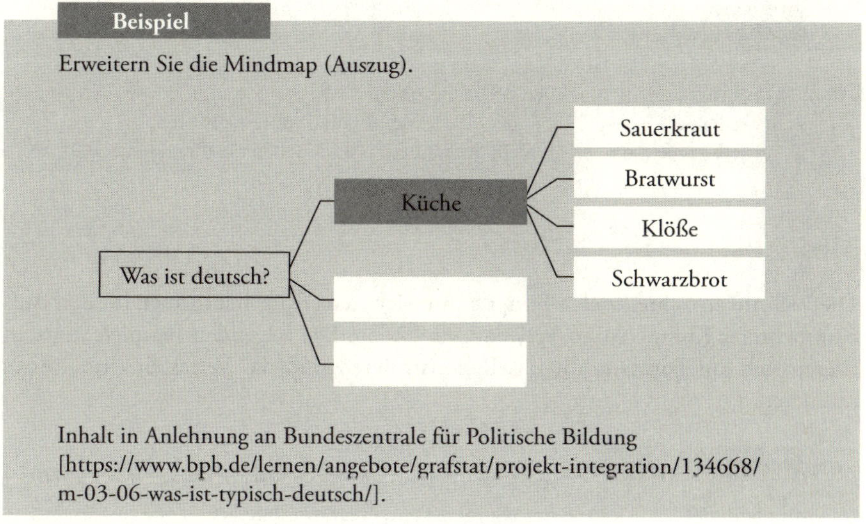

Inhalt in Anlehnung an Bundeszentrale für Politische Bildung [https://www.bpb.de/lernen/angebote/grafstat/projekt-integration/134668/m-03-06-was-ist-typisch-deutsch/].

Textsortenspezifisches Schreiben

Fremdsprachenlernende müssen eine Reihe unterschiedlicher Textformen beherrschen, die im Alltag eine Rolle spielen. Darunter sind informelle Schreiben, Anträge, Bewerbungsschreiben oder Lebensläufe. Jeder Texttyp hat spezielle Anforderungen und ist in diesem Sinne eine spezifische Textsorte. Von anderen unterscheidet sie sich in der Anordnung, im Schreibstil und im Hinblick auf die inhaltliche Strukturierung.

Beispiel

Verkäufer/in im Lebensmittelhandwerk
Für unsere Bäckereifiliale in Donnersberg suchen wir Verstärkung. Wir bieten eine leistungsgerechte Vergütung sowie zusätzliche Bezahlung an Sonn- und Feiertagen.

Verfassen Sie ein Anschreiben für eine Bewerbung auf diese Stellenanzeige.

Kreatives Schreiben

Das Experimentieren mit Sprache, das Umsetzen von Ideen und Einfällen geht normalerweise über das Schreiben. Gedichte werden zu Papier gebracht, Slogans notiert, kleine Spieldialoge schriftlich festgehalten, um mit ihnen zu arbeiten, sie zu bearbeiten oder auszugestalten. Beim kreativen Schreiben geht es immer auch ein wenig darum, Grenzen zu überschreiten und dies schriftlich festzuhalten.

Beispiel

1. Laden Sie sich das Gemälde „Zwei Frauen mit Waschbecken, die Schwestern", von Ernst Ludwig Kirchner, 1913, herunter.
2. Schreiben Sie einen Dialog, den die beiden Frauen führen könnten.
3. Schreiben Sie die Dialogteile in Sprechblasen und kleben Sie diese in das Bild.

Methodik

Die Vielzahl an Schreibzielen bringt es mit sich, dass Aufgabenformen für den Aufbau mehrerer Kompetenzen Verwendung finden. Die folgenden Beispiele konzentrieren sich auf Formate, die das Rekonstruieren und das Verfassen eines Textes trainieren.

Beispiele

Ergänzen (C-Test-Verfahren), jedes n-te Wort wird verborgen, z.B. n=4)	Gestern traf ich meine alte Freundin Inge. Ich kenne sie ________sehr lange. Wir _______auf der selben ________. Obwohl wir uns _________als 10 Jahre _______ gesehen hatten, erkannten ____ uns gleich wieder.
Ergänzen	Markieren Sie durch Striche, welches Wort der rechten Spalte in einen Satz in der linken Spalte passt. Berlin ist _____ die deutsche Hauptstadt. — natürlich Sie ist ______ die größte Stadt. — ebenfalls Viele Touristen besuchen Berlin _______ — meistens regelmäßig selten
Ordnen	Bitte unterstreichen Sie falsche Satzteile. Markieren Sie, wo sie stehen sollten. Schreiben Sie dann den Text in der richtigen Abfolge. Hallo, ich komme aus 2 Schwestern. Ich bin Fußball alt. Zurzeit wohne ich in einem Dorf. Ich habe Damaskus. Ich liebe 22 Jahre.
Ordnen	Bringen Sie die Wörter in folgenden Sätzen in die richtige Reihenfolge. In Berlin es gibt ein Wachfigurenmuseum. Man sich kann berühmte Persönlichkeiten anschauen. Viele leben Vorbilder noch der Wachsfiguren. Lebensgroße werden auch Wachsfiguren in London ausgestellt.

<table>
<tr><td>Verfassen</td><td>Wählen Sie Wörterkarte A oder B aus. Schreiben Sie ein bis zwei Sätze, in denen möglichst viele Wörter von der Karte auftreten.
<table><tr><td>A Kino Kaffee Hose
erschrocken nett</td><td>B Fernseher Spielfilm
spannend Strom
Ende Zeitschrift</td></tr></table></td></tr>
<tr><td>Verändern</td><td>Schreiben Sie den Stichwortzettel in ganze Sätze um:
Siegfried Lenz berühmter Schriftsteller* 1926 in Elk, in Polen geboren * 2014 in Hamburg gestorben* Viele Preise erhalten* ‚Heimatmuseum‘ eines seiner bekanntestes Bücher.</td></tr>
<tr><td>Erweitern</td><td>Lesen Sie den Anfang des Interviews mit Siegfried Lenz:
Wann wurden Sie geboren? Am 17. März 1926.
Wo war das? In Lyck.
In welchem Land? In Polen.
Gehen Sie zu [https://de.wikipedia.org/wiki/Siegfried_Lenz]. Schreiben Sie weitere Fragen und Antworten auf. Tragen Sie das Interview dann vor.</td></tr>
<tr><td>Perspektive wechseln</td><td>Lesen Sie die kurze Geschichte auf [https://www.spiegel.de/panorama/grossbritannien-paar-feiert-rekord-jackpot-von 184 millionen-pfund-a-10f93a91-44d0-4c02-9c8b-468c7e13c5dd].
Schreiben Sie die Geschichte nun aus der Perspektive von Joe Thwaite. So können Sie beginnen: Ich spiele seit vielen Jahren Lotto …</td></tr>
<tr><td>Verfassen</td><td>Gebrauchsanweisung
Sie haben ein neues Tablet. Schreiben Sie als Merkhilfe auf, wie man Apps herunterladen kann:
1. Zuerst gehe ich auf die Angebotsliste.
2. ______________________________</td></tr>
<tr><td>Verfassen</td><td>Rezension
Sie haben ein neues Tablet. Schreiben Sie auf, was Sie davon halten. Können Sie es empfehlen?</td></tr>
<tr><td>Verfassen</td><td>Anfrage
Sie möchten ein Wochenende in Berlin verbringen. Schreiben Sie eine Mail an die Touristeninformation. Fragen Sie nach
– Übernachtungsmöglichkeiten
– Stadtbesichtigungen
– Einkaufstipps
– weiteren Themen.</td></tr>
<tr><td>Verfassen</td><td>Lesen Sie einen aktuellen Artikel auf www.spiegel.de
Schreiben Sie ein Feedback.</td></tr>
</table>

Erzählen	Schauen Sie sich diese Bilder an: [https://www.istockphoto.com/de/search/2/image?phrase=oktoberfest]. Schreiben Sie eine kurze Geschichte hierzu auf. Wer sind die Menschen? Wo befinden sich die Menschen? Warum haben sie sich versammelt? Was erwartet sie?
Erfinden	Wählen Sie vier Bilder von dieser Website aus: [https://sz-magazin.sueddeutsche.de/tag/sagen-sie-jetzt-nichts] Schreiben Sie auf, was die Person zu jeder Frage antworten könnte.
Verfassen	Gehen Sie auf die Website [https://www.storyboardthat.com/storyboard-creator]. Folgen Sie der Anleitung und erstellen Sie ein Comic. Schreiben Sie Dialoge und nutzen Sie die Sprechblasen.
Verfassen	Wählen Sie vier Bilder aus der Sammlung aus, die ihre Kursleiterin mitgebracht hat. Legen Sie die Bilder in eine Reihenfolge. Schreiben Sie zu den Bildern eine Geschichte auf.
Verfassen	Suchen Sie ein Bild einer bekannten Persönlichkeit. Schreiben Sie unter dem Bild auf, was diese Person an einem bestimmten Tag alles macht. So können Sie beginnen: Es ist 7 Uhr am Morgen. Jan steht auf. Seine Kinder schlafen noch …

Phasierung

Die folgende Unterrichtsmatrix bezieht sich auf grundlegende Schreibsituationen. In freieren Schreibaufträgen sind die Verständnisüberprüfung, das Sammeln geeigneter Inhalte oder Redemittel nicht mehr so zentral ausgewiesen wie im Beispiel.

Stufe/Artikulation	Stoffliches Vorhaben
Einstimmung	Eigene Erfahrungen artikulieren lassen. Auf Gelerntes Bezug nehmen und wiederholen. Vorwissen aktivieren.
Kontextualisierung – Hinführung	Aufbau einer Schreibsituation (Ausgangsschreiben). Schreibbedarf situativ herleiten (provokative Überschrift etc.). Mediale Initiation (Screenshot, Online-Foren). Lehrererzählung als Hinführung zum Schreibanlass.
– Stundenthema formulieren	Tafelbild (z. B. eine Kündigung schreiben).

Stufe/Artikulation	Stoffliches Vorhaben
Erarbeitung – Initiationstext	Text: Verlängerung des Klingelton-Abonnements. Fragen zum Text formulieren und beantworten lassen.
– Verständnisüberprüfung	Richtig-falsch-Aussagen. Textverwürfelung rekonstruieren.
– Lösung des Schreibanlasses	Formale Inhalte sammeln lassen (Datum, Adresse etc.). Funktionale Inhalte sammeln lassen (Widerspruch einlegen etc. Musterschreiben ausfüllen lassen (als Lückentext).
– Sicherung	Individuelle Arbeiten über Dokumentenkamera präsentieren und kommentieren lassen.
Anwendung	Weiteres Kündigungsschreiben verfassen (ohne Textvorlage, neuer Kontext, z. B. Telefonanbieter).

Zum Weiterlesen

Bredel, U./Fuhrhop, N/Noack, C: Wie Kinder lesen und schreiben lernen. Tübingen 2011.

Ferencik-Lehmkuhl, D./Schwinning, S.,/Bremerich-Vos, A.: Schreiben und Lesen fördern: Vorschläge zur Praxis des Deutschunterrichts. Münster 2015.

Wolfrum, J.: Kreativ schreiben: Gezielte Schreibförderung für jugendliche und erwachsene Deutschlernende (DaF/DaZ). Ismaning 2010.

17 Literalität

- Literalität meint Lesen und Schreiben als kulturtechnische und als kognitive Kompetenz.
- Das Verstehen der Bildsprache wird immer wichtiger, da Medien die Visualisierung von Informationen forcieren.

Kontext

In der Sprach- und Fremdsprachendidaktik spricht man im Zusammenhang mit dem Schriftsprachenerwerb von Literalität als einem wichtigen Lernziel. Bei Kindern hat sich gezeigt, dass die Förderung von Lesen und Schreiben ihrem Spracherwerb förderlich ist und ihre allgemeine kognitive Entwicklung unterstützt. Literalitätsprogramme für Kinder aus bildungsfernen Familien oder aus einem Zuhause, das vorrangig eine mündliche Erzähltradition pflegt, machen es sich daher zur Aufgabe, diagnostizierte Lese- und Schreibdefizite abzubauen und Kompetenzen zu entwickeln. Nicht zuletzt geschieht dies dadurch, dass Eltern in diese Prozesse aktiv eingebunden werden (Apeltauer 2006).
Die ursprüngliche Bedeutung von Literalität als der Fähigkeit, lesen und schreiben zu können, wird in der aktuellen Diskussion um einen wichtigen Aspekt erweitert. Hinzu kommt nun die soziale Praxis der Lese- und Schreibfähigkeiten. Impliziert wird also, dass es nicht genügt, lesen und schreiben zu können bzw. das Lesen und Schreiben zu vermitteln. Darüber hinaus müssen Lernende Fähigkeiten aufbauen, mit denen sie das Lesen und Schreiben in bestimmten Kontexten, Situationen und Anlässen kompetent und adäquat ausführen können (Nickel 2007).

Schriftkultur	Visuelle Literalität	Auditive Literalität

Schriftkultur

Kompetent sind Mitteilungen formuliert, die den Ausdruckswillen präzise und akkurat artikulieren. Adäquat bedeutet, dass die Umsetzung im Einklang mit den Erwartungen des betreffenden sozialen Umfelds steht. Es beginnt damit, dass man formale Anforderungen berücksichtigt, z. B. in einem Brief, einer Beschreibung, einer Erzählung, einem Essay. Weitere Aspekte sozialer Praxis sind neben Genrewissen, z. B. wie ein Zeitungstext aufgebaut ist, wie eine Erzählung, Kompetenzen dafür, die verschiedenen Ebenen sozialer Praxis in ihrer Diversität wahrzunehmen. Lernende sollten aber nicht nur erkennen, welche Form von Schriftsprache in einem identifizierten sozialen Feld angezeigt ist. Ihre schriftsprachlichen Kompetenzen sollten es ihnen ermöglichen, selbstbewusst und zielführend in diesem Feld zu kommunizieren. Im Bereich der Lesefähigkeit zeigt sich Literalität darin, dass man Funktionen von Sprache in einem Text einschätzen kann. Und auch die implizit in einem Text ausgedrückten oder intendierten Botschaften werden erkannt.

Didaktisch impliziert das Konzept, Lehranstrengungen darauf zu verwenden, das Lesen und Schreiben als Kulturtechniken zu fördern und so Bedeutung und Funktionen der Schriftkultur näher zu bringen. Es geht zudem darum, Sprachkompetenzen zu entwickeln, welche die Erwartungen von Schule, Arbeitsplatz und anderen sprachrelevanten Bereichen der Gesellschaft erfüllt oder ihnen zumindest nahekommt. Das Elternhaus kann dazu beitragen, indem es darauf achtet, dass Kinder viel lesen und schriftsprachlich aktiv sind. In Schule und Kursraum sind Förderangebote und Leseangebote gleichermaßen angezeigt, die Lernende zum Lesen motivieren, dazu anhalten, Lesefreude zu entwickeln und auf Lesedefizite didaktisch zu reagieren. Kognitive Aktivitäten, die schriftlich ausgeführt werden, trainieren den tätigkeitsintensiven Umgang mit der Schriftkultur, in Form von Schreibaufgaben, Tagebucheinträgen etc. (vgl. auch Kap. 16).

Visuelle Literalität

Visuelle Literalität zeigt sich in Kompetenzen, die zu einem kritischen Umgang mit Bildsprache befähigen. Im Fremdsprachenunterricht Bedeutungen in Bildern zu entschlüsseln heißt, sich mit Gemälden, Foto, Film, Video und ihren Spielarten zu befassen. Sie sind die zentralen Inhaltsträger in der von digitalen Präsentationsweisen geprägten Rezeption (Schwerdtfeger 1993).

Beispiel

Anfangsunterricht	**Fortführung**
Betrachten Sie das Bild von Kirchner (Die Schwestern) genau. [https://sammlung.staedelmuseum.de/de/werk/zwei-frauen-mit-waschbecken]. Sie haben 15 Sekunden Zeit. Beantworten Sie jetzt die Fragen:	Das Gemälde wird der Stilrichtung des Expressionismus zugeordnet. Lesen Sie, wofür der Expressionismus steht. [https://www.kunst-zeiten.de/Expressionismus-Allgemein]. Betrachten Sie nun das Bild und schreiben Sie auf, weshalb die Zuordnung überzeugend ist.

Richtig oder falsch:	R	F
Es sind zwei Frauen zu sehen.		
Es ist eine Badewanne zu sehen.		
Die Frauen lachen.		

In Lernmedien bleibt die visuelle Darstellung nicht mehr auf die tradierte Funktion der Ausschmückung beschränkt. Wie in authentischen Medien setzt man in Lernmedien gezielt diskontinuierliche Texte ein, um das Verstehen der Schrifttexte zu unterstützen und Inhalte zu zusätzlich zu verbildlichen. Tatsächlich sind viele Informationen durch diskontinuierliche Texte einfach schneller zu erfassen. Lektionsseiten werden durch visuelle Elemente auch ansprechender gelayoutet, ‚Bleiwüsten' verhindert. In diskontinuierlichen Texten sind die Informationen schriftlich, vor allem aber visuell repräsentiert, in Form von Diagrammen, Tabellen, Karten etc. (Hertl u. a. 2009). In einigen modernen Ausgaben sind Schaubilder, Fotographien, Pläne, Poster, Plakate vereinzelt bereits die primären Informationseinheiten.

Beispiel

Aufgabe zu einem diskontinuierlichen Text

Top 10 der dualen Ausbildungsberufe nach Neuabschlüssen zum 30. September 2014
Deutschland – gesamt

	Beruf – Männer und Frauen	Deutschland	Anteil weibl. Auszubildende	Anteil in allen Berufen
		NAA	in %	in %
1	Kaufmann/-frau für Büromanagement[1]	29.136	74,4	5,6
2	Kaufmann/-frau im Einzelhandel	26.514	53,8	5,1
3	Verkäufer/in	25.209	58,7	4,8
4	Kraftfahrzeugmegatroniker/in	20.193	4,6	3,9
5	Industriekaufmann/-frau	18.321	60,3	3,5
6	Kaufmann/-frau im Groß- und Einzelhandel	14.889	41,3	2,9
7	Medizinischer Fachangestellter/-in	14.133	98,2	2,7
8	Industriemechaniker/-in	13.302	6,2	2,5
9	Bankkaufmann/-frau	12.495	53,0	2,4
10	Elektroniker/-in	12.099	2,2	2,3
	10 Berufe – insgesamt	186.291	48,5	35,7
	alle Berufe	522.231	40,1	100,0

1 Kaufmann/-frau für Büromanagement inkl. Vorgänger: Bürokaufmann/-frau, Fachangestellter/-i für Bürokommunikation, Kaufmann/-frau für Bürokommunikation

Bundesinstitut für Berufsbildung. [https://www.bibb.de/de/25322.php].
Absolutwerte werden aus Datenschutzgründen jeweils auf ein vielfaches von 3 gerundet; der Gesamtwert kann deshalb von der Summe der Einzelwerte abweichen.

Schreiben Sie auf, worum es im Schaubild geht.
Schreiben Sie drei Aussagen auf, die das Schaubild zulässt.

Digitale Umgebungen bedienen sich bei der Informationsdarbietung noch sehr viel stärker oder ausschließlich visueller Gestaltungsformen. Sie repräsentieren Inhalte über Bilder, Fonts, Graphiken, verwenden Farbe, graphische Formate, Lay-out Techniken für die Präsentation ihrer Inhalte. Der schriftliche Text ist nur noch einer von mehreren Informationsträgern.
Dies trifft auch auf sequentielle Medien zu, d. h. auf Filme, Comics oder Bildromane (Graphic Novels). Sie heißen so, weil sie Geschichten in und mit Bildern erzählen (Eisner 2008). Entsprechend bleiben sie ohne Wahrnehmung der über das Visuelle vermittelten Informationen unverständlich, trotz Sprechblasen und Bildtexten. Insofern ist es angezeigt, sich mit Gestaltungsformen, Blickwinkeln etc. zu befassen, zu erkunden, wie Perspektiven die Rezeption beeinflussen.

Beispiel

Finden Sie für folgende Gefühle Bilder im Bildroman.
Angst
Freude
Hass
...
Schreiben Sie auf, wie diese Gefühle im Bild ausgedrückt werden.

In digitalen Texttypen wie Infographik oder Fotoessay spielt die schriftliche Information eine untergeordnete Rolle. Tragend sind die visuellen Formate und ihre Konstruktionsmechanismen. Wer sie kennt, einzuschätzen weiß, versteht nicht nur die vordergründigen Botschaften besser. Man erkennt Intentionen, Produktionsprinzipien und Techniken der Verbildlichung. Gegebenenfalls erweisen sie sich als nützlich für die Umsetzung eigener Informationsziele.

Beispiel

Lesen Sie den Text und die Infographik daneben (nicht abgebildet, WG).
Teilen Sie den Rest der Seite in zwei gleiche Hälften, eine für den Text und eine für die Graphik.
Fassen Sie stichpunktartig in die linke Hälfte die Informationen, die der Text vermittelt und in die rechte die Informationen, die die Graphik vermittelt.
Schreiben Sie auf, welche Quelle besser informiert. Nennen Sie Gründe.

Auditive Literalität

Eine Bewusstheit für Ton, Musik, Geräusch im Zusammenhang mit der auditiven Ausgestaltung von Inhalten gehört ebenfalls zum Kompetenzprofil von Literalität (Blell/Hellwig 1996). Im Kontext prosodischer Merkmale sind es Intonation, Akzentuierung, Tempogebung und Pausensetzung, die Einfluss auf die Informationsverarbeitung haben. Vortragende setzen sie als Techniken ein, um die erwünschten Wirkungen ihres Textes zu verstärken, das Interesse aufrechtzuerhalten, Kernaussagen hervorzuheben etc.

Beispiel

Überlegen Sie, wie Sie den folgenden Text vortragen würden.
Lesen Sie ihn dann der Klasse so vor, wie Sie es für richtig halten.
Hören Sie nun, wie der Schauspieler diesen Text vorträgt.
Schreiben Sie auf, welche Techniken Sie erkennen.
Welche haben Sie selbst verwendet?

Methodik

Visueller Fokus

Methodische Überlegungen zur Anbahnung von visueller Literalität bewegen sich in zwei Richtungen. Die erste Richtung ist pragmatischer Natur. Sie nutzt eine Visualisierung, um Sprech- und Schreibanlässe bildlich einzubinden. Inspiriert oder initiiert vom Medium kommt es beim Umgang zu vielfältigen Versprachlichungen, die auch schöpferischen, kreativen Charakter einnehmen.

Beispiele

Zuordnen	Verbinden Sie die Wörter mit den Bildern. Zeichnen Sie eine Gerade.
Ordnen	Bringen Sie die Bilder in eine sinnvolle Reihenfolge. Erläutern Sie Ihre Anordnung.
Auswählen	Suchen Sie aus der Bildersammlung die heraus, die zu den Textstellen passen. Erläutern Sie Ihre Auswahl.
Verfassen	Schauen Sie sich das Foto an. Schreiben Sie eine Geschichte hierzu auf.
Verfassen	Schauen Sie sich die Fotos an. Schreiben Sie für jedes Bild eine Bildunterschrift.
Verfassen	Schauen Sie sich den Auszug aus dem Bildroman an. Füllen Sie die leeren Sprechblasen aus.
Herstellen	Stellen Sie mit Hilfe des Comic-Programms eine narrative Bildsequenz zusammen. Ergänzen Sie Sprechblasen und Textkästen. Bsp: [https://www.pixton.com/].

Folgt man der zweiten methodischen Richtung, realisiert man formal-ästhetische Zielvorstellungen. Der analytische Blick richtet sich auf das verbildlichte Medium, akzentuiert und vertieft ihn. Inhalte und Darbietungen werden zum Gegenstand des kommunikativen Austauschs, in dem analytisch ermittelte und damit begründbare Aussagen zur Visualisierung verhandelt werden (Bakis 2012).

Beispiele

Beschreiben	Schauen Sie sich die Bildfolgen aus der Serie (Name) an. Versuchen Sie zu erklären, wie sich die abgebildeten Personen fühlen.
Auslegen	Schreiben Sie auf, was Ihnen im Bild aufgefallen ist. Vergleichen Sie Ihre Ergebnisse mit Ihrer Banknachbarin.
Auslegen	Schreiben Sie alle Schlussfolgerungen auf, zu denen Sie das Gemälde inspiriert. Begründen Sie Ihre Ergebnisse.
Erläutern	Erklären Sie, welche Funktionen die Objekte/die Personen/die Farben/die Personen im Hintergrund … im Gemälde einnehmen.
Einordnen	Fassen Sie zusammen, was in der Zeit vorgefallen ist, in der das Foto entstand.
Beschreiben	Beschreiben Sie die Elemente in den Bildfolgen des Bildromans, die Sie für besonders eindrucksvoll halten. Begründen Sie Ihre Wahl.
Techniken beschreiben	Finden Sie Beispiele in der Filmsequenz, in den Bildfolgen, für folgende Perspektiven: *Schrägsicht,* *Froschperspektive,* …

Auditiver Fokus

Zur Förderung einer pragmatisch ausgerichteten auditiven Literalität bietet zunächst das gestaltete Lesen Möglichkeiten. Lernende erkunden, wie auditive Elemente den Vortrag eines Textes beeinflussen. Varietäten können sein: Lautstärke (laut/leise), Tempo (langsam/schnell, mit/ohne Pausen), Artikulation (nuschelig, betont, verschleifend, artikuliert), Auslegung (getragen, bedeutend, fahrig, wie eine Politikerin, wie eine Pfarrerin etc.).

Beispiel

Gestaltet lesen	Tragen Sie den Text vor, wie eine Grabrede, wie in einer Hörfunkwerbung, wie auf einer Theaterbühne …

Gestaltet lesen	Tragen Sie den Text vor. Verwenden Sie verschiedene Tempi. Setzen Sie Pausen ein. Verwenden Sie unterschiedliche Lautstärken.

Der formal-ästhetische Umgang mit Tonerzeugnissen zielt darauf ab, ihre Wirkungen kennenzulernen, zu reflektieren und selbst zu erproben. Im Zusammenspiel mit einem Textvortrag, einer Bildpräsentation oder der Herstellung einer Tonspur für eine Filmsequenz experimentieren Lernende mit Musik oder Geräuschen und nuancieren auf diese Weise die visuellen Elemente in der intendierten Weise.

Beispiel

Dramatisieren	Entscheiden Sie sich für einen kurzen Text. Wählen Sie eine Musik aus, die Sie für geeignet halten, um den Text damit zu präsentieren. Tragen Sie den Text zusammen mit der Musik vor. Erläutern Sie kurz den Grund für Ihre Wahl.
Vertonen	Betrachten Sie den Filmausschnitt. Wählen Sie eine Musik aus und unterlegen Sie den Filmausschnitt damit.
Vertonen	Gehen Sie auf die Website http://booktrackclassroom.com/#!/ Klicken Sie auf ‚create', dann auf ‚text'. Kopieren Sie Ihren Text hinein. Klicken Sie auf ‚sound' und wählen Sie die Textbereiche, die Sie mit Musik unterlegen möchten. Wählen Sie aus der Auswahl ein Musikstück aus. Klicken Sie ‚publish' und erzeugen Sie ein Buchcover. Klicken Sie auf den ‚save'-Knopf.
Verfassen	Hören Sie der Musik zu. Schreiben Sie auf, was Ihnen beim Hören durch den Kopf ging.
Vergleichen	Betrachten Sie die Filmsequenz. Hören Sie dann verschiedene Musikausschnitte. Wählen Sie aus, welchen Sie für geeignet halten. Vergleichen Sie mit der Originalversion.

Phasierung

Die folgende Unterrichtsmatrix bezieht sich auf grundlegende Lernsituationen zur visuellen Literalität. Während Situationen für fortgeschrittene LernerInnen stärker analytisch ausgerichtet sind, konzentrieren sich Literalitäts-Modelle für die ersten Lernjahre darauf, kommunikative Anlässe zu kontextualisieren.

Stufe/Artikulation	Stoffliches Vorhaben
Einstimmung	Aktivierung von Vorwissen
Einführung/ Kontextualisierung	Darbieten des Bildes/Gemäldes. – Erst Eindrücke benennen – Wahrnehmungen benennen – Fastwriting – Titel finden
Erarbeitung	– Wer-, Wie- Was- Fragen zum Bildinhalt – Fragen zur Bildgestaltung (Farben, Mimik, Größenverhältnisse etc.)
Sicherung	– Austausch und Sichtung in Gruppen – Präsentation der Ergebnisse vor Klasse
Anwendung/Transfer	– Standbild – Thought Tracking – Dialog/Monolog verfassen

Zum Weiterlesen

Blell, G./Hellwig, K. (Hg.): Bildende Kunst und Musik im Fremdsprachenunterricht. Frankfurt 1996.

Philipp, M.: Grundlagen der effektiven Schreibdidaktik: und der systematischen Schreibförderung. Baltmannsweiler 2015.

Rosebrock, C./Kaufmann, A. B. (Hg.): Literalität erfassen: bildungspolitisch, kulturell, individuell. Weinheim und Basel 2013.

Wicke, R.: Kunst im DaF-Unterricht – eine Unterrichtsreihe. 2016. [https://www.dw.com/de/kunst-im-daf-unterricht-eine-unterrichtsreihe/a-19277234].

Wyse, D./Andrews, R./Hoffman, J. (Hg.): Routledge International Handbook of English, Language and Literacy. London, New York 2010.

18 Mündliche Interaktion

- Die Sprechanteile der Lernenden sollten im Unterricht hoch sein.
- Es gibt mehrere Formen des Sprechens, die trainiert werden müssen.
- Produktive Aktivitäten sollten auf reproduktive folgen.

Kontext

Sprechen, das tun vor allem die Lehrkräfte. Diesen Eindruck vermitteln jüngere Studien (Helmke u. a. 2007). Sie zeigen, dass der Sprechanteil der Lernenden im Unterricht relativ gering ist. Hinzu kommt, dass sich ihr Sprechen auf ganz unterschiedlichen Ebenen vollzieht. Nicht alle fördern das kommunikative Sprechen, das man in Gesprächen, Anfragen, Beschwerden, sozialem Austausch etc. pflegt. Allerdings ist Sprechen nicht gleich Sprechen.
Verständlicherweise sind die ersten Versuche in der Fremdsprache zurückhaltend. Lernende möchten auf Nummer sicher gehen. Sie bewegen sich sprachlich möglichst lange auf vertrautem Terrain. Einige Mühe kostet es, den Ausdruckswillen zu versprachlichen. Es ist eine kognitive Herausforderung, die anstrengend ist, solange die Äußerung noch nicht steht.
Lehrkräfte möchten ihre Lernenden nicht überfordern, sie sanft und stressfrei an das Sprechen heranführen. Immerhin geht es um fremde Laute, an die man sich erst noch gewöhnen muss. Inhaltlich werden zunächst feststehende Wendungen trainiert. Man kann mit „Ich heiße“, „ich komme aus…“, „wieviel kostet …“, „können Sie mir sagen, wo …“ kommunizieren, ohne schon selbständig formulieren zu müssen.

Wendungen	Konventionen	Sprechformen

Viele authentische Situationen sind komplex. Thematisch sind sie wenig vorhersehbar. Eine Vorbereitung, ein Zurechtlegen der Redemittel ist nur bedingt möglich. Den Anteil der individuellen Beteiligung müssen die Gesprächspartner spontan ermitteln. Die gilt einmal mehr für die Rolle, die man in der Unterhaltung einnimmt. Ebenso spontan muss man sprachlich agieren und reagieren. Weitere Anforderungsbereiche sind die sprachlichen Konventionen, die zu beachten Gesprächspartner normalerweise erwarten. Sprachgemeinschaften folgen hierzu Regeln, die sich von Kultur zu Kultur unterscheiden (Heringer 2010).

Sprachliche Konventionen

- Sprecherwechsel: Wann kann ich mich in eine Unterhaltung einschalten?
- Direktheit: Wie deutlich darf ich formulieren?
- Anrede: Wie muss ich jemanden ansprechen (Du/Sie, mit, ohne Titel)?
- Tabus: Welche Themen verbieten sich in der vorgefundenen Gesprächssituation?

Da es in authentischen Kommunikationssituationen um echte Mitteilungen geht, sind die Erwartungen an Kohärenz und Kohäsion höher als sie ein Übungskontext im Unterricht setzt. Kohärent sind Texte, die thematisch oder durch den Kontext erkennbar zusammenhängen (A: Es klingelt. Gehst Du? B: Ich bin in der Wanne). Kohäsive Texte stehen durch grammatische Elemente (z. B. Pronomen) in einem Zusammenhang (Peter ist 18 geworden. Er feiert heute Geburtstag).

Imitatives Sprechen

Es wird aktiviert, um Sicherheiten zu schaffen. Die Aussprache wird auf diese Weise trainiert. Bei der Einführung und Vermittlung von neuem Wortschatz, neuen Satzstrukturen oder Redemitteln gibt es daher Phasen imitativen Sprechens. Meist realisiert es sich als Chor- und Einzelsprechen. Bei vielen Lernenden besteht zunächst eine gewisse Scheu davor, in der fremden Sprache zu artikulieren. Hinzu kommt, dass sie viele Aussprachehürden in sich birgt. Imitatives Sprechen kann dazu beitragen, beides zu verringern.

Beispiel

L.: Sprechen Sie mir nach: Heute läutete die Glocke früher als sonst. Die Freude der Leute darüber war nicht sehr groß. Denn es bedeutete, kürzer schlafen zu können …

Reproduktives Sprechen

Reproduktion ist Wiederholung, Nachahmung mit kleinen Veränderungen des sprachlichen Ausgangsimpulses. Möglicherweise sind einige Anteile des Redebeitrags schon individuell formuliert. Aussagen können durch Wörterpoole personalisiert, ins Gegensätzliche verkehrt, ausgeweitet oder ergänzt werden.

Beispiel

Arbeit mit einem Wörterpool
Verfassen Sie einen ähnlichen Redebeitrag wie im Text. Nun sind Sie die Person, die ihre Meinung sagt. Verwenden Sie Redemittel aus dem Wörterpool.

> Wörterpool:
> Ich glaube … + meiner Meinung nach + man sollte + andererseits + ich glaube nicht, dass + ich habe eine andere Meinung + etc.

Der größere Teil reproduktiven Sprechens vollzieht sich mit Mustern, die bereits eingeführt wurden. Nun werden sie trainiert. Dabei achten Lehrkräfte darauf, dass bekannte Redemittel zum Einsatz kommen, die in vorausgehenden Unterrichtsstunden isoliert voneinander thematisiert wurden, z. B. in Wortschatzeinführungen. Reproduktives Sprechen realisiert sich in kleinen Dialogen und Interaktionen, in denen Mitteilungen ausgetauscht werden, die das Übungsformat bereitstellt. Echt in kommunikativer Hinsicht, sind sie nicht. Lernende versprachlichen, was sie sagen können.

Beispiel

Begrüßen Sie Ihren Gesprachspartner. Stellen Sie sich vor. Fragen Sie, ob er kurz Zeit hat. Fragen Sie, ob er Ihnen den Weg zum Bahnhof erklären kann. … Bedanken und verabschieden Sie sich.

Kooperatives Sprechen

Auch diese Form ist didaktisch, sie kommt allerdings in realen Situationen vor. Sprechen wird eingesetzt, um gemeinsam ein Ziel zu erreichen, ein Ergebnis auszuhandeln. Alle Beteiligten müssen Sprache also sehr ergebnisorientiert einsetzen.

Beispiel

Bereiten Sie gemeinsam mit Ihrem Banknachbarn eine Antwort auf die Frage eines Reporters vor. Die Frage lautet: Was muss getan werden, damit mehr Menschen die öffentlichen Verkehrsmittel nutzen?

Produktives Sprechen

In produktiven Phasen versprachlichen Lernende, was sie explizit sagen wollen. Sie äußern sich zu einer Thematik, präsentieren Ergebnisse einer Aufgabe, nehmen an einer Debatte teil, diskutieren in der Gruppe über die Lösungsplanung. Die Sprache wird in produktiven Phasen zum kommunikativen Werkzeug. Man beteiligt sich damit an Interaktionen in der Fremdsprache. Die Auswahl ist auf die Sprechsituation und das Thema bezogen. Darüber hinaus hängt die Auswahl der Redemittel von den Intentionen ab. Welche Redemittel letztendlich zum Einsatz kommen, entscheiden die Teilnehmenden selbst. Die Sprechanlässe können Gesprächsformate annehmen, wo Lernende sich mit Partnern kommunikativ oder argumentativ austauschen, informativ oder sozial, sich streiten, beschweren, sie etwas verhandeln etc.

Beispiel

A: Sie sind gegen Windkrafträder. Versuchen Sie, Ihren Partner zu überzeugen.
B: Sie sind für Windkrafträder. Versuchen Sie, Ihre Partnerin zu überzeugen.

Einen vergleichbaren Stellenwert hat produktives Sprechen bei der Bewältigung monologischer Situationen. Dabei geht es darum, zusammenhängend, kohäsiv und kohärent zu formulieren. Der Redebeitrag sollte demnach einen klaren Sinnzusammenhang aufweisen, nachvollziehbar und grammatisch strukturiert sein.

Beispiel

Halten Sie eine kurze Begrüßungsrede für neue Teilnehmerinnen und Teilnehmer am Kurs „In Indexfonds investieren".

Dialogische Kommunikation

Bei der dialogischen Kommunikation muss man sich auf seinen Gesprächspartner einstellen. Die Gesprächssituation und die Gesprächsumgebung sind ebenfalls von Bedeutung. Beide Bereiche haben Auswirkungen darauf, wie man spricht, welche Wortwahl man trifft, welche Themen man ausklammert etc. Dialogische Kommunikation hat immer auch etwas mit angemessenem Sprachgebrauch zu tun. Selbst bei Dienstleistungsgesprächen, z. B. am Fahrkartenschalter, werden bestimmte Redemittel erwartet, der Gesprächsverlauf nimmt einen vorhersehbaren Verlauf. Wenn man ihn denn kennt.

Monologische Kommunikation

Antworten auf Lehrerfragen sind formal dialogisch. Letztendlich sind Schüler:innen aber Lernende, keine gleichberechtigten Partner, die rückfragen könnten, kritisieren etc. Im Grunde sind die Redeanlässe auf monologisches, zusammenhängendes Sprechen ausgerichtet. Lerner:innen beschreiben, erklären, fassen etwas zusammen, wofür sie ein evaluatives Feedback erhalten. Monologisches Sprechen ist in Trainingskontexte integriert, die zu mehreren zusammenhängenden Sätzen veranlassen, spontan oder vorbereitet, mit ungefähren oder präzisen Leistungsvorstellungen. Auch die erwartete Textsorte definiert die Komplexität. Die Pole der Textsorte bestimmen Ein-Satz-Antwort auf der einen und längere Texte wie Reden oder Vorträge auf der anderen Seite.

Methodik

Aktivierungsformen zum reproduktiven Sprechen werden häufig medial eingebunden. Dies trägt zu einem besseren Verständnis und effizienteren Durchführung der Aufgabenstellung bei.

Beispiele

Rollenkarten	Wählen Sie eine Rollenkarte. Überlegen Sie, welche Redemittel für ihre Rolle notwendig sind. Agieren Sie dann in ihrer Rolle vor dem Plenum.
Verlaufs-diagramm	Verfolgen Sie den Verlauf und sprechen Sie einen Dialogteil Fragen Sie nach – dem Wochenende. – dass es schön war. (→ Sagen Sie,) – Fragen Sie, ob B im Kono war, etc.
30-Sekunden-Monolog	Suchen Sie sich Redemittel aus dem aktuellen Kapitel zusammen. Tragen Sie einen kurzen Monolog damit vor.
Dialogkarten	Wählen Sie eine Rolle, bereiten Sie sie vor und spielen Sie sie mit Ihrem Partner, Ihrer Partnerin. A: Sie sind der Hotelgast. Sie möchten ein Zimmer buchen. Sie haben eine Reservierung. Sie haben ein Einzelzimmer gebucht. Das Zimmer hat eine Dusche. B: Sie sind der Portier. Sie heißen den Gast willkommen. Sie können keine Reservierung finden. Die Einzelzimmer sind vergeben. Die Hochzeitsuite ist frei. Sie kostet 200 EUR pro Nacht.

Aufgabenformen zum kooperativen Sprechen folgen einer bestimmten Form von Dramaturgie. Die Abläufe sind weitgehend festgelegt.

Beispiele

1-2-3-4-Methode	Lernpersonen (LP) haben Nummern von 1-4. Sie debattieren in ihren Gruppen. Auf Aufforderungen bilden alle LP mit derselben Zahl neue Gruppe und berichten von bisherigen Ergebnissen in ihrer alten. Danach gehen LP in ihre alte Gruppen zurück, um Neues mitzuteilen.
Blitzlicht	Lehrkraft stellt eine Frage und stellt sich vor eine Person, die sofort antworten soll.
Karten-abfrage	LP notieren Aspekt zu Thematik, befestigen Karte an Tafel und kleben Präferenzpunkte. Gruppen entwickeln einen hoch gepunkteten Aspekt mündlich weiter, präsentieren später im Plenum.
Team-Puzzle	LP bearbeiten ihre Teilaufgabe oder lesen einen Textabschnitt. Dann werden andere LP einzeln über Ergebnisse informiert.

Drei-Phasen-Interview	A interviewt B. B interviewt A. A bzw. B informieren Lerngruppe über Antworten von B bzw. A.

Aktivitäten zum produktives Sprechen sind an realen Szenarien ausgerichtet. Alternativ werden Gesprächsformen auch inszeniert.

Beispiele

Debatte	Sammeln Sie Argumente für/gegen Windkrafträder. Partner:in A: Argumentieren Sie aus der Sicht eines Befürworters. Partner:in B: Argumentieren Sie aus der Sicht einer Gegnerin.
Aquarium	Bilden Sie einen Außen- und einen Innenkreis. Der Innenkreis beginnt die Diskussion über Windkrafträder. Nach Aufforderung tippt LP des Außenkreises Mitglied des Innenkreises an. Beide wechseln.
Heißer Stuhl	Eine Lernperson (LP) übernimmt eine Position, ggf. ist sie auf Aktionskarte notiert. Sie beantwortet Fragen der Lerngruppe und argumentiert aus seiner Position heraus. Lerngruppe sitzt ihr gegenüber.
Aktionsszenario	LP platzieren sich in einem Szenario, z. B. Wartezimmer, Bushaltestelle, Restaurant, Bahnabteil. Sie wählen Aktionskarte und agieren in der dort beschriebenen Rolle.
Gedankenübernahme	LP inszenieren ein Standbild, z. B. nach einem Gemälde. Andere LP treten in das Standbild hinein, berühren eine(n) Akteur(in) und präsentieren einen spontanen inneren Monolog.
Cocktailparty	LP entwerfen für sich eine Phantasiebiographie. Im Kursinnenraum findet dann eine Cocktailparty statt, in der sie in ihrer neuen Biographie agieren und kommunizieren. Gegebenenfalls markieren sie ihre Biographie auch visuell, halten ein Portrait vor sich, verkleiden sich etc. Das Thema der Cocktailparty kann vorgegeben werden.

Phasierung

Die folgende Unterrichtsmatrix bezieht sich auf grundlegende Sprechsituationen. Fortgeschrittenes Sprechen ist stärker auf eine Aufgabe ausgerichtet oder in Interaktionsformate integriert, wie sie oben skizziert wurden.

Stufe/Artikulation	Stoffliches Vorhaben
Einstimmung	Wiederholung, Aktivierung von Vorwissen.
Einführung/ Kontextualisierung	Darbieten der Situation, des Kontextes des neuen Dialogs. Ziel ist der Darbietung der kommunikativen Situation durch – Überschrift, – Bildfolie, – Dialogauszüge auf OHP, – Plakat.
Aktivierung von bekannten Redemitteln	Versprachlichung der Bildimpulse, ggf. Entwurf eines Gesprächs zum Kontext des neuen Dialogs, Sprechblasen füllen, einzelne Sprachfunktionen des neuen Dialogs erprobend ausführen.
Präsentation des neuen Dialogs, auditiv, audiovisuell	– Dialogteile auf AB einkreisen lassen, – aus dem Gedächtnis rekonstruieren, – Dialogteile ordnen, nummerieren.
Sicherung	– Fehlende Dialogteile ergänzen, – Folienstreifen ordnen, – Flowchart des neuen Dialogs ordnen und versprachlichen.
Fokussierung	-Minidialoge zu ausgewählten Strukturen.
Wiederholung/ Sicherung	– Versprachlichung einer Flowchart (Verlaufsdiagramm), – Ergänzende Versprachlichung von Dialogausschnitten, – Smartphone-Aufnahmen präsentieren.
Anwendung/Transfer	Lernpersonen bearbeiten Aufgabe, in der Elemente des neuen Dialogs in anderen situativen Zusammenhängen verwendet werden.

Zum Weiterlesen

Dusemund-Brackhahn, C.: Sprechen im DaZ-Unterricht. Kaufmann 2008, 142-179.

Goethe-Institut (Hg.): Werkzeugkiste Sprechen. Sprechen in großen Gruppen. Mailand 2013. [https://www.goethe.de/resources/files/pdf85/Werkzeugkiste_Sprechen.pdf].

Hinderer, M./Karagiannakis, E.: Literarische Sprechprojekte im Deutschunterricht. In: Fremdsprache Deutsch 49/2013, 35-41.

Kaufmann, Susan u. a. (Hg.): Fortbildung für Kursleitende Deutsch als Zweitsprache, Bd. 2 Didaktik, Methodik. Ismaning 2008, 142-179.

Kronisch, I.: Spontanes Sprechen im DaZ-Unterricht. Berlin 2016.

Schatz, H.: Fertigkeit Sprechen. Stuttgart 2013.

Van der Laan-Grajkowsk, V.: Die Sprachstadt – ein Simulationsspiel zur Förderung der mündlichen Sprachkompetenz. In: Fremdsprache Deutsch 51/2014, 25-29.

19 Sprachliche Sensibilität

- Eine genderneutrale Sprachverwendung wird im DaF/DaZ-Unterricht angebahnt.
- Sprachliche Ausdrucksfähigkeit soll für verschiedenste Anforderungen entwickelt werden.
- Die Aufmerksamkeit bei der Vermittlung soll sich stärker als bisher auf Sprachstil, inhaltliche Präzision und Klarheit richten.
- Es sollen nicht nur alltagssprachliche Kompetenzen sondern auch bildungssprachliche angebahnt werden.
- Die Informationen für Lernende müssen adäquat verfasst sein. Adressatenbezogenheit ist eine zentrale Forderung.

Kontext

Der Begriff „sprachsensibel" wird häufig verwendet, um darzustellen, dass man sich soziokultureller Anforderungen an die Sprachverwendung bewusst ist. Man signalisiert, dass man Wirkungen von Sprache einschätzen und deshalb auf verschiedenen Kommunikationsebenen interagieren kann. Der Begriff impliziert darüber hinaus, dass es wichtig ist, wie eine Information sprachlich vermittelt wird. Ziel sollte es stets sein, verständlich und eindeutig zu formulieren.
Sprachliche Sensibilität zeigt sich auch als kognitive Fähigkeit. Sie äußert sich darin, dass Funktionen der Sprache erkannt und auch durchschaut werden, z. B. suggestive Sprache als solche wahrzunehmen.
Sprachsensibel ist schließlich ein sprachliches Verhalten, das auf Diskriminierungen durch Sprache verzichtet und kommunikative Standards der Zivilgesellschaft einhält.

Genderneutrale Sprachverwendung

Realisiert wird die sprachliche Gleichbehandlung der Geschlechter z. B. dadurch, dass man geschlechterspezifische Benennungen vermeidet, z. B. ohne nähere Erläuterung allein von Teilnehmern spricht. Geschlechterneutrale Alternativen sind z. B. Teilnehmende bzw. Teilnehmer und Teilnehmerinnen oder weibliche und männliche Teilnehmer. In diesem Band wird zusätzlich noch die Schreibweise Teilnehmer:innen verwendet.

Beispiel

Lesen Sie bitte den folgenden Text. Unterstreichen Sie alle Textstellen, die nicht genderneutral formuliert sind.
Schreiben Sie dann den Text so um, dass er den Forderungen an eine genderneutrale Sprache entspricht.
Vergleichen Sie Ihre Lösung mit dem Wörterbuch auf http://geschicktgendern.de/
Wie viele Begriffe haben Sie korrekt „gegendert"?

Die Software wurde für Manager und Geschäftsführer von großen Institutionen (mehr als 300 Mitarbeiter) erstellt und ist besonders für Anfänger sehr benutzerfreundlich. Jeder, der die Software zum ersten Mal verwendet, wird erstaunt sein, wie leicht sie zu bedienen ist. Durch die beiliegende CD können Anwender die Software unkompliziert installieren. Bei Problemen stehen den Firmen außerdem unsere Techniker rund um die Uhr zur Verfügung: der jeweils zuständige IT-Experte schaltet sich sofort Online zu. Außerdem ist innerhalb von 24 Stunden ein Vertreter unserer Firma vor Ort.

[http://geschicktgendern.de/tipps-und-tricks/textstellen-erkennen]

Sprachanalyse

Sprachanalyse gehört im Erstsprachenunterricht zu einem Lernbereich, der Aspekte des Sprachgebrauchs und der Sprachverwendung thematisiert. In Sprachlehrkursen ist die sprachliche Analyse selten Teil des Curriculums, abgesehen von der Betrachtung grammatischer Phänomene. Tatsächlich ist für Lernende sprachliches Wissen ähnlich wichtig wie das in die Curricula eingegangene soziokulturelle Wissen, das sprachlich-kommunikatives Verhalten umfasst, Ausdrucksformen, Sprachvariable, Ausdrucksebenen, Kommunikationsstrategien etc.

Beispiel

Lesen Sie bitte den folgenden Dialog zwischen A und B. Unterstreichen Sie alle Redemittel, die Interesse an dem zum Ausdruck bringen, was der Gesprächspartner denkt oder sagt.

A: Hatten Sie einen guten Flug?
B: Ja, danke. Es ging so. Ziemlich turbulent.
A: Oje. Aber hier ist seit vorgestern schon schlechtes Wetter.
B: Ach so. Na gut, wie gehen wir jetzt vor?
A: Ich bringe Sie jetzt ins Hotel. In einer Stunde hole ich Sie wieder ab. Ist das so in Ordnung?
B: Eine gute Idee. Das sollte reichen. Ich möchte mich nur etwas frischmachen.
A: Das kann ich gut verstehen. Falls Sie etwas brauchen, rufen Sie mich gerne an.
B: Sehr nett. Ich komme gerne darauf zurück.

Register

Die Sprachverwendung realisiert sich auf verschiedenen Stilebenen. Die Linguistik bezeichnet die Ebenen als Register. Gängige Unterscheidungen von Register sind Alltagssprache, Bildungssprache und Fachsprache. Die Unterscheidung orientiert sich an den von Jim Cummings beschriebenen Kompetenzebenen bei Lernenden der englischen Sprache. Cummings bezeichnet die Ebene alltäglicher Kompetenzen als Basic Interpersonal Communicative Skills (BICS). Spezifisches, differenziertes Sprachkönnen nennt er Cognitive Academic Language Proficiency (CALP)(Cummings 2000, 57f.):

Alltagssprache	Bildungssprache	Fachsprache

- **Alltagssprache:** SchülerInnen erwerben in Sprachkursen oder im Laufe ihrer Sprachkontakte vielfältige Kompetenzen in der Alltagsprache der Zielkultur. Dieses Register vermitteln Unterricht und Lehrwerke. Erworben wird alltagssprachliches Können außerdem im kommunikativen Umgang mit Muttersprachlern. Relativ früh ermöglichen es Fähigkeiten in dieser Kurs- oder Alltagssprache, alltägliche Anforderungen zu bewältigen. Später werden mit der Alltagssprache soziale und berufliche Kontakte gepflegt und die meisten Anforderungen des Alltagslebens gemeistert, in denen mündliche, im geringeren Maße auch schriftliche Sprachaktivitäten erforderlich sind.
- **Bildungssprache:** Als schwierig können sich Situationen erweisen, für die spezielle Sprachkenntnisse, Spracherfahrungen, Ausdrucksformen benötigt werden. Man fasst solche Kompetenzen unter dem Begriff Bildungssprache zusammen. Es ist die Sprache der Schule und der Ausbildung. Zum Verstehen ist Kontextwissen hilfreich. Denn es wird Vorwissen vorausgesetzt, Fachbegriffe werden verwendet. Auch sind Redebeiträge und schriftliche Texte dichter formuliert als in der Alltagssprache. In bildungssprachlichen Interaktionen finden sie formalere Konstruktionen, als in der Alltagssprache. Bildungssprachliche Kompetenzen befähigen demnach dazu, komplexe Inhalte zu einer Thematik zu verstehen, diese Inhalte zu verarbeiten und in diesem Themenfeld sprachlich angemessen, weil präzise und sachbezogen zu kommunizieren.

Beispiel

1. Lesen Sie diesen Text von Loriot.
   Meine Damen und Herren, Politik bedeutet, und davon sollte man ausgehen, das ist doch -ohne darum herum zu reden – in Anbetracht der Situation, in der wir uns befinden. Ich kann meinen Standpunkt in wenigen Worten zusammenfassen. Erstens, das Selbstverständnis unter der Voraussetzung, zweitens, und das ist es, was wir unseren Wählern schuldig sind, drittens die konzentrierte *Be-inhaltung* als Kernstück eines zukunftsweisenden Parteiprogramms (...) Ich danke Ihnen. (Loriot 1981, 171ff.).

2. Sie sind nun der Redenschreiber einer Politikerin.
3. Schreiben Sie die Rede so um, dass sie einen Sinn ergibt.

- **Fachsprache:** Wissenschaftliche Disziplinen und Fachgebiete kommunizieren in einer Sprache, die durch spezielle Begriffe, Ausdrucksweisen und Formulierungsroutinen geprägt ist. Für Laien ist sie wegen ihres spezifischen Vokabulars oft nur schwer verständlich. Bezüglich ihrer syntaktischen Strukturen listet Roche (2017, 118) unter anderem als fachsprachentypisch auf: komplexe Nominalphrasen (z. B. „vermindertes Ansprechen der Körperzellen auf Insulin"), Präsens und Passiv. In der Schule sind es die naturwissenschaftlichen Fächer, die mit vielen Termini und komplexen Formulierungen operieren, die aus der wissenschaftlichen Fachdiskussion bekannt sind. Die gesellschaftskundlichen Fächer pflegen ebenfalls eine Fachsprache, die spezifische Begriffe, syntaktische und stilistische Besonderheiten aufweist. In Referaten, Präsentationen, Aufsätzen, erwerben Lernpersonen sprachspezifische Kompetenzen auf (Schroeter-Braus 2013, 132f.). Fachsprachen haben nur einen geringen Transferwert für den Alltag, sie schulen jedoch das Denken und erleichtern die fachspezifische Interaktion.

Beispiel

Ergänzen Sie jeweils zwei Beispiele für jede Rubrik.

Alltagssprache	Bildungssprache	Fachsprache
Wenn ich was im Passiv sagen will, muss ich doch *werden* verwenden, oder?	Mit dem Vorgangspassiv wird ein Vorgang oder eine Handlung wiedergegeben. Man nennt es auch das *werden*-Passiv, denn es wird mit den Personalformen des Hilfsverbs *werden* gebildet. (Balcik/Röhe/Wróbel 2009, 282).	Das Hilfsverb *werden II* bildet mit seinem gesamten Tempus-Modus Paradigma periphrastische Passivformen. Wir sprechen von WERDEN-PASSIV. (Zifonum/Hoffmann/Strecker 1997, 1792).

Lehrerhandeln

Sensibel zeigen sich Lehrkräfte für sprachliche Belange, wenn sie sich nicht damit zufriedengeben, dass ein Ausdruckswille formal umgesetzt werden konnte. Ihnen ist es ein Anliegen, Lernende dazu zu befähigen, den Ausdruckswillen präzise und angemessen zu versprachlichen. Für verschiedene Domänen, in denen Lernende kommunizieren (z. B. Arbeitsplatz, Gericht, Freundeskreis), thematisieren sie die hierfür notwendigen sprachlichen Register. Sie vermitteln Alternativen zu einer

Formulierung und bahnen ein Bewusstsein für Konventionen des Sprachgebrauchs an. Bei der Sprachverwendung im Klassenraum wie in Gesprächen mit ihren Schülerinnen und Schülern achten sie darauf, kulturelle Irritationen ebenso zu vermeiden wie Lernbeeinträchtigungen, die durch Sprache entstehen.

Sprachliche Sensibilität beim Lehrerhandeln

- Den eigenen Sprechanteil niedrig halten.
- Die aktive Sprachproduktion der SchülerInnen hochhalten.
- Den SchülerInnen genügend Zeit einräumen für ihre Antworten und Wortbeiträge.
- Anstelle geschlossener Fragen offene Fragen, Impulse formulieren, um Ein-Wort-Antworten zu vermeiden.
- Anstelle von Fragen Aufgaben formulieren, um Ein-Wort-Antworten zu vermeiden
- Aufgaben schriftlich festhalten.
- Aufgaben einfach und verständlich formulieren.
- Aufgabe von Lernern in ihren Worten wiederholen lassen.

Gutes Sprachlernen

Sprachsensible Sprachlernende sind sich der Notwendigkeit bewusst, die eigene Sprachentwicklung, das eigene Sprachkönnen kritisch zu reflektieren. Auf Defizite reagieren sie selbsttätig, Probleme bei der angemessenen Versprachlichung gehen sie aktiv an. Sie sind sich im Klaren darüber, dass sie sprachliche Risiken eingehen müssen, um herauszufinden, ob sie mit einer sprachlichen Hypothese richtigliegen. Entsprechend scheuen sie sich nicht, nachzufragen, wie Gesprächspartner eine Äußerung einschätzen. Diese Formen von Sprachsensibilität gelten als Merkmale, an denen man gute Sprachenlerner erkennt (Ellis 1994, 546ff.). Hierzu zählt auch, bewusst Fehler einzugehen, um eine Kommunikationssituation aufrechtzuerhalten Ein Unterricht, der der Entwicklung von strategischen Kompetenzen Raum lässt, unterstützt ein förderliches Sprachlernklima.

Strategische Kompetenzen

1 Strategien, die kommunikatives Wissen erschließen.
- Nachfragen: Kompetente Gesprächspartner werden gebeten, ein Sprachproblem zu lösen (wie sagt man denn höflich, dass man nachhause gehen will).
- Inferieren: Man versucht, die Bedeutung von Begriffen aus dem Kontext zu erschließen, z. B. des umgebenden Satzes.
- Hypothesentesten: Man drückt etwas aus und achtet darauf, wie es beim Gesprächspartner ankommt.
- Klären: Man notiert sich eine sprachliche Hürde, die in einer Kommunikation aufgetreten ist, um sie später zu klären.

2. Strategien, die kommunikative Mängel ausgleichen.
- Paraphrasierung: Ein Begriff, ein Gedanke, wird umschrieben (z. B. dieses Haus, wo die Bundeskanzlerin arbeitet).
- Approximation: Der intendierten Bedeutung nähert man sich durch einen ähnlichen Begriff (z. B. Früchte, statt Erdbeeren).
- Opposition: Gegenteilige Begriffe werden verwendet (nicht glücklich, statt traurig).
- Exemplifizierung: Charakteristische Merkmale werden genannt (z. B. sie repariert Autos und arbeitet in einer Autowerkstatt, statt Mechatronikerin).
- Simplifizierung: Eine Aussage wird vereinfacht, damit man weiter kommunizieren kann (Bitte, Sie von hier?).

Beispiel

Partner:in A	Partner:in B
Wählen Sie fünf Wörter aus der aktuellen Lektion. Erklären Sie die Wortbedeutung, ohne das Wort zu benutzen. *Anorak, Apotheke, Rasen, vorsichtig, Beruf*	Schreiben Sie die Wörter auf, deren Bedeutung Ihr Partner erläutert.
Schreiben Sie die Wörter auf, deren Bedeutung Ihr Partner erläutert. …	Wählen Sie fünf Wörter aus dem Pool unten. Erklären Sie die Wortbedeutung, ohne das Wort zu benutzen *Geld, Führerschein, Fahrrad, Hausmeister, herzlich*

Mit Sensibilität gegenüber dem sprachlichen Umfeld erfahren Lernende mehr über die Art und Weise, wie kompetente Sprecher einen Ausdruckswillen realisieren. Die SchülerInnen nehmen wahr, welche Redemittel sie für welche Zwecke in welchen Kontexten einsetzen, damit sie ihre Kommunikationsziele erreichen. Darüber hinaus erkennen Lernende, dass typische Kommunikationsräume (z. B. die Arztpraxis, die Wahlveranstaltung) und Kommunikationsanlässe (z. B. der Vortrag, die Beschwerde) jeweils typische Register erwarten lassen, die nicht ignoriert werden sollten.

Respekt vor anderen Sprachen

Lernende mit einem muttersprachlichen Kompetenzniveau in einer Herkunftssprache, die in der Zielkultur weniger bekannt ist, wünschen sich, dass ihre Fähigkeiten eine größere Rolle spielen, sie zumindest wahrgenommen werden. Ein sprachsensibler Unterricht bezieht sie ein, indem z. B. regelmäßig Sprachvergleiche angestellt werden oder Lernende mit verschiedenen Herkunftssprachen über sprachkulturelle Unterschiede und Gemeinsamkeiten im aktuellen Themenbereich berichten.

Beispiel

Vergleichen Sie Deutsch und Ihre Muttersprache. Notieren und markieren Sie, was gleich ist:

Deutsch		Ihre Muttersprache	
Arbeitgeber	Arbeitgeberin	______	______
Manager	Managerin	______	______

Methodik

Bedarfe analysieren

Lernende haben Schwierigkeiten, sich in der neuen Sprache auszudrücken. Lehrkräfte gehen sprachsensibel vor, wenn sie diese Schwierigkeiten wahrnehmen und ihnen individuell mit Lösungsvorschlägen begegnen. Regelmäßig durchgeführte Lernstandmessungen und Bedarfsanalysen weisen Lehrkräfte auf Kommunikationsbereiche hin, in denen gezielte Maßnahmen zur Verbesserung der Fähigkeiten ihrer Lernenden angezeigt scheinen.
Sprachstanddaten enthalten außerdem Portfolios, Lernzielkontrollen und die systematisierte Beobachtung des Sprachverhaltens von Lernenden. Auch Lernertagebücher verhelfen zu Erkenntnissen über den Intake, über das Wahrgenommene, das bei den Lernenden ‚hängengeblieben' ist. Solche informellen Lernstandmessungen geben wertvolle Hinweise, worauf nachfolgende Unterrichtseinheiten Bezug nehmen sollten.

Verständlichkeit sicherstellen

Verstehen ist Voraussetzung für die Aufnahme, Erarbeitung und Verarbeitung von Informationen. Lehrkräfte können viel in ihrem Unterricht tun, um das Verstehen zu verbessern. Maßnahmen, Lerninput verstehensfördernd zu gestalten sind eine einfache Sprache, die durch visuelle Elemente zusätzlich veranschaulicht wird. Im Unterrichtsverlauf sichern und überprüfen Lehrkräfte das Maß des Verstandenen, indem sie in regelmäßigen Abständen wiederholen und zusammenfassen lassen. Die verschriftliche Dokumentation zentraler Inhalte hilft Lernenden, bereits Thematisiertes dann zu reaktivieren, wenn sie es benötigen (vgl. auch Kap. 6.).

So sollten sprachsensible Aufgaben verfasst sein	Diese Hilfen sollte man beim Verfassen einer Aufgabe in Erwägung ziehen
– knapp und eindeutig – altersgemäß – kontextbezogen – dem Sprachstand der Schüler angepasst	– Wortschatz, Strukturen, Textbausteine zur Verfügung stellen – Aktivierungsformate einsetzen – Grafische/visuelle Unterstützung bieten – Operatoren (Aktivverben) an den Anfang setzen – Die sprachlichen Probleme klären bzw. üben (nach: Carnevale/Wojnesitz, A. 2014, 19.)

Fragekultur etablieren

Viel zu oft bleiben Inhalte unverstanden, weil Lernende nicht nachfragen, sie ihre Hypothesen nicht testen, ihre Lücken nicht thematisieren konnten. Nicht immer passen sie in das Geschehen hinein. Manche Lehrkräfte richten „Frageinseln" ein, andere lassen bei spontanen Nachfragen Farbkarten einsetzen. Lernende halten sie hoch, wenn eine Frage aufgetaucht ist. Es gibt auch Papierflächen im Klassenraum, auf die Lernende Fragen notieren, die später geklärt werden. Unabhängig von der Methodik unterstützt eine positive Fragekultur im Klassenzimmer Lerner dabei, ihren Lernprozess zu reflektieren. Fragen zeigen, dass sie aktiv dabei sind. Ein gutes Zeichen.

Domänen einbeziehen

Das Methodenrepertoire des Fremdsprachenunterrichts unterstützt Lehrkräfte dabei, Kontexte zu gestalten, Fördermaßnahmen zu ergreifen, die das Verstehen und das Mitteilen erleichtern. In diesem Band werden sie in allen Kapiteln themenspezifisch dargestellt und diskutiert. Grundsätzlich achtet man darauf, dass Lernende wissen, worum es geht. Dies gelingt besser, wenn man Inhalte in Kontexte einbindet, die für Lernende Bedeutung haben bzw. in denen sie Erfahrungen gemacht haben. Der Europäische Referenzrahmen unterscheidet vier Domänen, in denen sprachliche Aktivitäten stattfinden. Diese Lebensbereiche stellen das Umfeld zur Verfügung, in dem kommuniziert wird: der öffentliche Bereich, der private Bereich, das Bildungswesen und der berufliche Bereich (Europarat 2000, 14-15).

Sprachdomänen (GeR)

Bereich	Sprachverwendung	Beispiele
öffentlich	Alltagssprache, Sachsprache	Geschäfte, Behörden, Freizeitorte, Medien
privat	Alltagssprache	Familie, soziale Beziehungen
bildend	Fachsprache, Alltagssprache	Schule, Bildungsinstitutionen
beruflich	Alltagssprache, Fachsprache, Sachsprache	Arbeits- und Ausbildungsplatz, Messen, Kunden

Aufgabenstellung entlasten

Wer eine Aufgabe unzureichend versteht, hat geringe Chancen, das eigentliche Leistungsvermögen zu zeigen. Ein Scheitern ist vorprogrammiert. Aufgabenstellungen, die sich am Sprachstand orientieren, sind daher in einer einfachen Sprache verfasst. Die Arbeitsschritte sind aufgliedert, wo nötig visuell gestaltet (z. B. bei naturwissenschaftlichen Themen, Anleitungen) oder mit Annotationen versehen, die einzelne Formulierungen in der Aufgabe am Seitenrand erläutern.

Alltagssprache	Leichte Sprache
Alle vier Jahre entscheiden die Bürgerinnen und Bürger Deutschlands neu über ihre Vertretung im Parlament, dem Deutschen Bundestag.	Alle 4 Jahre ist Bundestagswahl. Die Bürgerinnen und Bürger Deutschlands wählen dann den Bundestag neu. Der Bundestag besteht mindestens aus 598 Personen. Diese Personen heißen Abgeordnete.

Begegnungen mit Bildungssprache ermöglichen

Das Training fach- und sachbezogener Kommunikation ist ein wichtiger Bestandteil eines sprachsensiblen Unterrichts. Lernende werden an Begriffe, Redemittel und Ausdrucksformen einer Sachthematik herangeführt. Im engeren Sinne heißt dies zweierlei. Lehrkräfte sollten Überführungen von alltagssprachlicher zu sachbezogener Sprache aufzeigen. In anderen Worten alltagssprachlichen Formulierungen die bildungssprachlichen Varianten gegenüberzustellen. Lernende sollten zudem darin unterstützt werden, bildungssprachliche Formulierungsweisen selbst zu erproben. Dabei sollten ihnen Versprachlichungshilfen zur Verfügung stehen.

Beispiel

Schreiben Sie auf, wie der Sachverhalt in Text 1 in Text 2 ausgedrückt wird.

Text 1	Text 2	Alltagssprache	Bildungssprache
Hier gibt es viele Windmühlen, die Strom herstellen.	In der Region werden 40 Windenergieanlagen mit einer Gesamtleistung von 200 Megawatt betrieben.	*Hier* *Windmühlen* *Es gibt …*	*In der Region* *Windenergieanlage* *… werden betrieben*

Beispiel

Entwickeln Sie zu folgenden Begriffen jeweils ein semantisches Netz.
Windenergieanlage, Betreiber usw.
Hier finden Sie ein Beispiel: [http://www.fb10.uni-bremen.de/khwagner/semantik/pdf/SemantischeNetze.pdf].

Sprachfunktionen trainieren

Operatoren in Curricula und Erwartungshorizonten von Testverfahren beschreiben alltagssprachlich, welche sprachlichen Aktivitäten jeweils damit gemeint sind. Vergleichen, begründen, diskutieren, abwägend darstellen, erläutern: all das sind Operatoren, die sprachliche Anforderungen im Kontext von Sachthemen ziemlich genau definieren.

Beispiel

Procon-Verteidigung
Notieren Sie zum Thema Gründe, die dafür und die dagegen- sprechen. Übernehmen Sie dann die Pro- oder die Contra- Position und verteidigen Sie diese:

Pro	Contra

Sach- und Fachtexte lesen

Über das Lesen erschließen sich Bereiche, in denen Sprache für die Belange eines Fachs eingesetzt wird. Die hierzu verwendeten Textsorten findet man in Schülerbüchern zum Fachunterricht oder in der Tageszeitung, auf Online-Portalen der Qualitätspresse, wo Hintergrundinformation und Begleitmedium den Verstehensprozess begleiten. Lernende werden an die Ausdrucks- und Gestaltungsmittel der sachbezogenen Vermittlung herangeführt und lernen die verschiedenen schriftlichen Genres kennen

Beispiel

Lesen Sie die folgenden Textauszüge durch [hier nicht aufgeführt, WG].
Ordnen Sie diese dann den folgenden Genres zu.
Schreiben Sie hierzu die jeweilige Nummer neben den Textauszug.
Erläutern Sie bei der Präsentation Ihre Zuordnungen.

1. Informationstext: Bericht, Beschreibung, Lexikoneintrag, Versuchsprotokoll.
2. Diskontinuierlicher Text: Infographik, Diagramm, Charticle, Listicle.
3. Sequentieller Text: Comics, Bildroman, Bilderbuchtext.
4. Formeller Text: Bestellung, Geschäftsbedingungen, Kaufvertrag, Widerruf, Anleitung.
5. Argumentativer Text: Stellungnahme, Rezension, Blogbeitrag, Leserbrief.
6. Narrativer Bericht: Bildstory, Magazinbeitrag, Reportage, Tagebuch.
7. Literarischer Text: Erzählung, Roman, Kurzgeschichte, Gedicht.

Über Sach- und Fachthemen sprechen

Damit die produktiven Fähigkeiten sich in Richtung Bildungssprache bewegen, benötigen Lernenden viele Aktivitäten, die sie zu Gesprächen, Präsentationen, schriftlichen Reaktionen zu einer Sachthematik auffordern und dadurch nicht zuletzt den Fachwortschatz erweitern.

Beispiel

a) Schreiben Sie jeweils ein Wort, das Sie nicht verstanden haben, auf eine gelbe Dateikarte. Kleben Sie die Karte auf das Fachwortpool-Plakat.
b) Wählen Sie ein Fachwort aus dem Pool. Schlagen Sie nach, was es bedeutet und schreiben Sie die Bedeutung auf eine blaue Dateikarte. Kleben Sie die blaue Karte unter das Wort.

Das sprachliche Umfeld erkunden

In Lernorten außerhalb von Klassenzimmer und Klassenraum finden Lernende in der Zielkultur die authentischen Situationen vor, die den eigenen Fremdsprachengebrauch positiv beeinflussen können. Über die beobachtende Teilhabe in kommunikativen Alltagsbereichen erfahren Lernende, wie kompetente Sprachbenutzer sprachliche Handlungen realisieren. Zudem bietet sich ihnen die Möglichkeit zu eruieren, wie sie selbst etwas in der Fremdsprache ausgedrückt hätten, das sie gerade eben wahrgenommen haben (vgl. auch Kap. 23).

Beispiel

A	B
Was sagen Sie, wenn Sie ein Brot beim Bäcker kaufen möchten. Scheiben Sie es auf.	Was sagten ein Kunde oder eine Kundin, die ein Brot beim Bäcker kaufen möchten. Schreiben Sie es auf.
Vergleichen Sie mit B. Was fällt Ihnen auf?	Vergleichen Sie mit A. Was fällt Ihnen auf?

Fehlertoleranz etablieren

Zur Bewältigung kommunikativer Anforderungen in alltagssprachlichen wie in bildungs- und fachsprachlichen Anlässen ist Fehlertoleranz angezeigt. Sowohl auf Seiten der Lehrkräfte als auch der SchülerInnen, indem alle sprachlichen Bemühungen ernstgenommen werden. Selbst dann, wenn sie nicht den Erfahrungen mit Redebeiträgen in der eigenen Sprache entsprechen.

Zum Weiterlesen

Carnevale, C./Wojnesitz, A.: Sprachsensibler Fachunterricht in der Sekundarstufe. Grundlagen – Methoden – Praxisbeispiele. (ÖSZ Praxisreihe Heft 23). Graz 2014. [http://oesz.at/sprachsensiblerunterricht/UPLOAD/Praxisreihe_23web.pdf].

Thürmann, E./Vollmer, H.: Checkliste zu sprachlichen Aspekten des Fachunterrichts. 2011. [https://www.schulentwicklung.nrw.de/materialdatenbank/material/view/3831].

Wicke, R. E./Haataja, K. (Hg.): Qualifiziert unterrichten: Sprache und Fach. Integriertes Lernen in der Zielsprache Deutsch. Ismaning 2015.

20 Kulturelle Lernanlässe

- Damit Lernende ihnen zunächst Fremdes verstehen, müssen sie mit Fakten und Informationen versorgt werden.
- Sie müssen auch viele Gelegenheiten erhalten, sich über das Neue auszutauschen, Unverstandenes zu klären, kritisch nachzufragen, eigene Positionen zu hinterfragen.
- Zum besseren Verständnis kann beitragen, wenn man vergleicht, wie Vertrautes anderswo gehandhabt wird.

Kontext

Kultur umfasst im didaktischen Sinne zweierlei. Man spricht im Zusammenhang mit den Künsten von Kultur (vgl. Kap. 22). Der zweite Bereich von Kultur sind Lebensweisen, d.h. Gewohnheiten, Praktiken, Alltagsroutinen, Organisationsformen von Domänen einer Gesellschaft oder einer gesellschaftlichen Gruppe.

Kulturbegriff nach Terry Eagleton

- Der Bestand an künstlerischen und geistigen Werken.
- Der Prozess geistiger und intellektueller Entwicklungen.
- Werte, Sitten, Überzeugungen und symbolische Praktiken, nach denen Menschen leben.
- Eine komplette Lebensweise (Gewohnheiten, Routinen, Alltagspraktiken etc.).

(Eagleton 2017, 13).

Bei der Aneignung einer neuen Sprache stößt man in vielfältiger Weise auf kulturelle Facetten der zugehörigen Sprachgemeinschaft. Wer Deutsch lernt, lernt direkt oder indirekt immer auch Kulturelles des Zielsprachenlandes, Aspekte der regionalen, ethnischen und sozialen Kulturen.

Regionale Kulturen beschreiben abgrenzbare geografische Räume. Sie äußern sich z.B. in für eine Region typischen Traditionen, künstlerischen Aktivitäten, Festen. Für Bewohner können kulturelle Facetten ihrer Region identitätsbildend sein. In ethnische Kulturen kommt es ebenfalls dazu, etwa wenn sie sich dem Erhalt alltäglicher Routinen, künstlerischer Ausdrucksformen und überlieferter Praktiken aus Herkunftskulturen widmen.

Soziale Kulturen sind meinungsbildend, wenn man sich ihnen zugehörig fühlt und ihre Ansichten teilt. Zum Teil haben sie eine eigene Sprachform und eigene Verhaltensformen gefunden, die sie als Mitglied einer sozialen Gruppe ausweisen. Zu sozialen Kulturen gehören z. B. länderspezifische (die Bayern), historisch gewachsene (die dänischen Südschleswiger), soziologische (der Mittelstand), berufliche (die Mediziner), politische (die Grünen), ideologische (die Studentenverbindungen), religiöse (die Katholiken), künstlerische (die Expressionisten) etc. Zum Teil repräsentieren sie sehr spezifische Einzelkulturen mit eigenen Codes, eigenen Konventionen und eigenen kulturellen Auslegungen. Da soziale Kulturen Einfluss auf die Diskussion in der Zivilgesellschaft nehmen und Veränderungen herbeiführen, ist Multikulturalität eine dynamische Konstruktion, d. h. permanenten Veränderungen unterworfen.

Wissen	Verständnis	Einsichten	Angemessenheit

Orientierungswissen

Orientierungswissen beim Fremdsprachenlernen ist Alltagswissen, touristisches Wissen, pragmatisches Wissen. Es sind die Informationen, die das Leben in einer Gesellschaft erleichtern. Mit der Zeit fühlt sich sicherer, wer mit den grundlegenden Vollzügen und Abläufen, Infrastrukturen und Interaktionsweisen vertraut ist. Damit sich dieses Wissen möglichst schnell einstellt, legen viele Lehrmaterialien einen Schwerpunkt auf die Darstellungen von Bereichen, die im Alltag und im alltäglichen Leben der Mitglieder einer Sprachgemeinschaft zentrale Bedeutung haben. Die Kultusministerkonferenz (KmK) spricht in diesem Zusammenhang von Orientierungswissen (KmK 2003). Dieser Begriff fasst all die Kenntnisse zusammen, die für das Verstehen und Zurechtkommen in der Zielsprachengemeinschaft grundlegend sind. Diese Wisseneinheiten sind natürlich nicht statisch. Sie verändern sich, so wie sich die Gesellschaft der Zielsprachenkultur verändert. Orientierungswissen muss immer wieder aktualisiert werden.

Lehrmaterialien beschränken sich längst nicht mehr nur darauf, touristisch interessante Orte, Freizeitaktivitäten oder Erholungsmöglichkeiten zu präsentieren. Sie machen mit Organisationsformen vertraut. Sie zeigen, wie sich der Alltag in verschiedenen Lebensbereichen bzw. Domänen darstellt, in denen kommuniziert wird. Darunter sind z. B. Alltagsfacetten wie Schule, Arbeitsplatz, Familienleben, Sozialleben zu fassen. Von Alltagsvollzügen über Alltagsproblemen bis hin zu Regeln des Zusammenlebens werden exemplarisch kulturelle Themen für die sprachliche Arbeit genutzt.

Beispiel

Lesen Sie den Text.
Schreiben Sie dann auf, was Deutsche gerne essen. Warum ist das so?
In nur 50 Prozent der Haushalte in Deutschland kochen die Menschen jeden Tag selbst. In jedem dritten Haushalt kochen die Menschen nur drei- bis fünfmal pro Woche. Warum? Keine Zeit, sagen viele. Andere kochen nicht gern. Oder sie denken: Das ist zu viel Arbeit. In vielen Familien gibt es ein- bis zweimal pro Woche Fertiggerichte wie Tiefkühlpizza ..., Tütensuppe oder Konserven. (Giersberg 2013).
[http://www.cornelsen.de/erw/1.c.4315480.de]

Kulturelles Verständnis

Wer etwas versteht, muss noch lange nicht Verständnis aufbringen. Kulturelles Lernen bemüht sich darum, bei Lernpersonen Verständnis aufzubauen für kulturelle Phänomene, Traditionen oder Praktiken. Angebahnt werden soll eine kritische Offenheit gegenüber kulturellen Äußerungen, die den vergleichenden Blick auf das Eigene einbezieht, z. B. in Form eines reflektierten Umgangs mit Vereinfachungen (Stereotyp, Klischee, Vorurteil).

Beispiel

Die folgenden Aussagen stammen aus einer Studie amerikanischer Kulturforscher.

Stimmen Sie zu?	Ja	Nein
Pünktlichkeit wird in Deutschland vorausgesetzt.		
Deutsche laden nur selten zu sich nachhause ein.		
Deutsche lächeln nicht, wenn sie sich vorstellen.		

usw.
(Hall/Hall 1990, 35ff.)

Kulturelle Einsichten

Fortgeschrittenen Lernenden bieten literarische Texte kulturelle Einsichten. Ihre kritische Rezeption und ein auf Analyse oder Auslegung gerichteter Diskurs scheinen geeignet, auf Einsichten abhebende Lernprozesse anzustoßen (Abraham/Kepser 2009). Die Auseinandersetzung mit Situationen, bei denen über Lösungen potentiell kulturbedingter Probleme nachgedacht, oder ein interkultureller Vergleich eines Phänomens angestrebt wird, gelingt auch in einem früheren Lernstadium, z. B. die Aktivität *Vergleich* unten.
Kulturelles Lernen ist methodisch dann ein Prozess des Suchens, Beobachtens, Abwägens, Einordnens und gleichzusetzen mit forschendem Lernen. Die Schüler sind gehalten, theoriegestützt und selbstreflexiv Phänomene zu analysieren und zu interpretieren, systematisch Daten zu Vermutungen und Annahmen zu sammeln und auszuwerten, sie darzustellen und ggf. auch zu verteidigen (Huber 2003).

Kommunikative Angemessenheit

Kommunikation ist immer in Kontexte eingebunden, die soziokulturell bestimmt sind. Was unter Freunden verbal akzeptiert werden mag, kann sich in einem Gespräch mit einer Vorgesetzten schnell als völlig inakzeptabel herausstellen. Höflichkeitsformen, Regeln des Sprecherwechsels, Formen der Anrede, Themenwahl, Gesprächsorganisation sind einige Beispiele dafür, wie stark eine Gesprächssituation kulturellen Einflüssen unterworfen ist. Sie deuten an, dass es nicht genügt, eine Äußerung zustande zu bringen. Ein Redebeitrag sollte der Situation angemessen sein, Gesprächspartner weder irritieren noch herabwürdigen (Council of Europe 2001, 118ff.).
Damit Lernpersonen sich der Wirkung von Sprache bewusst werden, thematisiert DaF/DaZ sprachliche Konventionen (Heringer 2004; Erll/Gymnich 2013). Ihnen selbst bleibt es überlassen zu entscheiden, ob sie sich daran halten wollen.

Beispiel

Direktheit im Deutschen und im Englischen

Deutsch	Englisch
Ich bekomme zwei Bier.	Could I have two beers, please?
Ihr Bericht ist fehlerhaft.	There seem to be some mistakes in the report.
Sie haben die Verkaufszahlen vergessen.	I can't find the sales figures.

(In Anlehnung an Gibson 2000, 47ff.)

Methodik

Die Betrachtung von Verfahren des interkulturellen Lernens konzentriert sich hier auf nicht-literarische Texte.

Einbettung

In den ersten Lernjahren wird kulturelles Wissen oft implizit vermittelt, z. B. über Kontexte, in denen Grammatikübungen eingebettet sind. Oder in Geschichten, die Alltagsbezüge aufweisen. Die Idee dahinter ist, dass die sprachliche gegenüber der kulturellen Entwicklung Vorrang hat. Die Förderung kultureller Kompetenzen hat eine dienende Funktion im Curriculum. Sie steht nicht im Mittelpunkt.

Beispiel

Ergänzen Sie bitte die Verben in der Vergangenheitsform.
Die Familie __________ (nehmen) die U-Bahn vom Hauptbahnhof zum Brandenburger Tor. Sie __________ (anschauen) sich das berühmte Wahrzeichen Berlins _____. Dann _____(steigen) sie in die S7 zum Anhalterbahnhof.

Thematisierung

Viele Texte in Unterrichtsmaterialien thematisieren einen landeskundlichen Aspekt. Auf den Text folgen Fragen und gebundene sprachliche Aktivitäten. Das Beispiel unten didaktisiert eine inhaltliche Auseinandersetzung. Mehrere Lösungsmöglichkeiten sollen reflektiert und gegebenenfalls im Anschluss daran diskutiert werden.

Beispiel

In Regionalzügen findet man Aufkleber, die zeigen, wie man sich verhalten soll. Unter der Überschrift „Sorry, aber das nervt“ zeigen Bilder, dass man seine Füße nicht auf die Sitze legen soll, Musik nicht zu laut hören, oder telefonieren soll. Was meinen Sie dazu?

a) Das ist spießig. Wem es nicht passt, der kann ja mit dem Auto fahren.
b) Finde ich richtig. Andere wollen ihre Ruhe haben. Lautstärke und verdreckte Sitze nerven nun mal.
c) Na ja, jeder sollte tun können, was er möchte. Junge Leute sind nun mal so.

Vergleich

Der Vergleich bietet sich an, wenn Lernende über Erfahrungen mit einem Phänomen der neuen Kultur verfügen und sie sich mit dessen Praxis hier beschäftigen sollen. Das Vorgehen soll Bewusstheit darüber anbahnen, dass Kulturen vergleichbare Phänomene unterschiedlich handhaben.

Beispiel

Die folgenden Aussagen beschreiben, was das Gesetz in Deutschland Jugendlichen erlaubt. Geben Sie bitte an, ob die Aussagen auch für Ihre Kultur zutreffen.

In Deutschland	In meiner Kultur	
	ja	nein
… dürfen Kinder bis 14 Jahren mit Eltern in einen Club.		
… dürfen Kinder unter 16 nicht rauchen.		
… usw.		

Koordination

In Aufgabenstellungen mit dem Ziel der Koordination sollen Situationen verhandelt, Meinungen begründet und ggf. verteidigt werden.

Beispiel

Lesen Sie folgende Aussagen:

a) Fußballfans randalieren regelmäßig bei Bundesligaspielen. Sollen die Clubs doch selbst für Polizeieinsätze zahlen. Sie verdienen doch unglaubliche Summen.

b) Deutschland braucht bessere und mehr Autobahnen. Sonst gibt es immer mehr Megastaus.
c) Es gibt sicher eine Jugend- und eine Altenkultur, eine Stadt- und eine Landkultur, eine Reichen- und eine Armenkultur. Aber eine deutsche? Ich glaube nicht.

1. Wie ist Ihre Meinung dazu? Erläutern Sie Ihre Meinung.
2. Bewegen Sie sich im Klassenzimmer und sprechen Sie Mitschüler an. Was denken sie darüber? Wenn Sie auf Personen stoßen, die ihre Meinung nicht teilen: Versuchen Sie, diese zu überzeugen.

Beobachtung

Sich der Strukturen des eigenen kulturellen Umfelds bewusst zu werden, gehört zum Prozess des interkulturellen Kompetenzerwerbs dazu. Beobachtungen unterstützen eine systematische Auseinandersetzung. Normalerweise stehen hierfür ein Leitfaden oder Beobachtungsbogen zur Verfügung, der Lernende auf Segmente aufmerksam macht. Die erhobenen Daten werden im Kurs präsentiert und kommentiert.

Beispiel

Beobachten Sie Gäste in einem Café in der Stadt.

	ja	nein	teilweise
Sie nehmen an einem freien Tisch Platz.			
Sie fragen das Servicepersonal, platziert zu werden.			
Sie setzen sich zu anderen Gästen.			
Sie holen sich Gebäck von der Theke.			
Sie bestellen alkoholische Getränke.			
usw.			

Zum Weiterlesen

Abraham, U./Kepser, M.: Literaturdidaktik Deutsch. Berlin 2009.
Corbett, J.: Intercultural Language Activities. Cambridge 2010.
Erll, A./Gymnich, M.: Interkulturelle Kompetenzen (Uni Wissen). Stuttgart 2013.
Eagleton, T.: Kultur. Berlin 2017.
Heringer, H.-J.: Interkulturelle Kommunikation. Grundlagen und Konzepte. Tübingen: A. Francke, 2004.
Kaufmann, S./Zehnder, E./Vanderheiden E.: Fortbildung für Kursleitende Deutsch als Zweitsprache: Deutsch als Fremdsprache/Band 1 – Migration – Interkulturalität – DaZ. Ismaning 2007.
Oelschläger, B.: Bühne frei für Deutsch. Das Theaterhandbuch für Deutsch. Weinheim 2018.

21 Dramapädagogisches Arbeiten

- Dramapädagogische Aktivitäten fördern die freie Sprachverwendung in authentischen Szenarien.
- Dramatische Tätigkeitsformate ermöglichen kulturelle und soziale Perspektivenwechsel.
- Drama sensibilisiert für sprachlichen Ausdruck.

Kontext

Ein Drama ist nicht allein die Textvorlage für das Schauspiel auf der Bühne. Die Didaktik hat das Potential von schauspielerischen Aktivitäten, Verfahren und Trainingsformen für den Fremdsprachenunterricht untersucht und empfiehlt den Einsatz von Dramatechniken (Schewe 1993).

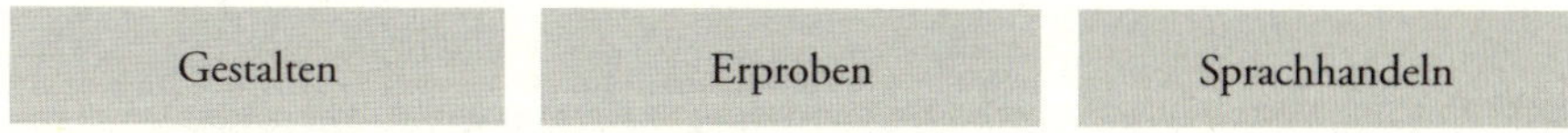

Diese Empfehlung ist nachvollziehbar. Schauspiel hat mit Sprache und Ausdruck zu tun, mit Gestaltung und Darstellung, mit Inszenieren und Interpretieren. Kurzum, wesentliche Formen zwischenmenschlicher Kommunikation lassen sich durch Drama erproben. Hinzu kommt, dass solche Übungen im weiteren Sinne ganzheitlich konzipiert sind. Mit Pestalozzi gesprochen beziehen sie „Kopf, Herz und Hand“ ein. Je nachdem, wie eine Aktivität angelegt ist, lassen sich kognitive, affektive und haptische Phasen realisieren.

Die Dramapädagogik bedient sich verschiedener Verfahren, die aus dem kommunikativen Fremdsprachenunterricht nicht ganz unbekannt sind. Rollenspiele oder inszenierte Dialoge und Situationen werden in beiden Lernumgebungen eingesetzt. So schafft man authentizitätsnahe Sprechanlässe, die Lernenden eine aktive Sprachverwendung ermöglichen.

In dramapädagogischen Kontexten sind Lernende jedoch pointierter positioniert, als in einem Dialog, den sie z. B. im herkömmlichen Unterricht an ihrem Platz mit der Nachbarin durchexerzieren. Die Dramapädagogik macht daraus ein Spiel. Wie die Rolle ausgestaltet ist, steht auf Aktionskarten, es gibt Regieanweisungen mit Vorschlägen, wie die Rolle sich entwickeln soll. Die Akteure führen ihre Szenen vor Zuschauern auf, die an Arbeitstischen sitzen. Dies gibt dem Szenario eine authentische Note, die aufführenden Lernenden stehen, wie in realen Umgebungen, im Mittelpunkt.

Die Szenarien können ausformuliert sein, gar nicht oder nur rudimentär vorentlastet sein. Manchmal ist es ein Lehrbuchtext, der verarbeitet wird, manchmal auch die Versprachlichung von Szenen, zu denen Lernende etwas zu sagen haben. Es kommt darauf an, Rollen auszuführen, mit Körper und Sprache zu experimentieren, sprachliche Risiken einzugehen und sie zu bewältigen. Auch indem man auf nonverbale, d. h. mimisch-gestische Mittel zurückgreift, um einen Spielabbruch zu vermeiden.
Anders als in der Theaterpädagogik steht in dramapädagogischen Szenarien das Lernen im Vordergrund, das Ausprobieren und das Experimentieren mit Sprache und Körper. Das Einstudieren eines Spieltextes mit dem Ziel, ihn professionell auf der Bühne aufzuführen ist eine theaterpädagogische Zielsetzung.
Die Dramapädagogik kann sich auf Forschungsergebnisse berufen, denen zufolge Dramaaktivitäten einen positiven Einfluss auf die Entwicklung fremdsprachlicher Kompetenzen haben (Beournot-Trites u. a. 2007). Auch kann man sich gut vorstellen, dass durch regelmäßige Dramaaktivitäten das Selbstbewusstsein der Lernenden gestärkt wird, sich in der Sprache kommunikativ und interaktiv zu bewegen, worauf auch empirische Daten hinweisen (Scheibelhofer-Schroll 2013).

Methodik

Inszenieren

Lernende gestalten von einem Model ausgehend eine Szene. Viele Texte in den Lehrwerken eignen sich für die szenische Ausgestaltung, da sie ohne oder mit nur einigen wenigen Requisiten durchführbar sind. Spielanweisungen für die Schauspieler formuliert die ‚Produktionscrew'. Die Texte selbst stammen von den Akteuren, es sind stichpunktartig oder ausformulierte Dialoge. Oftmals ist die Szene einem Erzähltext entnommen. Weitere Impulse kommen von Fotos oder Gemälden, die von den Teilnehmenden nachgestellt werden. Später versprachlichen die Lernenden solche Standbilder. Beliebt ist das ‚*thought tracking*'. Lernpersonen treten in die Szene hinein, stellen sich hinter Akteure und sprechen ihre Gedanken aus.

Beispiel

Lesen Sie den Dialog auf dem Arbeitsblatt durch. Notieren Sie in den Text hinein, wo die Personen stehen, wie und wohin sie sich bewegen sollen. Schreiben Sie auch auf, wie sie Textstellen Ihrer Wahl vortragen sollen.

Improvisieren

Lernende erhalten Vorgaben z. B. über einen Charakter, eine Handlung, ein Gefühl, eine Haltung. Diese gilt es auszugestalten, sowohl gestisch-mimisch als auch sprachlich. Für Aktivitäten rund um das Hörverstehen werden gerne Handlungsanweisungen zusammengestellt, die Lernende zu bestimmten Bewegungsabläufen oder Körperhaltungen führen.

Beispiel

Sie befinden sich auf einer Bühne. Sie sollen zeigen, welche Bewegungen sie ausüben können. Hören Sie bitte zu und führen Sie aus: Sie sind nun ein Ballett-Tänzer. Stellen Sie sich auf Ihre Zehenspitzen. Laufen Sie in die nächste Ecke des Raums ....

Rollenspiel

In dieser klassischen Form des situativen Agierens übernehmen Lerner Perspektiven von Akteuren, deren sprachliche Handlungen und Intentionen auf Karten notiert sind. Diese dienen den Lernern als Orientierung für die Ausgestaltung und Realisation ihrer Rolle.

Beispiel

Sie sind eine wichtige Politikerin im Sozialministerium. Ihre Aufgabe ist es, die Kürzung von Sozialleistungen zu verteidigen. Nehmen Sie auf dem ‚heißen Stuhl' vor der Tafel Platz und beantworten Sie bitte alle Fragen sachlich und überlegt. Die Fragen stellt Ihre Lerngruppe.

Aktionsformate

Aktionsformate geben bestimmte Handlungsrahmen vor. Die Lernpersonen agieren aus diesem Format heraus in einer Rolle, die verschriftlicht vorliegt. Die sprachlichen Anteile können vorbereitet sein. In authentischen Umsetzungen sind Lernende vorrangig gefordert, spontan und frei die Fremdsprache anzuwenden. Bei den folgenden Beispielen muss immer aus einer Rolle heraus agieren. Rollen sind auf Karten bezeichnet (z. B. berühmter Schauspieler, Sängerin, Moderatorin). Zum Teil sind sie ausführlicher beschrieben (Politikerin, die sich für den Neubau von Windmühlen in der Region einsetzt).

Beispiele

Heißer Stuhl	Eine Person sitzt in ihrer definierten Rolle vor der Klasse, beantwortet Fragen, geht auf Kritik ein, formuliert Rechtfertigungen etc.
Stehempfang	Lernende bewegen sie sich in einem abgegrenzten Bereich des Klassenraums und kommunizieren in ihrer Rolle.

Warteraum	Mehrere sitzen zusammen und unterhalten sich innerhalb eines Zeitrahmens über ein Thema. Dieses haben sie aus einem Kartenstapel nach dem Zufallsprinzip gezogen (z. B. die heutige Schlagzeile in der Bild-Zeitung).
Synchronisationsstudio	Lernpersonen sprechen zu starren oder bewegten Bildern. Dies kann eine stumme Filmszene sein. Auch eine Sequenz aus einem Bildroman, einem Comic mit leeren Sprechblasen eignet sich. Dramatischer wird es, wenn Lerner Personen synchronisieren, die vor der Klasse stumm agieren und dabei nur ihre Lippen bewegen.

Zum Weiterlesen

Goethe Institut Australien: Drama- Aktivitäten für das DaF-Klassenzimmer. 2016. [https://theaterdaf.wikispaces.com/3.+Drama+Aktivit%C3%A4ten+f%C3%BCr+das+DaF+Klassenzimmer].

Holl, E.: Sprach-Fluss: Theaterübungen für Sprachunterricht und interkulturelles Lernen. Deutsch als Fremdsprache. Ismaning 2011.

Kirsch, D.: Szenisches Lernen: Theaterarbeit im DaF-Unterricht. Deutsch als Fremdsprache. Ismaning 2013.

Arrangements, Formate, Umgebungen

22 Künstlerische Szenarien

- Werke von Kunstschaffenden können das fremdsprachliche Lernen befruchten.
- Die Verknüpfung von sprachlichem und ästhetisch-kreativen Tätigkeiten unterstützt nachhaltiges Lernen.
- Alle Künste eignen sich für ihre Einbindung in Sprachlernprozesse.

Kontext

Ein Fremdsprachenunterricht, der sich der Künste bediente, machte sich lange Zeit verdächtig. Respektlos sei es, lautete ein Vorwurf, Produkte von Kunstschaffenden für Vermittlungszwecke zu instrumentalisieren. Kunst dürfe nicht als Steinbruch missbraucht werden, aus dem man herauslöst, was didaktisch und methodisch nützlich erscheint. Aus Reihen der Literaturwissenschaft wurde Kritik laut gegenüber vereinfachten Lektüren, die Originalwerke für Lerner bearbeiten, für die ohne didaktische Eingriffe ein literarischer Text unverständlich blieb (Högel 1978). Und die Theaterpädagogik zeigte sich zunächst wenig begeistert von all den Versuchen, Schauspiel- und Inszenierungstechniken für didaktische Zwecke einzusetzen, ohne dass künstlerische bzw. ästhetische Standards überhaupt angestrebt würden (Weintz 1998).

Ästhetik	Kultur	Kreativität

Solange ein Fremdsprachenunterricht praktiziert wurde, dem es im Wesentlichen darauf ankam, sprachliche Strukturen zu trainieren, d. h. systematische Kompetenzen zu entwickeln, konnte auf authentische Kontexte verzichtet werden. Dies galt auch für Szenarien, die kreatives Arbeiten anstoßen.

Ein moderner, kultursensibler Fremdsprachenunterricht greift Impulse aus den Künsten auf. Zum einen, weil sich sprachliches und ästhetisches Lernen trefflich mit Kunst verbinden lassen. Zum anderen liefern die Künste Sprechanlässe, die andere Kontexte nicht leisten können. Sie sind aber auch wichtige Medien bei der Anbahnung visueller und auditiver Literalität, d. h. des Verstehens von Bild- und

Tonsprache (Blell/Hellwig 1996; Blell/Kupetz 2010) (vgl. Kap. 18). Nicht vergessen werden soll das kreative Potential, das die Künste in das Klassenzimmer bringen. Experimentelles Lernen ist möglich, und sei es auch nur dadurch, dass das Kunstwerk als Modell für eigene Adaptionen genutzt wird.
Wenn die Fremdsprachendidaktik von den Künsten spricht, meint sie die traditionellen Künste Musik, Architektur, Malerei, Graphik, Bildhauerei, Tanz, Literatur und Film. Als neunte Kunst hinzugekommen sind Bildgeschichten, insbesondere Comics. In Frankreich werden sie seit den 1960-ger Jahren als *neuviéme art* bezeichnet.

Lernen und Behalten

Ein Umgang mit den Künsten unterstützt das Lernen und das Behalten. Die Talente werden angeregt, die beim Auswendiglernen von Redemitteln ungenutzt bleiben. Howard Gardner nennt sie multiple Intelligenzen. Der Kognitionswissenschaftler meint, dass Menschen nicht nur über eine Form von Intelligenz, sondern über verschiedene Arten von Intelligenzen verfügen (Gardner 2006). Deshalb können sie ganz individuell Stärken nutzen, die sie beim Verstehen der Welt einsetzen. Manche Menschen verfügen über besondere logische Talente (logisch-mathematisch), andere setzen auf ihre musisch-rhythmischen Stärken, wieder andere auf die sozialen. Die meisten Menschen setzen sie variabel ein, je nachdem, wie sie eine Lernsituation wahrnehmen. Insgesamt acht Intelligenzen bzw. Talente hat Gardner identifiziert. Sie zu berücksichtigen gelingt mit den Künsten in besonderem Maße, da sie potentiell alle kontaktieren. Wer logisches Denken bevorzugt, wird ein Bild anders erschließen, als Betrachter mit einem ausgeprägten Sinn für das Soziale. Während Letztere es vielleicht bevorzugen, gemeinsam mit Partnern über das Bild zu sprechen, interessieren sich ‚Logiker' möglicherweise dafür, konzentriert und alleine Farbgebung, Figurenkonstellation und Ähnliches zu analysieren, um Gesetzmäßigkeiten zu erkennen. Beide Herangehensweisen erweitern das Verständnis.

Multiple Intelligenzen nach Howard Gardner

Intelligenz	Talent	Vorteil bei
Linguistisch	Bewusstsein für Sprachgebrauch.	sprachlichen Aktivitäten, z. B. Einsetzübung, Dialoge, Textkerne ausgestalten.
Logisch-mathematisch	Gedankliches Durchdringen, analytisches Denken.	kognitiven Aktivitäten, Prinzipien entdecken, Regeln finden, etwas erläutern.
Musikalisch	Musisch-rhythmische Betrachtung und Auslegung.	Aktivitäten, in denen Musik oder Rhythmus eine Rolle spielt: Klatschen, Musik in Worte fassen, Sprache rhythmisieren (Poetry Slam).
Bildlich-räumlich	Verstehen und Verwendung visueller Impulse und Informationen.	Versprachlichung von Bildern, Beobachtungen im Raum und an Orten.

Intelligenz	Talent	Vorteil bei
Körperlich-kinästhetisch	Verstehen und Verwenden von Körpersprache und Bewegungen.	nonverbaler Kommunikation, pantomimischem Darstellen (z. B. Standbild).
Intra-personal	Fähigkeiten zur Selbsteinschätzung, Selbstkontrolle.	reflexiven Aufgaben. Einzelarbeit, Selbststudium.
Inter-personal	Fähigkeiten zur Kooperation, Kommunikation.	Aufgaben in Sozialformen, Diskussionsforen (z. B. Debatte, Schreibkonferenz).

Fördern und Verbessern

Die Lehr- und Lernforschung hat Belege dafür, dass eine Beschäftigung mit den Künsten das Sprachenlernen unterstützt. Kompetenzen werden nachhaltig gefördert, weil die Künste positive Emotionen auslösen. So wird das episodische Gedächtnis aktiviert. Es ist für das Erinnern und Behalten von emotional bedeutsamen Ereignissen zuständig (Roth 2011). Hinweise in der Forschung gibt es auch dafür, dass die Künste für bessere Lernleistungen bei analytischen und problemorientierten Aufgaben sorgen (Catteral 1998).

Für erfolgreiches Lernen benennt die moderne Hirnforschung Voraussetzungen, die von den Künsten bedient werden. Lernwirksam ist es, die Gedächtnisleistungen, in denen Lernende gut sind, mit solchen zu koppeln, in denen sie nicht so gut sind. Gedächtnisleistungen werden demnach dann optimiert, wenn Lernende ihre Pläne zur Problemlösung durch eine Kombination von kognitiven und emotiven Verarbeitungsformen durchführen. Haben die Aufgaben dann noch „hohe Neuigkeitswerte" (Schirp 2011,116), wird auch die Motivation zum Lernen angesprochen.

Konkret zeigen Studien, dass Wörter besser erinnert werden, wenn man sie an Bewegungen koppelt. (Sambanis 2013b). Ähnlich nachhaltige Effekte erziele man bei der Darbietung von Vokabeln mit Musik (Schiffler 2012). Zur Entwicklung eines differenzierten Gebrauchs der Lernsprache tragen Kontakte mit bildender Kunst, z. B. im Museum bei, und der kommunikative Austausch darüber bei (Rottmann/Wicke 2015). Was die Beschäftigung mit Spieltexten angeht, könne man laut Sambanis von „förderlichen Effekten" dramenpädagogischen Arbeitens auf den Erwerb von Sprachlernstrategien, Aussprache und Ausdrucksfähigkeit in der Fremdsprache ausgehen (Sambanis 2013a, 119ff.).

Methodik

Die methodischen Implikationen mancher Künste (Drama, Comics) habe ich in anderen Kapiteln bereits thematisiert. Hier einige Vorschläge zu weiteren kunstnahen Aktivitäten:

Musik

Die Musik sorgt für Entspannung, sie unterstützt das Arbeiten an Aussprache und Intonation und fördert kreatives Schaffen (Morgret 2016).

Beispiel

1. Hören Sie die Musik an und denken Sie an Ihren letzten Spaziergang. Schreiben Sie auf, wo sie waren und woran Sie sich erinnern.
2. Singen oder sprechen Sie den Text des Songs mit. Achten Sie auf Ihre Aussprache und auf Ihre Sprechmelodie.
3. Verfassen Sie zum gehörten Song eine eigene Strophe. Achten Sie darauf, dass sie zum Rhythmus der Melodie passt. Tragen Sie Ihre Strophe vor, während die Instrumentalversion des Songs läuft.

Tanz

Tanz ist Ausdruck und Bewegung. Beides kann man für das Behalten von Redemitteln nutzen oder auch vorgetragene Szenarien in Bewegung umsetzen lassen (Sambanis 2013b). Viel Kommunikation löst auch das Aushandeln aus, das beim Modellieren eines Standbildes notwendig ist.

Beispiel

1. Stellen Sie sich im Kreis auf und hören Sie auf die Musik. Bewegen Sie die Körperteile im Rhythmus der Musik, die ich ausrufen werde.
   Beugen Sie Ihre Knie und strecken Sie sie zu jedem Taktschlag aus.
   Bewegen Sie Ihre Ellbogen im Rhythmus.
   usw.
2. Lesen Sie die Geschichte.
   Wählen Sie eine Szene aus und stellen Sie mit Ihrer Gruppe ein Standbild zusammen.
   Lassen Sie Ihre Lerngruppe erzählen, worum es in Ihrem Standbild geht.

Architektur

Der Umgang mit Gebäuden oder Gestaltungen von Gelände und Örtlichkeiten soll Lernende dazu verhelfen, Vorstellungen und Wahrnehmungen von Räumen zu artikulieren. Durch Betrachtung und Vergleich werden ästhetische Positionen ausgetauscht.

Beispiel

1. Wählen Sie zwei dieser Objekte in Ihrer Stadt oder Ihrem Dorf aus: Gebäude, Haus, Sehenswürdigkeit, Shop, Gehege, Stall, Doppelhaushälfte, Bungalow, Garage.
2. Schreiben Sie einen Text aus mindestens 30 Wörtern zu jedem Objekt.
   Tauschen Sie Ihre Beschreibungen mit denen Ihres Nachbarn aus.
   Bestimmen Sie beide, welche Objekte gemeint sind.

3. Suchen Sie die folgenden Gebäude an Ihrem Wohnort und nehmen Sie ein Smartphone-Foto auf: Bauernhof; Villa; mehrstöckiges Wohnhaus, historisches Gebäude.
4. Stellen Sie Ihre Gebäude vor und erklären Sie, wie man hinkommt.

Visuelle Kunst

Visuelle Kunst (Malerei, Bildhauerei, Graphik) kann den Kontext für Versprachlichungen liefern. Kognitive Zugänge befassen sich mit Gattung und Gestaltungsmerkmalen.

Beispiele

1. Bilden Sie eine Gruppe aus 5 Personen.
   Wählen Sie aus Ihrem DaF/DaZ-Buch 5 Bilder aus und notieren Sie sich Seitenzahl und Platzierung auf der Seite (oben rechts, in der Mitte, unten links etc.)
   Schreiben Sie eine Geschichte zu den Bildern.
2. Betrachten Sie das Gemälde _______.
   Wählen Sie eine Person aus dem Gemälde aus und schreiben Sie auf, was sie gerade denken könnte.
3. (a) Legen Sie ein Blatt auf die schwarz eingefärbte Unterlage. (b) Malen Sie mit Stiften auf der Rückseite nun einfach drauf los. Es ist nicht wichtig, dass konkrete Objekte entstehen. (c) Kreise, Cluster, schraffierte Flächen: Alles ist erwünscht. Ziehen Sie nun Ihr Blatt wieder von der Unterlage und drehen Sie es um. (d) Färben Sie nun die Anteile ein, die mit etwas Phantasie Figuren oder Objekte darstellen könnten. (e) Erzählen Sie zu Ihrem Bild nun eine Fantasy-Geschichte.

Sequentielle Kunst

Produkte der sequentiellen Kunst (Film, Comic, Bildroman) erzählen Geschichten mit Bildern und Texten. Filme liefern Vorlagen für das kreative Schreiben. Mit dem Smartphone können Lernende auch selbst aus einer eigenen Erzählidee eine kurze Filmszene herstellen. Bei Comic und Bildroman bietet es sich an, Sprechblasen und Untertitel neu zu formulieren.

Beispiel

1. Betrachten Sie die zehn Filmposter von der Dokumenten-Kamera.
   Wählen Sie ein Poster aus und schreiben Sie eine kurze Kritik zum beworbenen Film.
   Tragen Sie Ihre Filmkritik vor und lassen Sie die Lerngruppe das richtige Poster zuordnen.

2. Schauen Sie sich die Szene aus dem Film ____________ an. Sie ist ohne Ton. Schreiben Sie einen Dialog, der zur Szene passt. Vergleichen Sie dann Ihre Version mit dem Original. Notieren Sie, was Ihnen beim Vergleich aufgefallen ist.

Zum Weiterlesen

Bernstein, N./Lerchner, Ch. (Hg.): Ästhetisches Lernen im DaZ-Unterricht. Literatur – Theater – Bildende Kunst – Musik – Film. Göttingen 2014.

Gehring, W.: Mit den Künsten Englisch unterrichten. Bad Heilbrunn 2017.

Learning through the Arts. Video Series. O. J. [http://www.curriculum.org/arts/].

Sambanis, M.: Fremdsprachenunterricht und Neurowissenschaften. Tübingen 2013a.

Schiffler, L.: Effektiver Fremdsprachenunterricht. Bewegung – Visualisierung – Entspannung. Tübingen 2012.

Wicke, R.: Kunst im DaF-Unterricht. Eine Unterrichtsreihe. [http://www.dw.com/de/kunst-im-daf-unterricht-eine-unterrichtsreihe/a-19277234].

23 Außerschulische Lernorte

- Außerhalb von Schule oder Kursraum erleben Deutschlernende die ganze Vielfalt des authentischen Sprachgebrauchs.
- Spracherfahrungen in Deutschland kann man an primären, sekundären und an digitalen Lernorten sammeln.

Kontext

Wer in Deutschland die Sprache lernt, begibt sich prinzipiell an einen außerschulischen Lernort, sobald der das Klassenzimmer verlässt. Zumindest, wenn sich Lernende darauf einlassen wollen, ihr sprachliches Können und ihr kulturelles Wissen zu vertiefen. Alle Umgebungen werden zu Lernorten, an denen sich diese sprachlich-kulturelle Lernerfahrungen machen lassen. Damit sind Standorte für Lernorte weit gefasst. Der Supermarkt gehört dazu, der Bahnhof, Kino und Galerie, und natürlich die Straße, in der man wohnt und lebt.

Primäre Lernorte	Sekundäre Lernorte	Digitale Lernorte

In Kategorien gedacht sind Lernorte Orte des Alltaglebens, der Versorgung, des Verkehrswesens, der Güterproduktion, der Dienstleistung, des Weiteren Ausstellungsräume und Vor- und Aufführungsorte. Tatsächlich geht an außerschulischen Lernorten das Lernen weiter, das im Klassenzimmer seinen Anfang nimmt. In mancherlei Hinsicht ist außerschulisches Lernen authentischer. Man begegnet vielfältigen Ereignissen, in denen Deutsch verwendet wird, lernt kulturelle Ausdrucksformen, Alltagsfacetten und Gepflogenheiten kennen oder pflegt den Umgang damit. Nicht zuletzt, um selbst den Alltag sprachlich-kulturell zu bewältigen.

Wissenserweiterung

Viele Lernorte definieren sich durch ihre spezifischen kommunikativen Herausforderungen. Manche Lernorte weisen sich als besonders aus im Hinblick auf die Bereiche, die sie präsentieren oder bewahren, z. B. das Museum, die Bildergalerie. Andere außerschulische Lernorte halten den geeigneten Raum bereit für die Darbietung und die Rezeption von kulturellen Produkten ganz verschiedener Art, darunter bildende Kunst, Film, Theater, Literatur. Diese Räume sind primäre Lernorte, denn das Museum, das Kino, die Bühne oder die Bücherei sind explizit entstanden, damit Besucher Bildungserfahrungen sammeln können.

Alltagskulturelle Erfahrungen

Für die sprachliche Entwicklung nicht weniger interessant sind sekundäre Lernorte. Ihre Kernaufgabe ist es, alltagskulturelle Vollzüge zu ermöglichen. Der Bahnhof, die Metzgerei, der Buchladen: An solchen Orten können nicht nur grundlegende Einkaufs-Dialoge aus dem Basiscurriculum erprobt werden. Komplexere sprachlich-kulturelle Anforderungen initiieren forschende Arbeitsanregungen, die während der Begegnungen und der Besuche umgesetzt werden.
Allerdings ist das Lernangebot anders gelagert als in der Schule oder im Klassenzimmer. Es ist authentisch, weil es zu einer realen Umgebung gehört. Es ist überladen, weil es didaktisch ungefiltert vorhanden ist. Und es ist nicht für das Lernen aufbereitet. Zugänge zum Lernangebot entwerfen Lernende selbst, sie allein dokumentieren, was ihnen wichtig erscheint, in einer für sie geeigneten Form. Lernende können auf diese Weise Interessantes entdecken oder werden auf Neues aufmerksam. In einem nächsten Schritt bündeln sie Interessen und konzentrieren sich auf Aspekte, die sie für besonders beachtenswert halten. Lernorte lassen sich damit in einer recht individuellen Form nutzen. Ohne Erfahrung mit Selbstlernprozessen, mit dem entdeckenden Lernen und ohne Routine mit methodischen Strategien ist ein nachhaltiger Lernerfolg fraglich.

Soziale Erfahrungen

Digitale Lernorte sind ebenfalls für den außerschulischen Sprachgebrauch interessant. Tatsächlich dürften viele DaF/DaZ-Lernende soziale Medien oder Online-Rollenspiele außerhalb der Schule nutzen und in der Lernsprache kommunizieren. Sie steuern etwas zu Blogs bei, haben vielleicht selbst einen. Seriöse Internetforen sorgen für Kommunikationsanlässe zu aktuellen oder speziellen Aspekten. Um solche Begegnungen zu effektiven Lerngelegenheiten zu machen, sollten Lehrkräfte sie didaktisch begleiten.

Virtuelle Begegnungen

Manche Angebote schaffen Zugänge zu realen außerschulischen Lernorten. Vorreiter ist das Google Arts & Culture Project [https://www.google.com/culturalinstitute/beta/] auf deren Plattform virtuelle Besuche zu den besten Museen und Galerien möglich sind. Ein didaktisch aufbereiteter Lernort ist die Plattform des deutschen Schulfernsehens. [http://www.planet-schule.de/]. Wer sich über aktuelle Entwicklungen in allen relevanten gesellschaftspolitischen Bereichen informieren will, ist gut beraten, die Online-Angebote der Qualitätspresse zu nutzen, wo auch Gelegenheit besteht, aktiv zu kommunizieren.

Methodik

Erkunden

Der Unterrichtsgang an einen Außerschulischen Lernort erfolgt normalerweise im Zusammenhang mit einem Inhalt eines Faches. Für Erkundungen eignen sich Firmen, Handwerksbetriebe, sekundäre Lernorte wie Bahnhof, Flughafen, Zeitungsredaktion oder Outlet-Center. Erkunden bedeutet, sich den Ort selbst näher anzuschauen. Hierfür gibt es normalerweise einen Fragekatalog, den Lernende und Lehrkraft im Unterricht zusammengestellt haben. Die Fragen werden entweder an Personen gerichtet, die am Lernort arbeiten.

Oder man erkundet den Bereich selbst näher, auf den sich eine Frage bezieht, z. B. die Schaufenstergestaltung, die eingesetzten Slogans. Die Erkundung des Arbeitsumfelds schließt ganz alltägliche Fragen mit ein, z. B.: Welche Informationen findet man am Schwarzen Brett? Was bietet die Cafeteria? Wie lautet der Schriftzug auf den Firmenwagen? Welche Hilfsmittel findet man auf einem Schreibtisch von Mitarbeitern?

Beispiel

Ihr Bereich für die Betriebserkundung ist die Produktion.
Erkunden Sie folgende Fragen:
- Wie viele Mitarbeiterinnen und Mitarbeiter gibt es?
- Welche Berufsgruppen sind hier beschäftigt?
- Welche Produkte werden hergestellt.
- Wer kauft die Produkte?

Sammeln Sie weitere Fragen und stellen Sie sie am Lernort.

Recherchieren

Eine Recherche führt durch, wer etwas genauer wissen will und deshalb systematisch Nachforschungen zu einer Thematik anstellt. Typischerweise werden Recherchetools genutzt, z. B. in der örtlichen Bücherei. Den Anstoß für eine Recherche erhalten Lernende zu einem Phänomen, das während oder nach einer Erkundung in den Blick gerät.

Eine Spielart der Feldstudie würde das Interesse auf die Vielfalt der Alltagsbereiche lenken. Beispielsweise kann es interessant sein, zu recherchieren und tabellarisch festzuhalten, wie verschiedene Bäckereien ihre Brötchen bezeichnen, nach welchen Kategorien der Bahnhofskiosk Zeitschriften bewirbt oder welche Buslinien einen bestimmten Halt ansteuern.

Beispiel

Besuchen Sie einen Supermarkt am Ort (keinen Discounter).
Schreiben Sie alle Oberbegriffe auf, in die das Warenangebot unterteilt ist.
Schreiben Sie zu jedem Oberbegriff die Bezeichnung von drei Waren auf.

Beispiel:
Backwaren – Zitronenkuchen, Baguette-Brötchen, Vollkornbrot.

Partizipieren

Die Teilhabe an Angeboten am Lernort Volkshochschule muss nicht auf Sprachkurse beschränkt bleiben. Es gibt Kochkurse, wo man Deutsch spricht und international kocht. Sportliche oder soziale, gesellige Aktivitäten schaffen den Rahmen nicht zuletzt für kulturelle Lerngelegenheiten. In Vereinen und Zentren für bestimmte Zielgruppen erwirbt man über die Mitwirkung an Projekten und Aktivitäten kulturelle Einsichten.

Beispiel

1. Wählen Sie aus dem Vereinsangebot Ihres Ortes einen Verein aus.
2. Besuchen Sie eine Veranstaltung oder eine Sitzung dieses Vereins.
3. Schreiben Sie Stichpunkte über Ihre Erfahrungen auf.
4. Berichten Sie von diesen Erfahrungen und sagen Sie, ob Sie dem Verein beitreten oder nicht.

Besuchen

Der Theater- oder Kinobesuch ist ohne gute rezeptive Sprachkenntnisse nicht wirklich ein Genuss. Dies gilt im Grunde auch für den Vortrag oder die Autorenlesung in der Buchhandlung. Manche reizt aber die Begegnung mit Kunst, sodass auch zufrieden ist und etwas mitnimmt, wer nur wenig verstanden hat.

Beispiel

1. Wählen Sie eine kulturelle Veranstaltung aus dem Kalender Ihres Ortes aus.
2. Besuchen Sie die Veranstaltung.
3. Machen Sie sich Notizen.
4. Berichten Sie von Ihren Eindrücken.

Flanieren

Das bedächtige Durchschreiten der Ausstellungsräume von Kulturstätten ist allen Daf/DaZ-Lernenden zu empfehlen, die Exponate auf sich wirken lassen und in der Lernsprache mehr dazu erfahren möchten. Gute Museen oder Kunsthallen halten für ihre Besucher schriftliche Erläuterungen, manche auch Arbeitsideen vor. In den Texten vom Audioguide kann man hin- und herspringen, nicht zuletzt, um Fragen auf den Flanierbögen leichter zu beantworten. Moderne Audioguide-Versionen verfügen über eine Spur mit Texten in leichter Sprache.

Beispiel

1. Gehen Sie erst einmal in aller Ruhe durch die Ausstellung.
2. Nehmen Sie dann den Audioguide zur Hand.
3. Hören Sie auf die Informationen, während Sie nochmals durch die Räume gehen.
4. Füllen Sie den Lückentext aus. Er bezieht sich auf Informationen des Audioguide [hier nicht aufgeführt. WG].

Beobachten

Für DaF/DaZ-Lernende interessant ist es, mehr darüber zu erfahren, wie der Alltag organisiert ist. Alltagskulturelle Informationen erhält man dadurch, dass man sich einen Lernort durch gezielte Beobachtungen erschließt.

Beispiel

Beobachtungen am Bahnhof	ja	nein
Es gibt Fahrkartenschalter.		
Es gibt Fahrkartenautomaten.		
Man kann Speisen und Getränke kaufen.		
Es gibt einen Zeitungsstand.		
Die meisten Kunden kaufen Fahrkarten am Schalter.		
usw.		

Zum Weiterlesen

Brade, J./Krull, D.: 45 Lern-Orte in Theorie und Praxis: Außerschulisches Lernen in der Grundschule für alle Fächer und Klassenstufen. Baltmannsweiler 2016.

Frühes Deutsch. Heft 26/2012. Deutsch macht überall Spaß – außerschulische Lernorte.

Gehring, W./Michler, A. (Hg.): Außerschulische Lernorte bilingual. Göttingen 2011.

Gehring, W./Stinshoff, E.(Hg.): Außerschulische Lernorte des Fremdsprachenunterrichts. Braunschweig 2010.

24 Forschendes Lernen

- Die Sprache wird als Werkzeug eingesetzt, um ausgewählte Phänomene der Alltagskultur systematisch zu erkunden und Ergebnisse zu kommunizieren.
- Methoden der Forschung kommen in einem sprachintensiven Szenarium zur Anwendung.
- Eine forschende Haltung gegenüber sprachlichen und kulturellen Phänomenen wird angebahnt.

Kontext

Forschendes Lernen ist ein Lehrkonzept an der Universität. Der Grundgedanke dahinter beschreibt die primäre Funktion einer Hochschule: Man schafft Wissen dadurch, dass man ein Problem identifiziert, das man systematisch beleuchtet. Dies gilt einmal mehr für Hypothesen, d. h. für Annahmen darüber, wie sich ein bestimmtes Phänomen auswirkt, z. B. das Fernsehen auf den Fremdsprachenerwerb (vgl. Kap. 29). Hypothesen sind zunächst noch nicht überprüft, man hat sie vielleicht nur subjektiv wahrgenommen. Jetzt will man wissen, ob die Hypothese standhält, wenn man sich forschend damit befasst.

Forschen	Entdecken	Erkunden	Ausprobieren

Beim forschenden Lernen wird zu einem Problem oder einer Hypothese zunächst die Forschungslage recherchiert. Dann wählt man eine Methode, mit der man Fakten, Daten sammelt und sie im weiteren Verlauf auswertet. Auf diese Weise gelangt man zu neuen Erkenntnissen, die dann einer Fachöffentlichkeit präsentiert werden (Huber 2014).

Schulische Varianten forschenden Lernens

Als schulische Variante des forschenden Lernens gilt, zumindest an Grundschule und Sekundarstufe I, das entdeckende Lernen. Forschend im weiteren Sinne und orientiert an den Grunderwartungen an das wissenschaftliche Arbeiten agieren Lernende in der Sekundarstufe II.

Als Methode ist entdeckendes Lernen an der konstruktivistischen Lerntheorie orientiert. Diese Theorie basiert auf der Vorstellung, dass nachhaltiges Lernen nur funktioniert, wenn Lernende sich ihr Wissen selbst und eigenständig aufbauen.

Dies setzt voraus, dass sie sich aktiv am Lernprozess beteiligen, Informationen verarbeiten, ihr individuell verfügbares Wissen produktiv einsetzen, um Ergebnisse zu erhalten (Meixner 1997, 190). Letztlich also widmen sie sich Tätigkeiten, die für entdeckendes und forschendes Lernen ausschlaggebend sind.
Ein anderer Begriff, der das entdeckende Lernen gut beschreibt, ist die kognitive Aktivierung. Beim entdeckenden Lernen muss man das eigene Wissen einsetzen, um eine Aufgabe zu lösen. Man muss einen Lösungsplan entwerfen, darüber nachdenken, wie er am besten strukturiert werden kann, bevor er auf Wirksamkeit überprüft wird und Ergebnisse erreicht werden. Entdeckendes Lernen erfüllt diese Anforderungen. Von kognitiven Lerntheoretikern wird das Konzept für entscheidend gehalten, um SchülerInnen ein anregendes, anspruchsvolles Umfeld für die Aneignung und Verarbeitung von Wissen zu bieten (Schroeder 2002).
Für den Fremdsprachenunterricht bietet sich eine Verbindung von entdeckendem und forschendem Lernen an. Sie besteht darin, Lernanlässe zu konstruieren, die zu noch nicht vorhersehbaren Ergebnissen führen. In Bezug auf ihre Komplexität müssen sie für Laien zu bewältigen sein. In Bezug auf die Anforderungen gilt die jeweils zugehörige kommunikative Niveaustufe des Gemeinsamen europäischen Referenzrahmens.
Ob das Entdeckte genuin neu ist, wie es durch Forschung angestrebt wird, ist nicht das Entscheidende. Das authentische Erleben des Erkenntnisgewinns und Erkenntnisaustauschs ist die tragende Komponente. Zumindest im Umfeld fremdsprachlicher Lehr- und Lernprozesse, wo es um das Interagieren, um das Aushandeln und das Kommunizieren in interkulturellen Kontexten geht.

Methodik

Bei der Zusammenstellung von Aufgaben achtet man darauf, dass die Operatoren der einzelnen Aufträge klar konturiert und damit auch überprüfbar sind. Unter anderem kommen die folgenden Operatoren infrage:

Analysieren

Die Lernenden analysieren Daten zu einem Redemittel oder einem Inhalt und gelangen zu einem Ergebnis.

Beispiel

1. Finden Sie heraus, wie ein Nebensatz beschaffen sein muss, damit er vor dem Hauptsatz stehen kann.
2. Markieren Sie Nebensätze nach einem Hauptsatz blau.
3. Markieren Sie Nebensätze, die an erster Stelle stehen gelb.
4. Formulieren Sie eine Regel.

Hier ist der Text:
Wir lagen gerade am Strand, als der Sturm losging. Da der Wind stark blies, konnten wir keinen Schirm aufspannen. Es goss in Strömen und es wurde unheimlich dunkel. Mein Freund sah richtig ängstlich aus. Wir waren tropfnass, als wir endlich die Umkleidekabinen erreichten. Da es auch sehr kalt wurde, fingen wir an zu frieren etc.

Vergleichen

Der Vergleich soll Lernende dazu führen, Phänomene systematisch gegenüberzustellen und zu betrachten.

Beispiel

Vergleichen Sie folgende Situationen in einer deutschen Gaststätte mit ihren Erfahrungen. Markieren Sie Gemeinsamkeiten und Unterschiede.

Die Gäste suchen sich selbst einen Tisch.	identisch	unterschiedlich
Die Speisekarte wird an den Tisch gebracht.	identisch	unterschiedlich
Eine Servicekraft nimmt die Bestellung am Tisch auf.	identisch	unterschiedlich
Sie machen sich mit „Entschuldigung" bemerkbar.	identisch	unterschiedlich
Die Gäste runden den Rechnungsbetrag als Trinkgeld auf.	identisch	unterschiedlich

usw.

Beschreiben

Die genaue Beobachtung, Betrachtung und sprachliche Wiedergabe eines Phänomens dient dazu, die Wahrnehmung zu schulen, um Dinge zu entdecken und zu beschreiben, die sich oberflächlichen Blicken entziehen.

Beispiel

Suchen Sie sich einen Gegenstand, einen Ort im Zimmer oder auf dem Schulgelände aus.
Beschreiben Sie ihn ganz genau, ohne ihn zu benennen.
Lassen Sie ihre Partnerin herausfinden, was Sie gemeint haben.

Beobachten

Eine Beobachtung kann anhand von Leitimpulsen durchgeführt werden. Sprachlich ertragreich ist es, individuelle Beobachtungen ergänzen zu lassen.

Beispiel

a) Suchen Sie sich einen Platz an Ihrem Wohnort aus, z. B. den Markplatz, den Ort vor einem Kaufhaus, den Pausenhof.

Die Menschen tragen Taschen mit sich.	Viele	Einige	Wenige	Niemand
Sie sind in Begleitung.	Viele	Einige	Wenige	Niemand
Sie wirken gelassen.	Viele	Einige	Wenige	Niemand
Sie grüßen andere Menschen.	Viele	Einige	Wenige	Niemand
Sie wirken freundlich.	Viele	Einige	Wenige	Niemand

b) Notieren Sie weitere Beobachtungen.

c) Tragen Sie Ihre Ergebnisse in der Klasse vor.

Recherchieren

Beim Suchen, Zusammenstellen und Vermitteln von Informationen zu einem Phänomen werden rezeptive und produktive Fähigkeiten aufgerufen. Der Operator selbst repräsentiert eine Grundtätigkeit forschenden Lernens.

Beispiel

Der Flughafen in München wurde nach Franz Josef Strauß benannt.

1. Finden Sie heraus, wer Franz Josef Strauß (FJS) war.
2. Stellen Sie fest, was an ihm so besonders war, dass ein Flughafen nach ihm benannt wurde.
3. Notieren Sie, wie FJS gesehen wurde, welchen Ruf er hatte.
4. Formulieren Sie drei weitere Aufträge zu FJS und beantworten Sie sie.
5. Recherchieren Sie Straßennamen an Ihrem Wohnort nach der gleichen Vorgehensweise.

Verwenden Sie mehrere Quellen oder nutzen Sie die Quellen im Klassenzimmer. Tragen Sie Ihre Ergebnisse vor.

Ermitteln

Der Operator bahnt erste Erfahrungen mit dem Erstellen von Fragebögen an. Als Instrumente der quantitativen Forschung führen sie zu Ergebnissen, die in Zahlen ausgedrückt werden.

Beispiel

Sie sollen herausfinden, was ihre Freunde gerne in der Freizeit machen.

1. Erstellen Sie einen Fragebogen nach dem Beispiel unten.
2. Ergänzen Sie einige weitere Aussagen.
3. Legen Sie Ihren Bogen einigen Personen vor und lassen Sie ihn bearbeiten.
4. Zählen Sie zusammen, welche Antworten von ‚regelmäßig' bis ‚weiß nicht' ihre Personen angekreuzt haben uns stellen Sie die Ergebnisse vor.

Aussage	regelmäßig	häufig	ab und zu	selten	gar nicht	weiß nicht
Ich schaue Filme.						
Ich gehe ins Kino.						
Ich hänge einfach ab.						
Ich surfe auf meinem Smartphone.						
Ich lese.						
usw.						

Befragen

Man sucht sich eine kleine Gruppe an Teilnehmenden aus, denen man dieselben Fragen stellt. Falls etwas unklar ist, fragt man nach. Die Fragen hat man vorbereitet und man hält sich bei allen Personen an diesen Leitfaden. Wichtig ist, dass sich die Antworten vergleichen lassen.

Beispiel

Interviewstudie „Essen in Deutschland“

1. Befragen Sie fünf Personen zu Ihren Essgewohnheiten.
2. Stellen Sie einen Leitfaden für ein Interview zusammen. Er besteht aus Fragen.
3. Nutzen Sie die Fragen unten, nehmen Sie Antworten auf.
4. Stellen Sie weitere Fragen zusammen und wählen Sie die fünf besten aus.
5. Nehmen Sie die Antworten mit Ihrem Smartphone auf.
6. Stellen Sie Ihre Ergebnisse vor.

Leitfaden: „Essen in Deutschland“
Finden Sie in deutschen Gasthäusern etwas, was Ihnen schmeckt?
Wie steht es mit Schnellrestaurants?
Haben Sie Schwierigkeiten, Zutaten für das zu finden, was Ihnen schmeckt?
Was schätzen Sie an der deutschen Küche?
Was mögen Sie nicht? Warum nicht?

Zum Weiterlesen

Aepkers, M./Liebig, S. (Hg.): Entdeckendes, forschendes und genetisches Lernen. Baltmannsweiler 2002.

Huber, L.: Forschungsbasiertes, Forschungsorientiertes, Forschendes Lernen: Alles dasselbe? Ein Plädoyer für eine Verständigung über Begriffe und Unterscheidungen im Feld forschungsnahen Lehrens und Lernens. Hochschulforschung 1+2/2014, 22-29. [https://www.fh-potsdam.de/fileadmin/user_upload/forschen/material-publikation/HSW1_2_2014_Huber.pdf].

Meixner, J.: Konstruktivismus und die Vermittlung produktiven Wissens. Neuwied 1997.

Schröder, H.: Lernen – Lehren –Unterricht. Lernpsychologische und didaktische Grundlagen. München 2002.

25 Diversität

- Die Erfahrungen heutiger Lernender mit Sprachen und Kulturen sind vielfältig.
- Ein moderner Unterricht reagiert auf Diversität durch Individualisierung und achtet auf Vielfalt in Vermittlungsprozessen.

Kontext

Diversität bedeutet Vielfalt. Vielfalt ist in praktisch allen schulischen, gesellschaftlichen, wissenschaftlichen, wirtschaftlichen Kontexten erfahrbar. Daher befassen sich mit Vielfalt viele Disziplinen und Institutionen. Die Wirtschaftswissenschaften nehmen sich dieses Phänomens an, um Marktchancen auszuleuchten. Unternehmen setzen auf Vielfalt bei der Zusammenstellung von Arbeitsgruppen, um eine Problemlösung aus verschiedensten Perspektiven kreativ und innovativ anzugehen. Angemessene Reaktionen auf Diversität strebt die Politik an, indem Ansprüche von Minderheiten rechtlich verankert, kulturelle Vielfalt gefördert und Diskriminierungstendenzen identifiziert und problematisiert werden (Schlote/Götz 2010).
Diversität kennzeichnet auch das alltägliche Umfeld. Marken- und Produktvielfalt, Informations- und Quellenvielfalt, Meinungen, politische Ansichten usw. Selbst ein Tagesablauf, der viele wiederkehrende Routinen kennt, zeichnet sich durch Diversität aus, Man versetze sich auf den Weg in die U-Bahn, die Fahrt zur Zielhaltestelle. Man stelle sich die Aufgaben vor, die es dann am Arbeitsplatz zu erfüllen gibt, die Kontakte, zu denen es kommt, die Produkte, die sich am Arbeitsplatz befinden bzw. die man verkauft, die Websites, die man im Laufe des Tages ansteuert usw. Die individuelle Lehrplanung sollte dies entsprechend würdigen.

Lernkulturen	Spracherwerb	Mehrsprachigkeit

Lernkulturen

In Lernumgebungen zeigt sich Diversität in den Biographien einer Klassengemeinschaft, in der Menschen aus verschiedensten Nationen miteinander lernen. Sie bringen individuelle Bestände an Vorwissen, Vorstellungen, Vorlieben, Zielen und Lernerfahrungen mit ein. Manche Lerner sind beeinträchtigt, andere zeichnen sich durch besondere Leistungsfähigkeit aus. Die Vielfalt der Lernausgangsbedingungen hat Auswirkungen auf das pädagogische und didaktische Handeln an den Schulen.

Auf Seiten der Klassengemeinschaft wird eine Lernkultur von den vorhandenen Lernstilen und Lernformen gleichermaßen beeinflusst. Manche bevorzugen beim Sprachenlernen Regeln, anderen ist mehr damit geholfen, wenn man ihnen konkrete Anwendungsbeispiele vorstellt. Auf Seiten der Lehrkräfte bestimmt sich eine Lernkultur durch Lehrstil und Unterrichtsorganisation, der Art und Weise also, wie sie Wissen vermitteln, Unterricht didaktisch strukturieren und organisieren. Die Gesellschaft und ihre Entscheidungsträger leisten durch Diskurse, pädagogische Absichten, Einstellungen auf Lernkulturen ein, z. B. in Form von Lehrplänen und Bestimmungen.

Lernkulturen im Unterricht zusammenführen

Einführungsphase:

Die Lernenden

- tragen zusammen, was sie über das Stundenthema wissen
- äußern Vermutungen zu Bild oder Hörimpuls, zu Slogan oder Überschrift zur Thematik
- berichten von Erfahrungen zum Thema

Erarbeitungsphase

Die Lernenden

- bearbeiten diskontinuierliche Texte (Höreindruck, Graphik/Bild, Text)
- bearbeiten schwierigkeitsgestufte Aufgaben und Übungsformen
- bearbeiten Aufgaben in verschiedenen Sozialformen
- erhalten bei Bedarf multimodal erzeugte Verstehenshilfen und Lösungsimpulse

Anwendungsphase

Die Lernenden

- nutzen das Neue mit bereits Gelerntem in einer ähnlichen Situation oder in einem ähnlichen Kontext
- nutzen das Neue mit bereits Gelerntem in einem kreativen Zusammenhang
- wählen aus einer Reihe von Anwendungsaufgaben eine aus
- wählen aus einer Reihe von Präsentationsformen (Poster, Clip, Tafelbild, Powerpoint) eine aus

Spracherwerb durch Unterricht

Lange Zeit schien ein Unterricht unstrittig, der sich auf eine Methode bei der Vermittlung verlies. Vorrangig war dies die Instruktion durch die Lehrkraft. Der Strukturrahmen einer Unterrichtsstunde bestand aus den drei Phasen Einführung, Erarbeitung und Anwendung. Leistungen wurden nach einem allgemeinen Schlüssel eingeschätzt, der individuelle Stärken unberücksichtigt lassen musste. Fehler wurden gleich gewichtet, die Note nach einem Index berechnet (Fehlerzahl x 100: Anzahl der Wörter). Um der Diversität des Spracherwerbs Rechnung zu tragen, setzt man heute auf Unterrichtsformate, die Lernaufgaben als didaktischen Kern haben, interaktiv und kooperativ ausgerichtet sind. In einer solchen Lernkultur können sich kommunikative Kompetenzen im Einklang mit den verschiedenen Entwicklungsniveaus einer Lerngruppe entwickeln.

Die Lehrkraft sieht sich nicht mehr allein als Instrukteurin. In einem diversen Erwerbsumfeld übernimmt sie eine Reihe weiterer wichtiger Rollen, darunter die der Moderatorin, Aktivierungsexpertin, Lerngestalterin, Lernberaterin etc. (Zierer 2014). Eine andere didaktische Reaktion besteht in der Individualisierung und Differenzierung von Lernprozessen.

Mehrsprachigkeit

Zur Diversität von Lernkulturen kommt es außerdem, weil sich viele Lernende kompetent in mehreren Sprachen ausdrücken können. Sie haben neben ihrer Muttersprache eine oder auch mehrere Sprachen erworben. Zusätzlich mag die Notwendigkeit entstanden sein, sich die Sprache des Landes systematisch anzueignen, in dem sie sich aktuell aufhalten, um in der Schule und im Alltag zu bestehen.

Von curricularer Mehrsprachigkeit spricht man, wenn der Lehrplan einer Schulform den Erwerb mehrerer Sprachen z. B. bis zum Abitur vorsieht (Krumm 2005). Wie die Erfahrungen mit der Aneignung fremder Sprachen genutzt werden sollen, d. h. welche didaktischen oder pädagogischen Konsequenzen sprachliche Diversität zur Folge haben sollte, ist ein aktuelles Forschungsproblem.

Für eine Sprachenfolge, in der Deutsch nach Englisch erlernt wird, gibt es Unterrichtsmaterialien. Sie möchten auch ein Bewusstsein für Ähnlichkeiten zwischen den Sprachen anbahnen. Damit lassen sich Lernerfahrungen mit der englischen Sprache für den Erwerb der deutschen Sprache nutzen.

Beispiel

Welche deutschen Wörter haben keinen englischen Freund? Markieren Sie:
die Rose-die Tulpe-die Tomate-der Busch-das Gras-die Blume
grass-bush-flower-rose-tulip-tomato
(Kursiša/Neuner 2006, 16)

Methodik

Die Anerkennung von Diversität beim Fremdsprachenerwerb hat auf vielen Ebenen der Sprachaneignung in einer Institution (z. B. Sprachenschule, öffentliche Schule, VHS, Hochschule) Auswirkungen.

Verläufe	Aufgaben	Lehrstrategien

Unterrichtsverläufe

In diversen Lernumgebungen neigt man dazu, die Aneignungsprozesse, Konsolidierungs- und Anwendungsprozesse aus lehrergesteuerten Sequenzen auszulagern. Lernende sollen selbst über ihr Lernen bestimmen, z. B. durch Wochenpläne, freie Arbeitsphasen, wählbare Arbeitsstationen.

Wochenplan	Freie Arbeitsphasen	Arbeitsstationen
Leistungserwartungen für Naci Woche 24: Montag: Übungen Buchseite 20-22. Dienstag: Eintrag in Lerntagebuch zum Thema: Café-Leben am Ort usw.	Wählen Sie bitte aus diesen Arbeitsaufträgen drei aus. Bearbeiten Sie sie Mi 11-13 und Fr. 11-13. Fragen zu Hörtext „Hippies" bearbeiten. 10 Seiten in „Tschick" lesen, zusammenfassen. Wiederholung Unit 2, Lehrbuch. usw.	Bearbeiten Sie mindestens 4 Aufgaben an den 7 Stationen. Station 1: Einsetzübung. Station 3: Auswählen. Station 4: Beschreiben. Station 5: Korrigieren. Station 6: Kommentieren. Station 7: Argumentieren.

Lehrkonzepte, die sich vornehmlich auf Instruktion stützen, werden um solche erweitert, die stärker auf Kooperation und Individualisierung der Lernprozesse hin ausgerichtet sind. Zum Teil werden instruktive Elemente bereits in der Planung durch individualisierte Elemente ersetzt

Instruktives Element	Individualisiertes Element
A Das Idiom ist eine Gruppe von Wörtern. Die Gesamtbedeutung unterscheidet sich von den Bedeutungen der einzelnen Wörter, z. B. um den heißen Brei herumreden… B Scheiben Sie drei weitere Beispiele für Idiome auf.	A Lesen Sie die Definition von Idiom und die Beispiele im Arbeitsblatt. B Schreiben Sie auf, wie Sie den Begriff in der Klasse erklären können. Ergänzen Sie drei Beispiele für Idiome, die Sie schon gehört oder gelesen haben.

Grundsätzlich sind Unterrichtsverläufe offener. Man operiert mit verschiedenen Verlaufsstrukturen und methodischen Formaten, z. B. Projektarbeit, Drama, Szenarien.

Aufgabenstellungen

Aufgabenstellungen werden individualisiert, indem Lehrkräfte unterschiedliche Leistungserwartungen formulieren. Sie unterscheiden sich hinsichtlich Umfang, Komplexität, Bearbeitungszeit, Sozialform während der Bearbeitung.

Beispiel

Lesen Sie bitte den Text.
Gruppe A: Bearbeiten Sie bitte die drei der folgenden fünf Fragen:
Gruppe B: Kreuzen Sie bitte in der Tabelle an, welche Aussagen richtig sind:

Lernarrangement

Eine Aufgabe ist normalerweise Teil eines Lernarrangements. Manche haben ein feststehendes Format. Sie können in ein umfassenderes Arrangement integriert werden. Immer dazu gehören noch Inhalte, Materialien, Arbeitsmittel etc. Die Verantwortung für ein Lernarrangement hat die Lehrkraft. Sie bereitet das Lernarrangement vor, plant und gestaltet es didaktisch und methodisch. Ziel ist die lernerorientierte Vermittlung und Anbahnung von Kenntnissen. Manchmal genügt es, ein festes Arrangement wie die Beispiele im Kasten unten umzusetzen.

Recherche	SuS stellen Informationen zu einem Thema zusammen und präsentieren sie der Lerngemeinschaft.
Lernaufgabe	SuS erarbeiten zu einem Auftrag ein Produkt (Outcome).
Postersession	SuS präsentieren die Ergebnisse einer gemeinsamen Arbeit anhand eines strukturierten Posters und kommentieren.
Projekt	SuS bearbeiten kooperativ mit Hilfe meist selbst recherchierter Materialien einen Teilaspekt oder den Schwerpunkt einer Themenstellung.
Präsentation	SuS stellen Ergebnisse einer gemeinsamen Erarbeitung dar.
Aufführung	SuS erarbeiten Rollenspiel (ggf. anhand von Rollenkarten) und führen es auf.
Moderation	SuS bearbeiten unter Anleitung strukturiert ein Thema.
Debatte	SuS tauschen vorab in der Gruppe oder individuell gesammelte Argumente aus.
Erkundung	SuS recherchieren an einem Außerschulische Lernort Informationen zu ausgewählten Aspekten.

Kooperationen

Um den verschiedenen Lernstilen und Lernpräferenzen in einer Klassengemeinschaft gerecht zu werden, setzen Lehrkräfte auf Zusammenarbeit. Solche Kooperationen werden z. B. in Aufgabenformaten gefördert, bei denen jedes Teammitglied einen Beitrag zur Lösung leistet. Das gemeinsame Arbeiten wird entweder in der aktuellen Aufgabe umgesetzt. Oder es wird langfristig angelegt. Dann werden

Lerntandems gebildet, die in einem bestimmten Zeitraum zusammenarbeiten und sich gegenseitig beim Lernen unterstützen.

Beispiel

Für den Unterrichtsgang in den Supermarkt müssen Beobachtungsbogen angefertigt werden.
Erstellen Sie einen Beobachtungsbogen zu folgenden Aspekten:
Kategorie 1: Grundnahrungsmittel.
Kategorie 2: Hygieneartikel.
Kategorie 3: Obst und Gemüse.

Entscheiden Sie im Team, welche Produkte einbezogen werden sollen.
Entwerfen Sie dann für jede Kategorie einen Beobachtungsbogen.
Prüfen Sie jeden Vorschlag und nehmen Sie ggf. Änderungen vor.

Rückmeldungen

Rückmeldungen über ihren individuellen Leistungsstand erhalten alle Lernende regelmäßig von ihren Lehrkräften. Das Feedback basiert auf Daten, die durch Lernstandmessungen erhoben und korrigiert wurden. Auch spontanes Feedback gehört dazu (vgl. Kap. 34).

Beispiel

Feedback durch Positivkorrektur
besuchte uns
Heute kam mein Cousin zu uns.
er will in Urlaub fahren.
Mein Cousin sagte, er will in Urlaub

Verstehensförderung

Das Verstehen wird durch Medien unterstützt und gesichert. Techniken zur Sicherung des Verstehens sind sprachlich, visuell und auditiv. Dies gilt auch für die Dokumentation von Zwischenergebnissen. Auch Reproduktionen der SchülerInnen gehören dazu.

Eintrag	Merksatz	Schaubild	Reproduktion
Tafelbild OHP- Folie Visualizer Aushänge	Faustregeln Musterbeispiele Anwendungen	Folie Graphische Markierung Pfeile Hervorhebungen Farbliche Ausgestaltung	Schüler fassen zusammen erklären präsentieren

Unterstützung

Das Scaffolding wird zu einer zentralen Lehrstrategie. Damit sind alle Erläuterungen gemeint, alle Impulse, Versprachlichungshilfen, Kontextualisierungen, Didaktisierungen etc., die Schülern beim Lernen weiterhelfen. Scaffolding wird auch durch Kooperation von Lernenden untereinander realisiert (Foley 1994).

- Vorentlastung von Wortschatz bei Lesetexten.
- Visualisierte Tafelbilder zur inhaltlichen Strukturierung eines Textes (Flowcharts).
- Aktivierung von Vorwissen.
- Arbeitsblätter mit verschiedenen Schwierigkeitsstufen bzw. Lösungshilfen.
- Bereitstellen von Formulierungsmustern wie z. B. Satzverbindungen (Eines Tages … Plötzlich… Daraufhin).

Beispiel

Mein Bruder	schaue gerne	Computerspiele Schach
Mein Mann	isst gerne	Käse
Ich	schaut gerne	Nachrichten Krimis
Meine Schwester	esse gerne	Reportagen Talkshows
Meine Frau	spiele gerne	Serien Zeitung
	spielt gerne	Monopoly Fleisch
	lese gerne	Obst und Gemüse Hühnchen

Ursachenorientierter Fehlerumgang

Der Umgang mit Fehlern konzentriert sich nicht mehr allein darauf, sie zu identifizieren und zu korrigieren. In einem diversitätsbewussten Fremdsprachenunterricht geht es zusätzlich darum, die Ursachen für Fehler zu ermitteln. Diese unterscheiden sich von Lerner zu Lerner, ebenso wie das Vorwissen, das einen Fehler bewirkt hat. Erwartungen an die Korrektheit einer Äußerung sind an den Kommunikationsanlass und an das individuelle sprachliche Leistungsvermögen angepasst (vgl. Kap.33).

Zum Weiterlesen

Banks, J.A. (Hg.): The Encyclopedia of Diversity in Education (4 Volumes). Thousand Oaks, CA & London 2012.

Diehr, B./Schmelter, L. (Hg.): Bilingualen Unterricht weiterdenken: Programme, Positionen, Perspektiven. Frankfurt 2012.

Kriftka, M. u. a. (Hg.): Das mehrsprachige Klassenzimmer. Über die Muttersprachen unserer Schüler. Berlin, Heidelberg 2014.

Moosmüller, A./Möller-Kiero, J. (Hg.): Interkulturalität und kulturelle Diversität. Münster 2014.

26 Mehrsprachigkeit

- Viele SchülerInnen sprechen mehrere Sprachen abwechselnd, je nachdem, mit wem sie sich unterhalten.
- Die Kompetenzen, die Lernende sich beim Erwerb ihrer Sprachen erworben haben, sollte man im Unterricht in einer weiteren, zusätzlichen Sprache nutzen.
- Die Europäische Bildungspolitik unterstützt die Anbahnung von Mehrsprachigkeit.

Kontext

Mehrsprachigkeit ist aktuell ein vielbeachtetes Phänomen. Dies zeigt schon die vielschichtige Begrifflichkeit, die in den Diskussionen Verwendung findet. Im didaktischen Sprachgebrauch versteht man unter Mehrsprachigkeit die Fähigkeit, neben der Muttersprache in weiteren Sprachen kommunizieren zu können.

Bi-, Pluri- und Multilingualität

- **Bilingualität** zeigen Menschen, die zwei Sprachen kompetent beherrschen.
- Von **Plurilingualismus** spricht, wer die individuelle Mehrsprachigkeit meint, d. h. die kommunikativen Kompetenzen einzelner Personen in mehr als zwei Nationalsprachen (Hufeisen/Neuner 2004).
- **Multilingualität** dagegen ist ein Begriff, der der Tatsache einen Namen verleiht, dass in der Gesellschaft einer Sprachgemeinschaft mehr als zwei Sprachen koexistieren, z. B. in der Schweiz (Riehl 2004, 52f.). Die verschiedenen Sprachen, über die Lernende verfügen, existieren vermutlich nicht als selbstständige Systeme nebeneinander, sondern fügen sich zu einer ‚integrativen Kompetenz' zusammen (Gogolin 2015). Fähigkeiten, die sich beim Erwerb einer Sprache entwickelt haben, werden für die Aneignung weiterer Sprachen genutzt.

Viele Eltern mit verschiedenen Erstsprachen legen großen Wert darauf, dass ihre Kinder die Sprachen ihrer eigenen Herkunft erwerben. Hierfür muss man nicht viel tun. Solange jedes Elternteil zuhause ausschließlich in seiner Erstsprache mit den Kindern spricht und dabei konsequent bleibt, sind die Chancen gut, dass kleine Kinder die Sprachen ihrer Eltern ohne Anstrengung erwerben. Die zweite Sprache ist für sie bedeutsam, weil Kinder in ihr mit einem Elternteil kommunizieren, zu dem ja eine sehr starke emotionale Bindung besteht.
Leicht aneignen können sich Kinder bis zum Alter von 6-8 Jahren nicht nur die Familiensprachen, die zuhause gesprochen werden. Gehört die Sprache der aktuellen

Umgebungskultur nicht dazu, erwerben Kinder sie als dritte Sprache außerhalb der Familie eben dort: im Kindergarten, in der Schule, im Umgang mit ihren Freunden. Negative Einflüsse auf die kognitive Entwicklung der Kinder, d. h. Defizite wie sie früher unterstellt wurden, sind nicht zu erwarten (Goschler 2017). Ganz im Gegenteil erhöht die Beschäftigung mit mehreren Sprachen das kognitive Tätigsein. Allerdings sollte sichergestellt sein, dass sowohl die Umgebungssprachen als auch die Familiensprachen der Kinder gefördert werden (Meisel o.J).

Mehrsprachigkeit in der Schule

Additive und subtraktive Mehrsprachigkeit

- **Additive Mehrsprachigkeit:** In weiterführenden Schulen stehen zwei und mehr Fremdsprachen im Curriculum, die jeweils als eigenes Fach vermittelt werden. Die Schulen setzen eine additive Mehrsprachigkeit um, da die Sprachen nebeneinander oder hintereinander unterrichtet werden. In jeweils eigenen Fächern, die wenig bis gar nicht integrativ ausgerichtet sind.
- **Subtraktive Mehrsprachigkeit:** Wenn eine Fremdsprache im Verlaufe der Schulzeit durch eine andere ersetzt wird, fördern Schulen eine subtraktive Mehrsprachigkeit. Die SchülerInnen wählen etwa nach der Klasse 9 Französisch ab und lernt stattdessen nunmehr Italienisch. Ohne Sprachpraxis verflachen Kenntnisse und Kompetenzen in der ersetzten Fremdsprache.

Angesichts dieser differenzierten Lernangebote lässt sich annehmen, dass in der jüngeren Generation in gewisser Weise Mehrsprachigkeit ausgeprägt ist. Welchen Entwicklungsstand die Kompetenzen angenommen haben und ob sie durch Sprachkontakte langfristig aufrechterhalten werden, ist eine andere Frage.
Ob durch Schule, Familie oder Migration bedingt: Erfahrungen mit dem Lernen fremder Sprachen sind weit verbreitet. Wie sie für den Erwerb von Fremdsprachen genutzt werden können, liegt im Erkenntnisinteresse der Mehrsprachenforschung. Lernerfahrungen, Strategien und Sprachwissen, die man sich im Zusammenhang mit der Aneignung einer fremden Sprache angeeignet hat, so die Grundannahme, all das müsste eigentlich dem Erwerb einer weiteren Sprache förderlich sein. In Lernumgebungen hat das Lehr-Lernkonzept daher einen erheblichen Einfluss.

Immersiv	Bilingual	Tertiär	Interkomprehensiv

Submersives Konzept

Im engeren Sinne ist Submersion kein Konzept, zumindest kein didaktisches. Eine Anlehnung an didaktische Prinzipien besteht nicht. Es kennzeichnet die vorherrschende Praxis an Schulen und Lernorten in Deutschland im Umgang mit Sprachenvielfalt. Kinder mit anderen Herkunftssprachen als dem Deutschen werden nach einer mehrmonatigen sprachlichen Vorbereitung auf den Schulalltag in Regelklassen integriert. Dort werden sie in den üblichen Fächern auf Deutsch unterrichtet, ohne dass der Input der Lehrkraft und der Lehrmaterialien systematisch ihrem Verstehensniveau angepasst wird. Zudem ist weder zu erwarten, dass Lehrkräfte über Kenntnisse in den Herkunftsprachen verfügen, noch dass sie Experten im Unterrichten fremder Sprachen sind. Ein begleitender, auf die Bedarfe der Schulsprache modellierter Sprachkurs für Lernende findet kaum statt, eine längerfristig unterstützende sprachliche Begleitung erfolgt meist nicht.

Immersives Konzept

Die Immersion hat ebenfalls ein einsprachiges Lernumfeld als didaktischen Anker des Unterrichts. Und er findet in allen Fächern in der Lernsprache statt. Damit enden die Gemeinsamkeiten mit der Submersion. Im immersiven Konzept erfolgen Instruktion und Vermittlung durch Lehrkräfte, von denen einige die Sprache der Lernenden verstehen und alle die Lernsprache selbst beherrschen. Deshalb können sie sich auf das Verstehensvermögen der Lerngruppe einstellen und sie individuell betreuen. Nicht zuletzt durch Stützmaßnahmen und Unterrichtsangebote, in denen die Schulsprache wie im klassischen Fremdsprachenunterricht zum Lerngegenstand wird.
Im Klassen- oder Kursraum allein lässt sich Immersion nicht hinreichend realisieren. Erfolgreich ist das Konzept, weil Lehrkräfte in der ganzen Schule ausschließlich in der Lernsprache mit den SchülerInnen kommunizieren. Unabhängig davon, ob es sich um Lernstoff oder um Smalltalk handelt, um organisatorische oder persönliche Belange. Die Lernsprache ist zugleich Schulsprache.

Bilinguales Konzept (BiLi)

Im bilingualen Konzept (BiLi) werden ein oder mehrere Unterrichtsfächer in einer Fremdsprache unterrichtet. An deutschen Schulen sind dies vornehmlich Englisch oder Französisch. Rückgriffe auf die Muttersprache (L1) der Lernenden sind zulässig, ebenso Lernmaterialien in der L1, wenn sie den inhaltlichen Zielsetzungen z. B. in Geschichte dienlich sind. Unmittelbarer Lerngegenstand ist nicht die Sprache selbst, sondern der Inhalt des jeweiligen Fachs. Die Fremdsprache ist Arbeitssprache, gewissermaßen das Werkzeug. Sie wird primär funktional, d. h. zur Kommunikation im Fachunterricht eingesetzt. Treten Versprachlichungsprobleme auf oder kommt es zu Abweichungen von der Sprachnorm, bietet die Lehrkraft Unterstützung an. Proaktive Unterrichtsanteile zur Verbesserung des Ausdrucks sind im Bilingualen Konzept nicht ausgeschlossen. Normalerweise werden sie jedoch nicht im bilingualen Unterricht selbst thematisiert. Dafür sind eigene Lehrplananteile bzw. der Unterricht im fremdsprachlichen Fach selbst reserviert. Auch eine Benotung der fremdsprachlichen Leistungen im Fach ist nicht vorgesehen.

Inhaltorientiertes Konzept (CliL)

Die internationale Variante des BiLi lautet ClIL, *content and language integrated learning*. In der fachdidaktischen Diskussion findet man noch das Akronym CliL mit dem Zusatz iG, d. h. *in German*. CliL und CliLiG verzichten darauf, die Muttersprache(n) der Lernenden in die Didaktik miteinzubeziehen. Dafür spielt das explizite Sprachlernen eine größere Rolle. Ein sprachlicher Fokus leitet eine Unterrichtsstunde ein oder beschließt sie, thematisiert werden kommunikative oder linguistische Phänomene mit einem engen Bezug zum Inhalt.

Beispiel

Sehen Sie sich die Statistik an und lesen Sie den Text.
Von 100 Kindern aus verschiedenen Altersgruppen besuchen

	Westdeutschland	Ostdeutschland
eine Krippe (Kinder von 0-2)	4	12
einen Kindergarten (Kinder von 3-6)	77	85
usw.		

Erklären Sie die Zahlen und vergleichen Sie die Zahlen für West- und Ostdeutschland.

Sprachbox Die Statistik informiert über… Man bekommt Informationen über …	…% der Kinder bis zu __ Jahren	
	fast alle die meisten	die wenigsten
usw.	usw.	

(Nach: Pluspunkt Deutsch 3. Cornelsen 2006).

Tertiärsprachenkonzept

Das Konzept bezieht Erfahrungen von Lernenden mit der Aneignung einer fremden Sprache explizit mit ein. Grundannahme ist, dass eine zweite (L3) oder eine weitere Fremdsprache (L4, L5) anders erlernt wird, als die erste Fremdsprache (L2) (Hufeisen 2000). Lernende nutzen ihre Erfahrungen, die sie beim Erwerb früherer Sprachen erworben haben. Sie gilt es, bei der Aneignung einer weiteren Fremdsprache zu berücksichtigen und aktiv zu verwenden. Lernen die SchülerInnen beispielsweise nach Englisch eine weitere hinzu, die typologische Verwandtschaften aufweist, z. B. Deutsch, lassen sich Ähnlichkeiten nutzen *(I can swim*/Ich kann schwimmen; Arm/*arm*). Dies gilt ebenso für Lern- und Kommunikationsstrategien oder für kulturelle Zugänge. Ein Ansatz des Tertiärsprachenkonzepts ist Deutsch als zweite Fremdsprache nach Englisch als erster Fremdsprache (DaFnE). Hier geht man davon aus, dass Lernende mit Englisch als erster Fremdsprache für das Lernen des Deutschen als zweiter Fremdsprache weniger Anstrengung benötigen, da sie von ihren Lernerfahrungen in der ersten Fremdsprache profitieren. (Hufeisen 2008, 6)

Beispiel

Ergänzen Sie die Wörter aus dem Kasten auf Deutsch und in Ihrer Muttersprache

die Schulter	______	______	______
shoulder	breast/chest	hand	knee
______	______	______	______

~~die Schulter~~ die Brust der Arm der Ellbogen die Hand der Finger

(Kursiša/Neuner 2006, 24)

Integratives Konzept

Moderne DaF/DaZ-Lehrwerke für fortgeschrittene Lernende setzen im weiteren Sinne eine Art integratives Konzept um. Integrativ ist es, da es sprachliches und inhaltliches Lernen systematisch miteinander verbindet. Geachtet wird demnach darauf, die sprachliche Entwicklung strukturiert zu planen und an authentische, echte Inhalte aus Politik, Wissenschaft, Wirtschaft und Gesellschaft etc. zu koppeln. Nicht zuletzt will man Annäherungen an die Bildungs- und Fachsprache ermöglichen.

Interkomprehensions-Konzept

Deutschverwender verstehen Niederländisch, Italiener Spanisch, und das alles ohne explizite Vorkenntnisse. Auf diesem Phänomen basiert das Modell der Interkomprehension. Sprachen mit typologischen Verwandtschaften (nur dann funktioniert es) werden nicht explizit erlernt. Die Befähigung zu aktivem Sprachkönnen leistet das Modell ebenfalls nicht. Trainiert wird das Verstehen einer mit der L1 der Lerner verwandten Sprache. Methodisch wird Verstehen über eine Progression des zielsprachlichen Inputs von leichten zu schwierigeren Texten entwickelt (Meißner/Morkötter 2009). Ziel ist das Anbahnen einer rezeptiven Mehrsprachigkeit.

Beispiel

Niederländisch nach Deutsch
Martina hat etwas aus dem Baumarkt mitgebracht. Lies den Text und beantworte dann die unten stehenden Fragen.

Aluminium jaloezie met 25 mm brede lamellen voor een gemakkelijke individuele lichtinsteling. Bevestigingsmateriaal voor wand- en plafondmontage inbegrepen. Eenvoudige trektechniek met koordstop. Easyfix bevestigingssysteem zonder te boren achteraf uitrustbaar.

Wo kann man das Produkt befestigen?
__an der Wand- oder an der Zimmerdecke
__nur an der Wand
__am Türrahmen
__am Boden
[https://learningapps.org/watch?v=p3fvg8wck16].

Translinguales Konzept
Im translingualen Konzept werden Lernende ebenfalls dazu ermuntert, Verständnis und Verstehen dadurch herzustellen, dass sie auf ihr gesamtes Sprachkönnen zurückgreifen. Solange, bis sie Kompetenzen in der Sprache entwickelt haben, die sie sich aneignen wollen. Im Ergebnis entsteht durch die Kommunikationsstrategie des Translanguaging ein Redebeitrag, der aus der neuen und aus Sprachen besteht, die Sprecher beherrschen. Sie wechseln, um sich verständlich zu machen (García/Wie 2014).

Beispiel

Der demographische Wandel stellt neue Herausforderungen an Mediziner und die Patientenversorgung in Deutschland. Mit dem „Masterplan Medizinstudium 2020“ wird die Ausbildung nun moderner – für mehr Landärzte und eine Stärkung der Allgemeinmedizin.

[https://www.bundesregierung.de]

1. Schreiben Sie in Ihrer Sprache auf, worum es im Text geht.
2. Schreiben Sie nun auf, was Sie über den Text auf Deutsch ausdrücken können.
3. Ergänzen Sie Informationen, die Ihnen wichtig sind, in Ihrer Sprache.

Methodik

Mehrsprachigkeitskonzepte sind in allen Lernumgebungen erfolgreich, in denen die Sprachen Bedeutung haben: für die Lösung von Aufgaben, für die Kommunikation untereinander, für das Verstehen und Mitteilen echter Informationen, für das Umsetzen oder Verfolgen von individuellen Interessen. Entscheidend scheint demnach zu sein, dass Lernende in ihrem Schulalltag kontinuierlich in soziale sprachliche Interaktionen involviert sind (Böttger 2016). Methodisch nehmen Mehrsprachenkonzepte Anleihen aus der kognitiven Didaktik, der bilingualen, der Fremdsprachendidaktik und der Didaktik des frühbeginnenden Fremdsprachenunterrichts.

Transfer	Sprachmittlung	Sandwiching	Code-Switching

Funktionale Einsprachigkeit

Einsprachigkeit, die bei Problemen der Versprachlichung andere Sprachen zulässt, zeichnet die Methodik der verschiedenen Mehrsprachigkeitsmodelle aus. Ein dogmatisches Festhalten an der Einsprachigkeit ignoriert die Vorteile, die Strategien wie der Code-Switch für Lernende haben.

Verständliche Einsprachigkeit

Ein verständlicher, an den Verstehensleistungen orientierter sprachlicher Input ist förderlich, ähnlich wie beim Erstsprachenerwerb. Lehr-, Lern- und Arbeitstexte sind daher zunächst didaktisch vorentlastet. Durch zusätzliche mediale Hilfen (Visualisierung, Worterklärungen, graphische Verdeutlichung) wird das Verstehen gefördert.

Kontextualisierung

Vor Lesetexten in der L3 finden Lernende z. T. Einleitungen in den Inhalt in ihrer L2. Diese Vermittlungsstrategie wird bei der Beschreibung mancher Aufgabe ebenfalls eingesetzt.

Transfer

Mehrsprachigkeitskonzepte nutzen Übertragungen aus Sprachen, die Lernende bereits verwenden, darunter lexikalisches Wissen über Ähnlichkeiten (Schulter/*shoulder*), etymologisches Wissen (Cafeteria, Turnier) oder Syntaxwissen (*I like apples*/Ich mag Äpfel). Methodisch kommt es zu Aktivierungen dieses Vorwissens in kognitiv orientierten Aufgaben, z. B.: Unterstreichen Sie die Gemeinsamkeiten, schreiben Sie auf, an welche Wörter aus dem Englischen Sie diese Vokabeln erinnern. Da es die Gefahr des negativen Transfers gibt (become/*bekommen) und sich Lernende auf „Falsche Freunde" verlassen könnten, ist das Übertragungslernen aus didaktischer Sicht nicht widerspruchsfrei.

Beispiel

Vergleichen Sie Sätze mit und ohne Modalverben in beiden Sprachen.
Übersetzen Sie in Ihre Muttersprache.

Englisch	**Deutsch**	**Ihre Muttersprache**
I really must go now.	Ich muss jetzt aber wirklich gehen.	
May I go home now, please?	Darf ich jetzt bitte nach Hause gehen?	
I hope to see you soon.	Ich hoffe, dich bald wieder zu sehen.	
usw.		

Vergleich

Das Grundprinzip dieser Methodik ist es, Lerner durch Vergleich von Texten Optionen aufzuzeigen, wie sich ein Ausdruckswille für verschiedene Zwecke, Situationen und Erwartungen realisieren lässt. Vergleiche von Beispielen aus Herkunftssprachen der Lernenden und aus der Umgebungssprache zeigen, dass sich beide Sprachen, je nachdem, wie es die Situation erfordert, verschiedener Register bedienen. Im Beispiel werden (vereinfachte) Bildungssprache und leichte Sprache gegenübergestellt.

Beispiel

Der Kanzler schlägt dem Bundespräsidenten die Kandidatinnen und Kandidaten für die Ministerämter vor, und damit die Mitglieder des Bundeskabinetts. Auf gleiche Weise ist die Entlassung der Bundesminister möglich. Außerdem hat der Bundeskanzler den Vorsitz im Bundeskabinett und leitet die Kabinettssitzungen.	Eine wichtige Aufgabe des Bundes-Kanzlers steht im Artikel 64 vom Grund-Gesetz. Die Bundes-Kanzlerin darf sagen: Diese Person soll Bundes-Ministerin oder Bundes-Minister sein. Jede Bundes-Ministerin und jeder Bundes-Minister hat eigene Aufgaben.

[https://www.bundesregierung.de/breg-de/service/aufgaben-der-bundeskanzlerin-des-bundeskanzlers-346742].

Kreuzen Sie an, welche Merkmale von leichter Sprache verwendet werden:

	Ja
Persönliche Ansprache	
Praktische Beispiele	
Kurze Sätze	
Ein Gedanke pro Satz	
Positive Sprache	
Aktive Verben	
Gleiche Begriffe für eine Sache	
Keine Fremdworte oder Fachbegriffe	

Text nach [http://www.webforall.info/wp-content/uploads/2012/12/EURichtlinie_sag_es_einfach.pdf]

Übersetzung

Bekannt in der Mehrsprachendidaktik sind L1-Übersetzungen spezieller Begriffe und Wendungen in den Fließtext der Lernsprache (z. B. L2: Tracht [L1: *special clothes*]). Methoden wie die Suggestopädie oder die Interlingualmethode präsentieren zweisprachige Dialoge, in denen jede einzelne Vokabel eine ausgangs- und eine zielsprachliche Korrelation hat (z. B.:– L1: *She flew from Amsterdam to Edinburgh* – L2: Sie flog von Amsterdam nach Edinburgh). Zur Aktivierung von Spracherfahrung kommt es auch bei der Aufgabenbeschreibung, die durch Sprachelemente der L1 spezifiziert wird (L1: Meine Eltern heirateten ________ in ________ [*year, place*]). Auch Erklärungen grammatischer oder kultureller Phänomene können in der L2 erfolgen.

Sprachmittlung

Das Sprachmitteln wird angewandt, um den Sinn einer Information in einer Sprache in einer anderen Sprache zu vermitteln. Es geht also nicht um eine wortgetreue Überführung. Sprachmittler vereinfachen die Informationen, fassen sie in eigenen Worten zusammen. Sie paraphrasieren Aspekte, vereinzelt kommt es auch zu Übersetzungen.

Beispiel

Beim Netz öffentlicher Fahrradmietstationen handelt sich um ein Netz von Fahrradstationen, die die einfache selbstständige Entnahme und Rückgabe von öffentlichen Mieträdern an abschließbaren Stellplätzen ermöglichen, meist mit Hilfe von elektronischen Kundenkarten. Diese Kundenkarten dienen sowohl zur Abrechnung als auch Identifizierung der Nutzer und beugen damit Vandalismus und Diebstahl vor.

(aus: Wikipedia)

Aufgabe
Sie arbeiten in einer Touristeninformation. Erklären Sie in eigenen Worten

- wie man ein Fahrrad mieten kann,
- was man benötigt,
- wie man bezahlt.

Code-Switching

Was umgangssprachlich als Denglisch bezeichnet wird, ist eine milde Form dieser Sprachmischung, die ein Code-Switch verursacht. Innerhalb eines Satzes wechseln Sprechende von einer in die andere Sprache und setzen Wörter und Begriffe aus einer Sprache im Gespräch in einer anderen, z. B. Du bist ein echter Low Performer (VDS 2017).

Bei der starken Variante des Code-Switch kommt ein Satz oder ein Redebeitrag unter intensiver Nutzung von mindestens zwei Sprachen zustande. Eine Regel für die Wechsel ist nicht erkennbar. In solchen Fällen spricht man bereits von Code-Mixing, wie in diesem Beispiel: Show mal dir a Lederhose. Wer eine Sprache der Inputmixtur nicht versteht, tut sich schwer, zu erkennen, was genau gemeint ist.

Die Fremdsprachendidaktik steht dem Code-Switching als Kommunikationsstrategie noch kritisch gegenüber. Nicht zuletzt fordern die Lehrpläne Einsprachigkeit. Tendenziell wird eine Lernumgebung favorisiert, in der ausschließlich die Fremdsprache Arbeitssprache ist. Rückgriffe auf die Erstsprache sollen vermieden werden, um das freie Formulieren, den Einsatz von Kommunikationsstrategien und generell einen authentischen Sprachgebrauch zu trainieren. Die Vorstellung hierbei ist, dass durch die Ausgrenzung der Erstsprache eine halbwegs natürliche Erwerbssituation geschaffen wird, die zumindest in ihren Grundzügen mit dem Erstsprachenerwerb vergleichbar ist.

Sandwiching

Mittlerweile werden Phasen durchaus für sinnvoll erachtet, in denen die Erstsprache genutzt werden darf. Sie sind mit dem Etikett der „aufgeklärten Einsprachigkeit" versehen, einem Begriff, den Wolfgang Butzkamm in die Diskussion einführte. Wenn das Verstehen oder das Sich-verständlich-Machen misslingen, der Ausdruckwille mangels geeigneter Redemittel unterdrückt würde, sei der Beitrag in der Erstsprache eine Alternative. Vor allem, wenn die Interaktion ‚echt' bleiben soll. Auch als Lehrtechnik empfiehlt sich die Verwendung von Ausgangs- und Zielsprache, z. B.: You've skipped a line. Du hast eine Zeile übersprungen: You've skipped a line. Diese Sandwich-Technik soll auf Erläuterungen beschränkt bleiben (Butzkamm 2007, 15). Für die Lehrkraft geben Wechsel der Lernenden in ihre Erstsprache Auskunft über individuell fehlende Redemittel.

Zum Weiterlesen

García, O./Wie, L.: Translanguaging: Language, Bilingualism and Education. Basingstoke 2014.

Gogolin, I.: In vielen Sprachen sprechen. 2015. [https://www.goethe.de/de/spr/mag/20492171.html].

Hufeisen, B.: Wieso ist „Mehrsprachigkeit" ein solch aktuelles Schlagwort? Eine vorläufige Bestandsaufnahme. Frühes Deutsch 14/2008, 4-7.

Meisel, J.: Zur Entwicklung der kindlichen Mehrsprachigkeit. Universität Hamburg. 2003. [http://www.plattform-migration.at/fileadmin/data/Publikationen/Meisel_Zur_Entwicklung_der_kindlichen_Mehrsprachigkeit.pdf].

Meisel, J.: Bilingual Children. A Guide for Parents. Cambridge 2019.

Riehl, C. M.: Mehrsprachigkeit: Eine Einführung. Darmstadt 2014.

VDS – Verein Deutsche Sprache u. a. (Hg.): Der Anglizismenindex. 2017. [http://vds-ev.de/denglisch-und-anglizismen/anglizismenindex/ag-anglizismenindex/].

27 Lernförderung

- Die Didaktik hat einige Antworten auf die Frage, wie man das Lernen in der Klasse erleichtern kann.
- Es gibt auch interessante Vorschläge dafür, wie man das Fremdsprachenlernens stärker an den Bedarfen der einzelnen Lernenden ausrichten kann.

Kontext

Eine Lerngruppe, die man als homogene Gemeinschaft vom Lehrerpult aus unterweisen kann, alle auf die gleiche Art und Weise und über 45 Minuten lang– die hat es noch nie gegeben. Lernende beschreiten sehr verschiedene Zugangsweisen zum Lernstoff. Zum einen liegt es daran, dass SchülerInnen verschiedene Bestände an Vorwissen mitbringen. Manche haben bereits Erfahrungen mit dem Lernen einer Fremdsprache gemacht und können gut oder sehr gut in ihr kommunizieren. Andere sind an Lernstrategien gewöhnt, die beim Sprachenlernen nur bedingt weiterhelfen, das Auswendiglernen etwa gehört dazu. Es mag ihnen aber widerstreben, neue Strategien auszuprobieren.

Differenzierung	Individualisierung	Unterstützung

Ohne Zweifel gibt es auch unterschiedliche Talente. Manchen fällt das Sprachlernen eben leichter als anderen. Zum anderen liegen die Vorstellungen darüber, wie schnell, wie umfassend oder wie perfekt man in einem Sprachkurs eine Fremdsprache beherrscht, in einer Lerngruppe wohl weit auseinander. Für manche sollen sich Erfolge bald einstellen, der Aufwand möge gering und überschaubar bleiben. Andere sind bereit, viel Zeit und Energie zu investieren. Sie sind mit einem „Überlebensniveau" nicht zufrieden, sondern wollen kommunikativ weit voranzukommen.

Methodik

Nach außen differenzieren

Eine äußere Differenzierung versucht, möglichst homogene Lerngruppen zusammenzustellen. An Gesamtschulen oder Volkshochschulen wird bereits bei der Gruppierung der Teilnehmenden für Eingangskurse eine Differenzierung vorgenommen, z. B. nach Sprachlernerfahrungen, Vorkenntnissen, Zweitsprachenkompetenzen. Organisiert wird das Lernen dann in niveaugestuften Kursen. Einfache, sehr stark visualisierte Einstufungstests geben Auskunft darüber, welche Vorerfahrungen vorliegen und ob diese es zulassen, eigene Eingangskurse zu bilden. Eine äußere Differenzierung führt auch zu einer Begrenzung der Kursteilnehmer, wenn die Tests ergeben haben, dass eine größere Gruppe z. B. eine besonders intensive Betreuung benötigt. Dies ist bei Lernenden ohne Vorkenntnisse häufig der Fall.

Nach innen differenzieren

Innerhalb eines Fremdsprachenkurses gibt es weitere Möglichkeiten, auf spezifische Lernausgangslagen einzugehen. Man begegnet ihnen didaktisch durch spezielle Angebote, die bei der Schwierigkeit von Aufgaben, bei Umfang, Zeitrahmen und bei den Arbeitsformen sich verschieden ausprägen.

Differenzierungsstrategien

- Wahlmöglichkeiten: Schüler lernen, ihr Leistungsvermögen realistisch einzuschätzen und Lernfortschritte nach dem eigenen Lernrhythmus anzugehen (Bönsch 2004, 34).
- Schwierigkeitsstufen: Schüler können den Aufgabenmix selbst zusammenstellen, wenn geschlossene Formate (ergänzen, ordnen, zusammenführen etc.) und offenere Formate (schreiben, ausführen, versprachlichen etc.) verfügbar sind.
- Zeit- und Zielvorgaben: Das Angebot an Aktivitäten ist so konzipiert, dass auch eine geringere Anzahl an geleisteten Tätigkeiten Erfolg vermittelt und den Unterrichtszielen dienlich ist.
- Selbstbestimmungsphasen: Lernende legen den Arbeitsrhythmus, die Formen der Interaktion, die Themenakzentuierungen selbst fest und entscheiden, mit wem sie zusammenarbeiten. Es gibt keine konkreten Leistungserwartungen in bestimmten kooperativen oder sozialen Phasen.

Beispiel

Eine Aufgabe, verschiedene Schwierigkeitsstufen

Gruppe 1: Schreiben Sie eine E-Mail an Ihren Bekannten und laden Sie ihn zu sich nachhause ein.

Gruppe 2: Schreiben Sie eine E-Mail an Ihren Bekannten in Hamburg und laden Sie ihn zu sich nachhause ein.
Dies sind die Informationen, die Sie mitteilen möchten:
- Er kann im Gästezimmer Ihrer Familie wohnen.
- Die Familie freut sich.
- Für Essen und Trinken ist gesorgt.
- Man kann eine Menge machen bei Ihnen in der Gegend, z. B. Fahrradfahren, schwimmen, das Theater besuchen.

Gruppe 3: Schreiben Sie eine E-Mail an Ihre Bekannte in Hamburg und laden Sie sie/ihn zu sich nachhause ein.
Der erste Entwurf (siehe Arbeitsblatt) muss noch verbessert werden:
a) Unterstreichen Sie die falschen Informationen im ersten Paragraphen mit rot.
b) Schreiben Sie über die unterstrichenen Satzteile Ihre Verbesserungen.
c) Verbinden Sie die Satzteile im zweiten Paragraphen. Verwenden Sie Linien, wie im Beispiel.
d) Schreiben Sie nun den korrigierten zweiten Entwurf.

Im Unterricht lernen

So wichtig die häusliche Vor- und Nachbereitung auch ist. Die wesentlichen Lerntätigkeiten finden im Unterricht statt. Vor allem für Teilnehmende, die wenig Erfahrung mit dem Lernen oder mit dem Lerngegenstand Deutsch haben, ist das Lernen am Lernort Schule wichtig. Es wird verhindert, dass sich falsche Strategien einstellen oder Probleme mit einem Lernbereich das Weiterlernen blockieren. Im Unterricht steht eine professionelle Lernberaterin zur Verfügung, die zuhause fehlt. Sie kann gezielte Lernverfahren für LernerInnen nicht nur konzipieren, sondern sie auch begleiten. Lernwege werden so verkürzt und effizienter gestaltet. Außerhalb von Lernumgebungen ist das Lernen kaum zu kontrollieren. Es bei Bedarf wieder in richtige Bahnen zu verbringen, muss aufgeschoben werden. Das Alltagsleben außerhalb der Schule ist der Ort, an dem man das Gelernte vor allem erprobt.

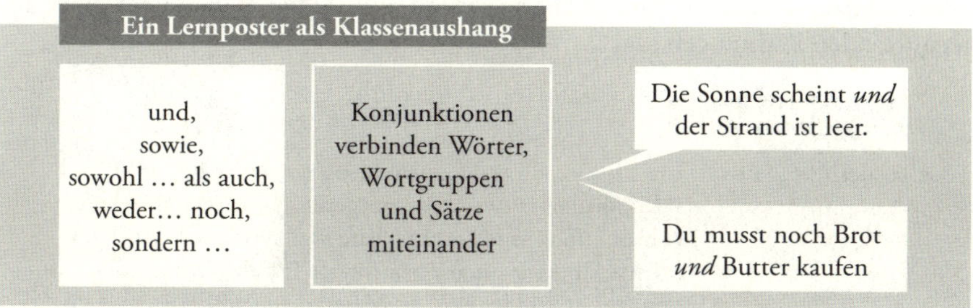

Kontexte herstellen

Zugegeben: Mechanisches Lernen vermittelt ein gutes Gefühl. Wer einige Lückentexte ausfüllt, mag den Eindruck gewinnen, einiges für sein sprachliches Vorankommen zu tun. Lehrkräfte sind vielleicht zufrieden, wenn die Gruppe viele Übungsblätter bearbeitet hat, weil sich das Gefühl einstellt, sie habe intensiv gearbeitet. Ein Nutzen solcher Vorgehensweisen ist durch Theorien oder durch Forschungen nicht zu belegen. Alles Sprachenlernen muss immer in Anwendungen münden. Die

Übung eines grammatischen Phänomens ist nur sinnvoll, wenn es nicht viel später in einem Szenario kommunikativ eingesetzt wird.

Besser ist es, wenn bereits bei der Einführung von Redemitteln situative Kontexte Bedeutungen verdeutlichen und näherbringen, wie Redemittel in der Alltagskultur verwendet werden. Das Verstehen wird auf diese Weise gefördert. Kontexte und Situationen, die Lerner aus ihrer eigenen Lebenserfahrung heraus als authentisch einschätzen, unterstützen die Gedächtnisregionen, die für das Erinnern zuständig sind (Roth 2015, 103).

Individuell unterstützen

Ein individualisierter Unterricht ist so geplant, dass die Lehrkraft auch Kleingruppen beraten, sie sich um einzelne Lernpersonen kümmern kann. Währenddessen ist die Mehrheit anderweitig aktiv. Beratung heißt Hilfestellung leisten, Verstehensprobleme aus dem Weg räumen, bei der Versprachlichung Unterstützung vorhalten, zur Lösung hinführen.

Beratung heißt nicht, dass Lehrkräfte Lösungen vorgeben. Dies gilt einmal mehr für Beratungsgespräche, bei denen LernerInnen individuelle Lernprobleme thematisieren und gemeinsam mit der Lehrkräfte Lösungen entwickeln.

Eine individuelle Unterstützung, das implizieren u. a. die Merkmale guten Unterrichts (Meyer 2007, Helmke 2007, Gold 2015, vgl. auch Kap. 2), erfahren Teilnehmende auch durch ein ansprechend konzipiertes Lernumfeld. Regelmäßig aktualisierte Lernaushänge, zusätzliche Materialien für Interessierte, digitale Nachschlage- und Recherchemedien, Rückzugsecken zum individuellen Weiterlernen oder Beratungsgespräche mit der Lehrkraft sind notwendige Bestandteile einer unterstützenden Lernumgebung.

Beispiele

Förderplan (FP)	Ein FP wird für individuelle Lernende erstellt. Der FP informiert über erreichte Kompetenzen, vorrangig listet er aber auf, welche Lernbereiche noch verbessert werden müssen und wie diese Erwartungen erfüllt werden können, ggf. mit Hilfe welcher Materialien. Im FP ist auch ein zeitlicher Rahmen für die Bearbeitung festgelegt.
Reflexionsbogen (RB)	In RBs finden die Lernenden Kompetenzen zu ihrem Lernniveau aufgelistet, z. B. Hören: Ich habe den Dialog verstanden. Mit Hilfe der zugehörigen Skalen können sie ihren individuellen Könnens-Stand bestimmen (sehr gut, gut, einigermaßen, kaum, gar nicht). RBs können sich auch auf den Unterricht beziehen, z. B. Ich habe die Inhalte der Stunde verstanden (sehr gut etc.).

Lernertagebuch (LTB)	Lernende schreiben in einem LTB regelmäßig auf, wie sie Aufgaben gelöst haben, welche Schwierigkeiten sie mit Aufgaben hatten, was sie nicht verstanden haben, was sie sich bei einer Aufgabe gedacht haben. Die Lehrkraft sammelt ein und gibt wertfreies, nicht-benotetes Feedback.
Arbeitsplan (AP)	Ein AP enthält Aufgaben und Arbeitsaufträge verschiedener Niveaus, die in einem vorgegebenen Zeitraum erfüllt werden sollen. Lernende können bei der Auswahl und Reihenfolge der Bearbeitung mitentscheiden.
Portfolio (PF)	In einem PF sammeln die SchülerInnen ihre Arbeiten. Von einer Aufgabe gibt es manchmal mehrere Varianten. Sie wurden von der Lehrkraft zwischenevaluiert und von den Lernenden ein- oder mehrmals überarbeitet.
Europäisches Sprachenportfolio (ESP)	Das ESP geht auf den Europarat zurück. Darin werden ausgewählte Arbeiten gesammelt, Informationen zur Sprachbiographie, auch Nachweise und Reflexionsbögen.
Fehlerdatei (FD)	Eine FD stellen Lernende zu korrigierten Lernaufgaben oder Tests zusammen. Notiert werden Fehler, Fehlerursache, Korrektur und ein Verwendungsbeispiel der korrigierten Version (Gehring 2010, 65).
Lerngespräch (LG)	Ein LG findet bei Bedarf zwischen einzelnen Lernern und der Lehrkraft statt, Ziel ist die Beratung von Lernenden. Zu den Inhalten gehört es, Lernergebnisse zu besprechen, Ursachen für Lernschwierigkeiten zu thematisieren, Lernfortschritte aufzuzeigen und auf Möglichkeiten hinzuweisen, wie Lernfortschritte erzielt werden können (Meyer 1994).

Den richtigen Zeitpunkt abwarten

Es gibt Theorien, die davon ausgehen, dass es günstige und weniger günstige Zeitpunkte für das Aneignen eines bestimmten sprachlichen Lernstoffs gibt. Und dass es wenig Sinn macht, solche Zeitpunkte zu ignorieren. Der Spracherwerbsforscher Manfred Pienemann hat in seinen Forschungen aufgezeigt, dass sich Lernende nur die sprachlichen Phänomene aneignen, die zu ihrer sprachlichen Entwicklungsstufe passen. Jedes Redemittel zu jeder Zeit durch Unterricht vermitteln zu können, funktioniere nicht (Pienemann 1989). Man beobachtet dieses Phänomen in den meisten heterogenen Lerngruppen. Manche haben den Stoff schnell verstanden, an andere will er einfach (noch) nicht herangehen. Auch wenn für diese Beobachtung viele Gründe verantwortlich sind, so zeigt sich doch, eines: Nicht alle Schüler werden ein Lernziel zum selben Zeitpunkt erreichen.

Für Lehrkräfte kann dies nur bedeuten, Geduld aufzubringen. Solche Fehler lässt man zu, die zeigen, dass sich das Verständnis für ein Sprachphänomen entwickelt. Neben individuellen Anpassungen des Lernprozesses stellt man immer wieder verständlichen Input bereit. SchülerInnen können sich daran orientieren und damit viele Anwendungsbeispiele des Lernstoffs wahrnehmen. Lernstandtests zeigen, welche sprachlichen Phänomene sie schon so gut beherrschen, dass man darauf aufbauen kann.

Aufmerksamkeit erzeugen

Es gehört zu den Grundprinzipen des Unterrichts, Aufmerksamkeit für einen Lernstoff herzustellen. Keine Frage. Damit LernerInnen auf ein Strukturprinzip oder eine Sprachfunktion aufmerksam werden, tun Lehrkräfte viel. Sie unterstreichen, heben hervor, ordnen, stellen Fragen. Zur Aufmerksamkeit trägt vor allem bei, dass etwas für jemanden von Bedeutung ist. Hierzu bedarf es an Interesse. Es muss immer wieder erst geweckt werden, Lernen braucht Neugierde, damit man aufmerksam dabei ist.

Hervorhebung und Fokussierung

- Visuelle Mittel (Bild, Diagramm, Tabelle, Symbol).
- Graphische Mittel (Pfeile, Rahmen, Farben, Legenden).
- Textliche Mittel (Impulse, Stichwörter, Kernbegriffe, Teilaspekte).

Für die meisten Lehrkräfte ist es eine reale Erfahrung, dass es trotz aller Bemühungen oft nicht gelingt, Aufmerksamkeit aufzubauen, das Interesse aller Kursteilnehmenden auf den Stoff zu richten. Man kann sie nicht auf Knopfdruck aktivieren. Dennoch: Ein spannender Stundeneinstieg, ein roter Faden, der inhaltlich bedeutsam ist für die Lernenden und der konsequent durchgehalten wird, initiiert Aufmerksamkeit und hält sie aufrecht. Eine Lernaufgabe, die Anreize liefert, trägt dazu ebenfalls bei (vgl. Dörnyei 2002).

Aufmerksamkeit darf nichts Einmaliges bleiben. Deshalb stehen idealerweise Lernhilfen im Klassenraum oder im Lernertagebuch für diejenigen zur Verfügung, deren individuell entstandene Aufmerksamkeit für ein Phänomen spontan nach Erklärungen verlangt.

Festigen und wiederholen

Es ist ein Trugschluss, zu glauben, dass ein Lernstoff dauerhaft verankert ist, nachdem er im Unterricht behandelt wurde. Die Wiederholung ist zentral und sicherlich wichtiger, als viel Neues zu lernen. Eine systematische Wiederholung ist sowohl auf der Mikroebene, als auch auf der Makroebene angezeigt. Der Neurobiologe Gerhard Roth empfiehlt, „alle paar Minuten" das bisher Vermittelte zu wiederholen (2015, 306). Nach der Erstpräsentation sollte der Stoff am Nachmittag, in der Folgestunde, in der Folgewoche und dann nochmals nach etwa vier Wochen in verschiedenen Zusammenhängen aufgefrischt und gefestigt werden.

Zum Weiterlesen

BLK-Verbundprojekt: Das Europäische Portfolio der Sprachen. O. J. [www.sprachenportfolio.de].

Dörnyei, Z.: Wie motiviere ich richtig? Fremdsprache Deutsch 26/2002, 16-17.

Haag, L./Keller-Schneider, M/u. a.(Hg.): Grundwissen Lehrerbildung: Umgang mit Heterogenität: Praxisorientierung, Fallbeispiele, Reflexionsaufgaben. Berlin 2015.

Roth, G.: Bildung braucht Persönlichkeit. Wie Lernen gelingt. Vollständig überarbeitete und erweiterte Neuauflage. Stuttgart 2021.

Strategien, Verfahren, Bedarfe

28 Methodenvielfalt

- Abwechslung tut not, damit Motivation und Interesse aufrechterhalten werden.
- Abwechslung sorgt dafür, dass Lernende verschiedene Fähigkeiten umsetzen können.
- Durch Methodenvielfalt erweitert sich die Qualität der Lerngelegenheiten.

Kontext

Methodenvielfalt gilt als didaktisches Grundprinzip für die Planung und Gestaltung von Unterrichtsstunden (Meyer 2016). Eine ältere Bezeichnung ist Rhythmisierung (Schröder 2001). Beide Begriffe implizieren mehr oder weniger dasselbe. Nämlich, dass es nicht genügt, eine Stunde strukturiert und zielorientiert zu planen. Es kommt auch darauf an, wie abwechslungsreich man einzelne Phasen gestaltet.

Strukturierung	Tätigkeiten	Kooperationen

Die Ziele darf man natürlich nicht aus dem Auge verlieren. Es sind diese Ziele, von denen die Entscheidung für oder gegen ein Verfahren abhängig ist. Wer Lesefreude wecken möchte, präsentiert Buchcover oder Clips zum Inhalt, vielleicht auch eine Rezension aus der Zeitung. Man wird auf dieser Stufe jedoch kaum zur Analyse auffordern, die einen Methodenwechsel einleiten würde.

Methodenwechsel verändern, erweitern, ergänzen die Perspektiven auf einen Lerngegenstand. Sie erhöhen auf diese Weise die Zugangs- und Umgangsformen damit. Lernende fühlen sich von einer neuen Methode vielleicht mehr angesprochen, werden durch sie besser aktiviert. Ein vertieftes Verständnis von einem Inhalt, der bisher nicht gänzlich durchdrungen wurde, kann nach dem Wechsel möglicherweise nun erreicht werden. Nicht zuletzt kann eine methodische Veränderung sich positiv auf Motivation und Interesse bei den Lernenden auswirken.

Methodik

Einstiege

Unterrichtsstunden, die stets nach dem gleichen Muster ablaufen, sind nicht gerade motivierend. Wenn Lernende bereits im Voraus wissen, wie sich der Unterricht gestalten wird, gibt es nichts Neues für Sie zu entdecken. Abwechslungsreiche, überraschende, ungewohnte Einstiege in einen Lernstoff können dafür sorgen, dass Motivation und Interesse geweckt werden. In jedem Falle sollten Einstiege variiert werden. Dies gelingt durch verschiedene Aktivierungsformen, Medienkonfrontationen, Gesprächs- und Spielformate etc. (Grewing/Paradies 2009).

Beispiele

Medien:	Bild, Cartoon, Zitat, Titel, Diagramm, Infographik, Clip etc.
Lehrstrategie:	Lehrererzählung, Zeichnung, stummer Impuls, Frage etc.
Tätigkeit:	Sammelauftrag, Brainstorming, Blitzlicht, Kartenabfrage etc.

Phasierung

Die Aufteilung einer Unterrichtsstunde in drei Phasen ist oftmals die richtige Entscheidung. Es gibt jedoch Alternativen. Sie sind erwägenswert, um bei der Sprachverwendung zu variieren, bei der Art und der Bearbeitung der Aufgaben oder bei den Leistungserwartungen. Innerhalb einer Phase sind Akzentuierungen oder Spezifizierungen möglich. Offene Formen wie Freiarbeit oder Stationenlernen durchbrechen eine möglicherweise starre Planungsstruktur. Ein Fokus auf ausgewählte Tätigkeiten wie z. B. das Üben, Spielen, Dramatisieren etc. lässt ebenfalls Verschiebungen der Phasen erwarten.

Lehrsteuerung

Bei der Lehrsteuerung abzuwechseln führt dazu, dass nicht nur die Instruktion, sondern auch Individualisierung und Kooperation Gewicht erhalten. Lernenden wird so Raum gegeben, um ihren Lernrhythmus stärker einzubringen und sich unterstützen zu lassen. Alle erhalten jedoch immer wieder auch professionellen Input. All dies spricht für die Ausbalancierung der Lehrerrolle.

Medien

Ein Methodenwechsel erleichtert es Lehrkräften, Hör- und Sehgewohnheiten der SchülerInnen adäquat zu berücksichtigen. Das Spektrum auditiver, auditiver, visueller und audio-visueller Medien und Materialien kommt diesem Anspruch entgegen.

Tätigkeiten

Varianten bei den Lerntätigkeiten eröffnen alternative Übungskontexte für jene, die sich mit den bisherigen in der Unterrichtstunde schwertaten. Kognitive und nicht-kognitive Tätigkeiten kommen gleichermaßen zum Tragen, um Leistungsergebnisse zu erzielen.

Beispiel

Phase	Stoffliche Entwicklung	Zeit	Medien/ Sozialform
Wiederholung	LP (Lernpersonen) füllen Sprechlasen aus, präsentieren LP versprachlichen Interaktionsdiagramm (Flowchart).	10.00-10.10	Rundgespräch Dokumentenkamera (DK)
Hinführung	L erzählt Geschichte und schreibt Wortschatz an TA.	10.10-10.15	Lehrervortrag Tafel, Bild-/ Wortkarten
Stundenthema	Wird an Tafel notiert.	10.15	
Erarbeitung	LP bearbeiten Arbeitsblatt, überprüfen gegenseitig, wählen weitere an Lerntheke aus.	10.15-10.30	LP-Einzelarbeit LP-Partnerarbeit Arbeitsblatt 1
Sicherung	LP bearbeiten Arbeitsblatt, überprüfen ggf. Ergebnisse mit Lösungsblättern, präsentieren Lösungen als kleine Poster an Schauwand.	10.30-10.35	LP-Partnerarbeit Arbeitsblatt 2 Posterpapier Galerie
Anwendung	Ähnlicher Kontext wird vorgestellt und sprachlich bearbeitet	10.35-10.40	LP-Gruppenarbeit DK-Folie 2
Transfer	LP befassen sich dramapädagogisch mit einem neuen Szenarium zum Wortschatz.	10.40-10.45	LP Einzelarbeit Aktionskarten

Anforderungen

Lernszenarien sollen kurze Momente zur Entspannung, zum Innehalten, für eigene Gedanken enthalten. Dann ist es für Lernende leichter, Schritt zu halten. Eine zu stark auf Leistung ausgerichtete Unterrichts- und Aufgabenstruktur ist ohne kognitive Pausen für einen Teil der Lernenden kontraproduktiv.

Kooperationen

Eine vielfältige Aufgabenstruktur, die auf Diversität eingeht, eröffnet Möglichkeiten, bei den Sozialformen zu variieren. Die meisten LernerInnen möchten nicht nur für sich alleine arbeiten. Sie möchten auch gemeinsam zu Ergebnissen kommen oder ihre Lösungen mit anderen austauschen und verhandeln. Eine Kombination mehrerer Formen verstärkt die Rhythmisierung.

Gemeinsam lernen

- Sozialformen:
  - Rundgespräch (Plenum)
  - Partnerarbeit
  - Gruppenarbeit
  - Lehrer-Schüler-Arbeit

  Thematische Kooperationsformen:
  - Projektarbeit.
  - Forschendes Lernen (vgl. Kap. 24).
  - Forschungsposter: Ergebnisse werden in einer Ausstellung visuell präsentiert, Autoren stehen neben ihrem Poster.
- Kooperationsformate:
  - Konferenz: Lernpersonen (LP) verfassen Texte, die Gruppe rezensiert.
  - Placemat-Methode: In sein Rechteck auf Papier notiert jedes Gruppenmitglied Ergebnisse, sie werden von Gruppe gelesen. In ein größeres Rechteck in der Gruppenmitte notieren LP die in der Gruppe verhandelte gemeinsame Lösung.
  - Think-Pair-Share-Methode: Zunächst suchen LP alleine nach der Antwort auf eine Aufgabe. Dann besprechen sie sich mit dem Partner, der Partnerin, danach ihre Ergebnisse mit der ganzen Klasse.
  - Gruppenpuzzle: Jedes Gruppenmitglied bearbeitet zuerst seinen Teilbereich der Aufgabe. LP mit gleichen Teilaufgaben bilden neue Teams, kehren dann in ursprüngliche Gruppe zurück und berichten.
  - Brainwriting (635-Methode): Eine Gruppe aus 6 LP notiert 3 Aspekte zum Thema. Danach reichen sie ihr Papier an Nachbarn weiter. In das erhaltene Papier notieren LP in 5 Minuten Sichtweisen bzw. Änderungsvorschläge. Die Aktivität endet, sobald alle LP alle Beiträge zur Kenntnis genommen haben.
  - Marktplatz: Gruppen bearbeiten Teilaspekte einer Aufgabe. Ihre Ergebnisse legen sie an ihrem Tisch auf. LP schlendern durch das Klassenzimmer und informieren sich nach ihrem eigenen Plan.

Interaktion

Die Interaktion ist oft auf Lehrkraft und einzelne Lernende konzentriert. Alternative Konstellationen bieten sich an. Lernende tun dann mehr mit der neuen Sprache, sie wenden sie häufiger an und können auch einmal mit ihr experimentieren. Wechsel in den Kommunikationsformaten einer Unterrichtsstunde sorgen für ein breites kommunikatives Spektrum.

Formate

- Lehrer-Schüler-Interaktion: Lehrkraft leitet Interaktion durch Impulse, Zusammenfassungen, Dokumentation von Zwischenergebnissen an der Tafel.
- Debatte: Zwei Teams sammeln Pro- Argumente bzw. Contra-Argumente zur Thematik. Jeweils ein Sprecher referiert den Diskussionsstand im Team, danach tauschen die Lerngruppen ihre Argumente aus.
- Kugellager: LP bilden gleich großen Außen- und Innenkreis. Sie stehen sich gegenüber und beginnen mit der Konversation. Nach einiger Zeit bewegt sich Außenkreis um 1-2 Personen nach links, die Diskussion beginnt aufs Neue.
- Aquarium: LP bilden (kleinen) Innen- und (großen Außenkreis). Innenkreis diskutiert Thematik, Außenkreis hört zu. Wer etwas vom Außenkreis beitragen möchte, setzt sich auf freien Stuhl im Innenkreis oder stellt sich hinter die Person, auf die er antworten möchte. Mitglieder des Innenkreises können sich auf Wunsch von Außenkreispersonen ersetzen lassen.

Aktionsformen

Aktionsformen beschreiben die Tätigkeiten, Anforderungen und die sozialen Konstellationen einer Handlungsaufforderung.

- Differenzierung: Als Lehrkraft ist man stets gefordert, alle in der Lerngruppe identifizierten Dispositionen bei der Unterrichtsgestaltung zu berücksichtigen. Dies führt zu einer Auswahl an Aufgaben, die allen gerecht wird. Entsprechend divers sind sie konzipiert.

Beispiel

Differenzierung nach Qualität:
Gruppe A: Ordnen Sie die vorliegenden Sätze so, dass ein sinnvoller Dialog entsteht.
Gruppe B: Schreiben Sie den Dialog. Verwenden Sie Sätze aus dem Kasten.
Gruppe C: Ergänzen Sie, was B im Dialog sagen könnte.

- Kompetenzen: Ein ausgewogenes Verhältnis von unterschiedlichen Formen des Sprechens, Schreibens, Hörens und Lesens führt zu dialogischen und monologischen Phasen, globalem und detailliertem Hören, zu bruchstückhaften Notizen oder kohäsiven Zusammenfassungen.

Beispiel

Aktivierung verschiedener Kompetenzen:

a) Sagen Sie, was Ihnen zur Überschrift (des Textes) einfällt.
b) Lesen Sie nun den Text.
c) Fassen Sie die wesentlichen Argumente zusammen.
d) Einigen Sie sich mit Ihrem Partner auf zwei besonders überzeugende Argumente. Notieren Sie diese auf Tonpapier und kleben Sie den Zettel hinter die Seitentafel.

Bewegung

45-90 Minuten zu sitzen ist anstrengend. Variable Aktionsformen beinhalten Aktivitäten, bei denen man im Raum herumlaufen muss (Finden –Sie –jemanden, der/die …) oder an der Tafel etwas notieren soll (Blitzlicht). Dramapädagogische Tätigkeiten sind ebenfalls bewegungsintensiv (vgl. Kap. 21). Auch wenn man in eine Sozialform mit mehreren Teilnehmenden wechselt, mit neuen Partnern arbeitet oder man etwas in der Materialsammlung aussucht, bewegt man sich.

Bewegungsintensive Lerntätigkeiten

- Finde-jemanden-der …: SuS bewegen sich im Klassenzimmer, suchen durch Fragen Personen, auf die das Suchprofil zutrifft, z. B.: Finden Sie jemanden, der gestern Bus gefahren ist; die gestern ihre Oma besucht hat, der gestern verschlafen hat …
- Blitzlicht: SuS reagieren auf Frage mit Aktion, z. B.: Ich stelle mich vor Sie und frage etwas. Sobald Sie die Antwort wissen, laufen Sie schnell zur Tafel und schreiben die Antwort auf.
- Dosendiktat: SuS rekonstruieren Text an Tafel, z. B.: Ziehen Sie einen Satzstreifen aus der Dose, lesen Sie den Satz, laufen Sie zur Tafel und schreiben ihn an …
- Standbild: LP stellen Inhalt pantomimisch dar, z. B.: Lesen Sie den Paragraphen. Verhandeln Sie in Ihrer Gruppe, wie der Inhalt als Standbild dargestellt werden kann. Inszenieren Sie das Standbild vor der Gruppe. Lassen Sie Ihr Standbild versprachlichen.
- Spaziergang: SuS lesen den Text und beantworten die Aufgaben. SuS gehen dann im Klassenzimmer umher und tauschen sich mit anderen über ihre Ergebnisse aus.

Zum Weiterlesen

Althoff, Ch.: Unterrichtseinstiege-Deutsch. Berlin 2013.

Goethe-Institut (Hg.): Handlungsorientierte Unterrichtsmethoden. O. J. [https://www.goethe.de/resources/files/pdf22/daf_baustein2.pdf].

Grewing, J./Paradies, L.: Unterrichts-Einstiege. Berlin 2012.

Reich, K. (Hg.): Methodenpool. O. J. [http://methodenpool.uni-koeln.de].

Winkler, M.: Arbeiten und Unterricht mit Großgruppen für DaF. 2011. [http://www.goethe.de/ins/ma/rab/pro/pasch/dok/dok.pdf].

29 Medieneinsatz

- Moderne Medien ermöglichen neue Unterrichtsformen und Übungsaktivitäten.
- Selbsttätiges Lernen wird leichter und abwechslungsreicher.
- Das Lernen lässt sich phasenweise in digitale Umgebungen verlagern.

Kontext

Man muss heute niemanden davon überzeugen, Medien im Unterricht einzusetzen. Zu offensichtlich sind die Vorteile für die Unterrichtsplanung und -gestaltung.
Als Artikulationsmedien sorgen sie für Verständlichkeit, helfen dabei, den Unterricht zu strukturieren und abwechslungsreich zu gestalten. Aneignungsprozesse lassen sich individualisieren. Lernmedien sind Medien in dem Sinne, dass sie Inhalte dokumentieren, transparent darstellen, lerngerecht zur Weiterverarbeitung darbieten.
Als Veranschaulichungsmedien halten sie authentische Repräsentationen kommunikativer und kultureller Facetten der fremden Sprache vor. Forschungen zeigen, dass insbesondere digitale Medien wie Lernsoftware oder Tablets den Fremdsprachenunterricht bereichern und neue Lernformen ermöglichen (Schmidt 2007, Dausend 2015).

Strukturierung	Unterstützung	Aktivierung

Aus der Vielzahl potentieller Funktionen moderner Medien sollen hier nur einige wenige näher betrachtet werden. Deren Nutzung ermöglicht auch Einblicke in ihre Funktionsweisen selbst.

Methodik

Darstellen, aktivieren

- Tafel

Trotz einer zunehmenden Digitalisierung und Technisierung des Klassenzimmers ist die Tafel nach wie vor das zentrale Lehrmedium des Unterrichts. Im Gegensatz zu anderen Medien trifft man auf sie in beinahe jedem Lehrraum.

Beispiele

- **Routinisierung:** Bestimmte Bereiche der Tafel (z. B. linke Seite) können für wiederkehrende Infos reserviert werden, z. B. für Wortschatzerklärungen, Grammatikregeln, etc.
- **Transparenz:** Zusammenhänge werden durch graphische und farbliche Ausgestaltung verdeutlicht.
- **Reproduktion:** Zusammenfassende Informationen an der Tafel können wiedergegeben oder auch weiterentwickelt werden.
- **Dokumentation:** Über das Tafelbild können Lernende die verschriftlichte Entwicklung der Inhalte mitverfolgen und nachlesen.

- Tageslichtschreiber:

Der Overheadprojektor kann wie eine Tafel verwendet werden, hat aber weitere Vorteile. Vorbereitete Transparente auflegen, Folien spontan oder geplant beschriften, entwickelnd oder dokumentierend, sammelnd oder strukturierend, all dies ist mit dem OHP möglich, während die Lernenden im Blickfeld bleiben.

Beispiele

- **Overlay-Technik:** Mehrere Folien werden übereinandergelegt, z. B. um Aufgabenlösungen zu zeigen oder eine Thematik zu entfalten.
- **Uncover-Technik:** Folie wird nur an verschiedenen Stellen ab- oder aufgedeckt, z. B. um in einem Dialog zunächst ein Redemittel (Kann ich zahlen, bitte?) später nur noch den Operator zu zeigen (Rechnung verlangen).
- **Stripes-Technik:** Eine Folie wird in Form von Satz- oder Inhaltsstreifen sukzessive aufgebaut.

- Dokumenten-Kamera

Eine DK ist die legitime Nachfolgerin des OHP Sie kann alles, was ein OHP kann und noch viel mehr. Wie das alte Epidiaskop projiziert eine DK Visualisierungen, Buchseiten oder handschriftlich Verfasstes gestochen scharf an die Wand. Außerdem führt sie alle Funktionen eines PC aus, einschließlich das Abspielen von Datenträgern oder das Fotografieren und Abspeichern von Materialien.

Beispiele

- **Zeigen:** Dokumente, Folien, Objekte werden unter die Kamera gelegt und projiziert.
- **Entwickeln:** Darstellungen und Entwicklungen werden vom Pult aus skizziert.
- **Präsentieren:** Schriftlich vorliegende Arbeitsergebnisse können sofort gezeigt werden.
- **Bewahren:** Arbeitsmaterialien, Visualisierungen, Erklärungen etc. können gespeichert werden.

▸ Interaktives Whiteboard

Das computergestützte, interaktive Whiteboard ist gegenwärtig das modernste Präsentationsmedium. Es lässt sich wie ein PC mit Beamer nutzen, es bietet aber auch alle Funktionen der herkömmlichen Lehrmedien. Wegen seiner Anschaffungskosten hat es sich als Standardmedium noch nicht durchgesetzt. Wer auf die Vorzüge dieses Mediums nicht verzichten möchte, integriert die Tablets der Lernenden. Bei ihnen lassen sich damit positive Auswirkungen auf Motivation, Kooperation, Selbststeuerung und Anstrengungsbereitschaft erzielen (Herzog 2014,13).

Beispiele

- **Zeigen:** Dokumente, Bilder werden präsentiert.
- **Bewegen:** Bilder und Textbausteine lassen sich beliebig verschieben und verändern.
- **Ergänzen:** Whiteboard-Bilder können auch handschriftlich editiert werden.
- **Erweitern:** Durch den Anschluss von Dokumentenkameras oder Tablets sind Funktionen interaktiv erweiterbar.

Überprüfen, aktivieren

• Apps

Das Nachschlagen von Redemitteln wird durch elektronische Wörterbücher erleichtert. Sie sind als Apps auf dem Tablet abgelegt und für den unkomplizierten Zugriff konstruiert, manche sind mit Übungsfunktionen ausgestattet, z. B. einem Vokabeltrainer, Lückentexten. Zum Zeitpunkt der Drucklegung dieses Bandes waren nach Ansicht der Stiftung Warentest nur wenige empfehlenswert. [https://www.test.de/Apps-zum-Deutschlernen-Nur-zwei-von-zwoelf-empfehlenswert-4989440-0/].

• Korpora

Nicht nur für fortgeschrittene Lernenden empfiehlt es sich, hin und wieder Verwendungsformen von Redemitteln ihrer Unit in anderen Quellen zu recherchieren. So lässt sich herausfinden, wie häufig ein Suchwort in authentischen Texten verwendet wird und in welchen Wortumgebungen es überhaupt auftritt (Kreyer 2007; Wallner 2014). Die benötigten Texte liegen in Korpora vor. Ein leicht handbarer Korpus ist das DWDS, das Digitale Wörterbuch der deutschen Sprache [http://www.dwds.de/] mit seiner Vielzahl an Alltagstexten. Man gibt das Suchwort ein und erhält eine Liste der entsprechenden Fundstellen.

Beispiel

Finden Sie im DWDS Belege für die folgende Grammatikregel:
Der Nebensatz steht nach dem Hauptsatz. Bei Infinitivkonstruktionen mit um, ohne, etc. und mit einigen Konjunktionen (da, während, wenn, nachdem, seitdem, obwohl), kann der Nebensatz auch an erster Stelle stehen.
(Quelle: Weber 2007).

Auf der Website von Projekt Gutenberg sind Texte von AutorInnen aufrufbar, die vor mehr als 70 Jahren verstorben sind. Das Copyright an ihren Texten ist erloschen, alle Werke sind am PC lesbar, man darf sie kopieren und als E-Book kostenfrei herunterladen.

Beispiel

Lesen Sie das Märchen „Die drei Brüder“: [http://gutenberg.spiegel.de/buch/die-schonsten-kinder-und-hausmarchen-6248/1].
Fassen Sie das Märchen in ca. 300 Wörtern zusammen.

Interagieren

Die Beliebtheit und den Nutzen sozialer Medien für fremdsprachliche Lernprozesse und für interkulturelle Begegnungen nutzbar zu machen, dies dürften wesentliche Gründe für die Installation von Interaktions-Plattformen der Europäischen Kommission gewesen sein. eTwinning ist für Schulen und außerschulische Lernorte konzipiert. Teilnehmen können Gruppen aus mindestens zwei Ländern, die über die Bearbeitung eines Projekts Kontakte knüpfen und sich in der Fremdsprache austauschen [www.etwinning.net/de/pub/index.htm].

Beispiel

- Sammeln Sie Begriffe, die für Ihre Generation bedeutsam sind, z. B. Geborgenheit.
- Sammeln Sie Ideen, die in Ihrer Lerngruppe zu den Begriffen genannt werden.
- Bilden Sie Gruppen, wählen Sie einen Begriff aus.
- Sammeln Sie Ideen, wie sich ihr Begriff und seine Ideen näher untersuchen lässt.
- Suchen Sie nach Materialien und überprüfen Sie diese kritisch.
- Stellen Sie Ergebnisse vor.
- Stellen Sie einen Fragenkatalog für eine europäische Partnerklasse zusammen.

Konkret auf Musikprojekte bezogen ist Popullar [http://www.popullar.eu/index.html]. NutzerInnen der Plattform schreiben Textzeilen zu ihren Lieblingssongs. Und zwar in der Sprache, die sie lernen, was in vielen Fällen eine Übersetzung notwendig macht. Die Produktion wird aufgenommen und auf die Plattform geladen.

Beispiel

- Ermitteln Sie in Ihrer Gruppe die fünf beliebtesten Songs.
- Einigen Sie sich auf zwei.
- Suchen Sie auf YouTube Instrumentalversionen Ihrer Songs.
- Schreiben Sie zum Song nun eine Strophe auf Deutsch, die zur Musik passt.
- Spielen Sie Ihre Strophen zur Instrumentalversion ein.
- Laden Sie die Version bei [www.popullar.eu] hoch.

Produzieren

Bei der Darbietung von Projekten helfen Gallery-Applikationen nach dem Voice-Thread-Prinzip [www.voicethread.com]. In einer Maske erstellen Nutzende aus digitalen Bild- Text- und Audiodaten eine Präsentation zu einer Thematik und laden sie hoch, z. B. in einen digitalen Klassenordner oder auf die Plattform eines Anbieters. Wer möchte, kann das Ergebnis danach kommentieren und ggf. Vorschläge für die Weiterentwicklung posten.
Eine interaktive Pinnwand, ebenfalls aus verschiedenen Daten, entsteht mit der TaskCards-Anwendung [https://www.taskcards.de/]. Weniger aufwendig sind digitale Werkzeuge für das gemeinsame Erstellen von Comicstrips. Die Angebote im Internet verändern und erweitern sich, sodass ein Vorschlag sehr kurzlebig sein mag. Tendenziell gibt es Sites, z. B. [https://www.storyboardthat.com/storyboard-creator], auf denen man eigene Strips entwickeln oder vorgefertigte Bestandteile und Formate nutzen kann.

Beispiel

Sie sollen eine digitale Pinnwand zu einem Thema entwerfen.
- Wählen Sie ein Thema Ihres Lehrbuchs aus.
- Lesen Sie die Anwendungshilfe auf [taskcard.de].
- Stellen Sie nun Ihre Pinnwand her und nutzen Sie die verfügbaren Werkzeuge.

Manche Lerngruppen sind schon etwas fortgeschritten. Für sie eignen sich Blogs und Wikis. In einem Blog äußert man sich zu einem Thema. Die Beiträge anderer Teilnehmer:innen sind einsehbar und können kommentiert werden. Ein Wiki ist eine von Lernenden erstellte digitale Sammlung von Informationen zu einem Thema. Wie das Vorbild Wikipedia besteht ein Wiki aus aus Texten und Visualisierungen. Es gibt auch noch Verweise auf ändere Texte zum Thema. Wikis können von ihren Autor:innen und von anderen Teilnehmenden verbessert, erweitert oder ergänzt werden. Blogs und WiKi sind auf den Intranetseiten der Schule oder auf einer Lernplattform abgelegt.

Beispiel

Sie sollen einen Beitrag für das Kinderlexikon über Frankfurt/M. schreiben.
1. Überlegen Sie in Gruppen, welche Themen und Informationen über Frankfurt erwähnt werden sollen.
2. Einigen Sie sich auf 3-4 Themen, bilden sie zu jedem Thema eine neue Gruppe und verfassen Sie einen kleinen Text.
3. Präsentieren Sie Ihr Blatt an der Tafel.
4. Gehen Sie auf [https://klexikon.zum.de/wiki/Frankfurt_am_Main] und vergleichen Sie den Eintrag mit den Gruppentexten.
5. Überlegen Sie nun, welche Themen und Informationen über Ihre Schule in einen WiKi-Eintrag einfließen können.

Üben

Individuelles Lernen ist mit Hilfe von Smartphone- oder Tablet-Apps schon für beginnende DaF/DaZ-Lerner möglich. Zwar ersetzen Apps zum Deutsch lernen weder den Sprachkurs noch die Lehrkraft. Vokabeltrainer erweitern aber Lernoptionen für den Wortschatz, Lernprogramme bieten Dialoge und thematische Kontexte für das Lernen an. Die Stiftung Warentest hat solche Apps getestet. Sie empfiehlt ‚Ankommen' und ‚Lern Deutsch-Stadt der Wörter' (Stiftung Warentest 2016). Soziales Lernen mit digitalen Medien kann hin und wieder mit Übungen erfolgen, die Lernende selbst zum gemeinsamen Bearbeiten erstellt haben. Die Seiten z. B. von LearningApps [www.learningapps.org] halten Vorlagen zum Konzipieren von Lückentexten, Rätseln etc. vor. Auf der Website des Goethe-Instituts gibt es ebenfalls einen Lückentextgenerator. Zwar sind Lehrkräfte die Zielgruppe, sie Lernenden als Arbeitsmittel zur Verfügung zu stellen ist ebenfalls erwägenswert. Eine Verwendung durch SchülerInnen fördert selbsttätige, individualisierte und kooperative Phasen.

Beispiel

Sie sollen einen Lückentext für Ihre(n) Lernpartner(in) erstellen.
- Gehen Sie auf die Website des Goethe-Instituts [goethe.de/lhr/prj/usg/deindex.htm].
- Wählen Sie aus dem Lehrbuch einen kurzen Text aus.
- Fügen Sie den Text in die Maske ein und folgen Sie der Beschreibung.

Spielen

Digitale Lernspiele bedienen verschiedene Lernzwecke. Strukturell erinnern sie an herkömmliche Spielformate. Sie verfügen jedoch über zusätzliche Komponenten, auf die man zugreifen kann, z. B. unterschiedliche Schwierigkeitsgrade, Lösungshilfen oder die Überprüfung der Eingaben. Attraktiv ist ihr Wettbewerbscharakter. Er entsteht durch die Option des gemeinsamen Spielens. Lernspiele sollten so konzipiert, dass Nutzer über längere Zeit sprachaktiv bleiben, auch wenn damit meistens eine reproduktive Sprachverwendung gemeint ist, die Festigungsprozesse auf der Wort- und Satzebene unterstützt (Klippel 2016). Das Goethe-Institut hat auf seiner Website eine Reihe von Spielen zusammengestellt, die diese Anforderungen erfüllen [www.goethe.de/ins/pl/lp/prj/dwt/spi/deindex.htm].

Beispiel

Wir fahren in den Urlaub ans Meer und packen den Koffer.
- Schau dir den Film an und entscheide: Was muss unbedingt gepackt werden?
- Pack deinen Koffer für den Sommerurlaub am Meer [durch Verschieben der Wörter auf dem Bildschirm in den Koffer, WG].
- Unnötige Sache lege in die Schublade zurück.

[http://www.goethe.de/ins/pl/pro/deutsch-wagen/spiele/spiel_22dw/main.html].

Besprechen

Auf Websites wie z. B. [lovelybooks.de] stellt man Bücher vor, bespricht oder empfiehlt sie. Auf eine ‚Rezensions- oder Feuilleton- Sprache' kommt es nicht an. Im Gegenteil formulieren die Nutzenden der Website im lockeren Alltagsdeutsch Meinungen zu ihren aktuellen Lieblingswerken. Damit sind solche Sites auch interessant für Lernende, die sich inspirieren lassen wollen für neue Lektüre.

Beispiel

Sie sollen eine Rezension schreiben.
- Gehen Sie zu [lovelybooks.de] und lesen Sie zwei bis drei Buchbesprechungen durch. Verfassen Sie dann eine Besprechung ihres Lieblingsbuchs.
- Orientieren Sie sich dabei an den Texten, die Sie durchgelesen haben.

Erzählen

Zum Rezensieren, vor allem aber zum Miterzählen wird auf der Plattform wattpad.com eingeladen, wo Autoren ihre Geschichten veröffentlichen. Wer will, macht auf der Kommentarseite zu einem Werk Vorschläge über den weiteren Verlauf der Geschichte oder notiert Mutmaßungen. Nach der Gründung von wattpad.com waren es zunächst englischsprachige Werke, die von ihren Erfindern hochgeladen wurden. Mittlerweile gibt es auf Deutsch Informationen zur Menüführung, über die Suchmaschine findet man deutschsprachige Geschichten (Dworschak 2014).

Beispiel

Sie sollen den Verlauf einer Fan-Geschichte planen.
- Entscheiden Sie sich für eine bekannte Persönlichkeit (z. B. Schauspielerin, Politiker, Sänger). Sie spielt die Hauptrolle in Ihrer Geschichte.
- Schreiben Sie einige Sätze, worüber es in Ihrer Geschichte gehen wird.
- Scheiben Sie das erste Kapitel auf einer Seite (300 Wörter).
- Laden Sie das Kapitel auf [wattapp.com] hoch und laden Sie Leserinnen und Leser ein, mit Ihnen gemeinsam die Geschichte weiterzuerzählen.

Zum Weiterlesen

Bildungsserver Berlin-Brandenburg (Hg.): Empfehlungen für Online-Tools. 2022. [https://bildungsserver.berlin-brandenburg.de/online-lernen-tools#c87883]

Fremdsprache Deutsch. Heft 53/2015. Digitale Medien.

Herzig, B.: Wie wirksam sind digitale Medien im Unterricht? 2014 [http://www.bertelsmann-stiftung.de/fileadmin/files/BSt/Publikationen/GrauePublikationen/Studie_IB_Wirksamkeit_digitale_Medien_im_Unterricht_2014.pdf].

Wallner, F.: Lehren und Lernen mit Korpora im DaF-Unterricht. In: Fachmagazin Sprache. München 2014 [https://www.goethe.de/de/spr/mag/20454877.html].

30 Lehrwerknahe Planung

- Die meisten Lehrkräfte setzen Lehrwerke im Unterricht ein. Die stehen aber in der Kritik.
- Auswahlkriterien helfen bei der Sichtung der Verlagsangebote.
- Eine digitale Revolution haben Lehrwerke bisher nicht ausgelöst.

Kontext

Das Lehrwerk gehört zu den traditionellen Medien des Fremdsprachenunterrichts. Es besteht aus einem Schülerband, einer Lehrerhandreichung sowie aus zusätzlichen Materialien, darunter DVDs, Audio CDs, Lektüren, Arbeitshefte.

Vorteile	Neuerungen	Auswahlkriterien

In DaF/DaZ-Bänden für den außerschulischen Unterricht ist das Übungsmaterial manchmal im Buch integriert. Arbeitshefte erübrigen sich. In der Schule wird mit einem Band gearbeitet, in den keine Eintragungen vorgenommen werden dürfen. Dazu gibt es Materialien, die man sich zusätzlich beschafft.

Woraus ein modernes Lehrwerk besteht

Lektüren
Webseiten
Interaktive Übungen
Film-DVD
Kursbuch
Fördermaterial
Unterrichtsmanager
Lehrplaner
Audio-CD
Lehrerhandbuch
Folienband
Arbeitsbuch
Testheft
Differenzierungsmaterial

Kritik an Lehrwerken

Das Lehrwerk steht seit langem in der Kritik als ein Medium, das starre Abläufe im Unterricht begünstigt, nicht zuletzt wegen einer nur bedingt flexiblen Gestaltung der Units. Texte und Übungen seien wenig motivierend, künstlich, die Themen altbacken und nicht auf die Interessen der Lehrwerkbenutzer bezogen. Lehrbücher müssen sich den Vorwurf gefallen lassen, ein eher traditionelles Verständnis von Sprachlernen umzusetzen. Dies äußere sich z. B. in einer (zu) hohen Anzahl geschlossener Übungen, während ‚echte' Aufgaben selten anzutreffen seien. Auch ein zu geringes Maß an Differenzierungsmöglichkeiten und eine unbefriedigende Integration neuer Medien sei das Resultat einer nach wie vor vorhandenen Ausrichtung an den Strukturen tradierter Methoden (Bausch 1999, Faistauer 2007). Soll man deshalb auf ein Lehrwerk verzichten, oder gar selbst eines zusammenstellen? Der Didaktiker Hermann Funk, selbst Lehrwerkautor (2015): „Wenn Sie den Eindruck haben, dass kein Lehrwerk so richtig passt, dann liegen Sie richtig. Versuchen Sie aber kein neues zu schreiben. Es wird nicht besser."

Vorteile von Lehrwerken

Tatsächlich ist das Lehrwerk eine große Erleichterung für die Lehrkräfte. Das von einer professionell besetzten Lehrbuchredaktion entwickelte Werk bietet Lehrkräften ein breites Text-, Bild-, Übungs- und Materialinventar. Im Lehrerhandbuch finden sich Hinweise für die Unterrichtsplanung und Vorschläge, wie man die Inhalte über das Lernjahr verteilen und strukturieren kann. Für Lehrkräfte, die noch über wenig Unterrichtserfahrung verfügen, sind die Inhalte und Methodik des Lehrwerks von einigem Wert. Möglicherweise werden sich erfahrene Lehrkräfte weniger starr an die Lehrbuchvorgaben halten und zum Teil lehrwerkunabhängige Unterrichtsideen realisieren.

Ein Lehrwerk einzusetzen ist keineswegs mit der Verpflichtung verbunden, alle Units zu behandeln und ihre Aktivitäten alle umzusetzen. Eine durchdachte Balance zwischen lehrwerkbetonter Planung und einer vom Lehrwerk unabhängigen Gestaltung sorgt für Abwechslung und Aktualität, für Individualisierung und Differenzierung. Ohnehin machen die Bedürfnisse und Bedarfe der Lernenden eine flexible Planung erforderlich, die auf aktuelle Bezüge reagiert, auf spontane Interessen eingeht und Schülerpräferenzen ernst nimmt.

Lernende profitieren ebenfalls von einem Lehrwerk. Ihnen stehen Materialien zur Verfügung, die das individuelle Nachbereiten, das Wiederholen und Festigen außerhalb des Klassenzimmers erleichtern. Im Buch finden Schüler Aktivitäten und Fördermaßnahmen für alle relevanten Kompetenzen. Durch Zusatzmaterialien lassen sie sich weiter fördern. Hierzu sind nicht nur die Angebote in einer Unit geeignet. Jedes Lehrbuch verfügt über Serviceseiten mit Erläuterungen zur Grammatik, zu Sprachfunktionen. Wortschatzlisten mit Anwendungsbeispielen erlauben es Lernenden, individuell an ihren Vokabelkenntnissen zu arbeiten, die Aussprache zu verbessern. Auf Zusatztexte können all jene zurückgreifen, die das Hör- und Leseverstehen intensiver trainieren wollen.

Pro und Contra	
Lehrwerk	
+ Strukturierter Entwicklungsplan + Lerngrundlage für Schüler + Breit angelegte Übungsangebote + Materialien für Kompetenzanbahnung + Grundlage für Jahreslehrplan + Verlässliches Repertoire an Redemitteln + Verlässliche Einbindung der Alltagskultur	– Wenig Differenzierungsangebote – Wiederkehrende Lektionen-Struktur – Starke Ausrichtung auf Übungen – Wenig echte Aufgaben – Geringe Individualisierung

Lehrbuchmarkt

Der Lehrbuchmarkt wird heute von einigen wenigen Verlagen bedient. Es wird niemanden überraschen, dass dort wirtschaftliche Erwägungen vorherrschen, die sich auf das Produkt Lehrwerk auswirken. Die Ausstattung eines Lehrwerks mag sich den Sehgewohnheiten ihrer Benutzer angeglichen haben. Mehr Bilder als früher und ein modernes Layout sind hierbei auffällige Veränderungen, wenn man ältere Ausgaben mit neueren vergleicht. Die visuelle Gestaltung wird nicht durchgängig von Fotos geleistet. Falls genauere Abbildungen notwendig sind, z. B. um Dialoge oder Lesetexte zu visualisieren, greift man oftmals auf Zeichnungen zurück. Dies ist billiger. Noch nicht erkennbar ist das systematische Einpflegen neuer Medien in bestehende Lehrwerkkonzepte. Die digitale Lehrbuchversion etwa kann man am Computer oder auf dem Tablet lesen, manche Aktivitäten damit durchführen. Ansonsten sind die Tools und Präsentationsformen dieser Produkte noch weitgehend identisch mit denen der Printversion. Dies könnte sich ändern, wenn kostenintensive Copyright-Hürden wegfallen.

Neuerungen

Wer methodische Umsetzungen neuerer didaktischer Erkenntnisse erwartet, muss sich gedulden. Nicht allein, weil ein Lehrbuch einige Jahre in der Entwicklung ist, bevor es auf den Markt kommt und es dann in einigen Bereichen schon wieder veraltet sein mag. Mit methodischen Innovationen geht man in Lehrbuchredaktionen vorsichtig vor, weil sie noch zu wenig erprobt wurden, aus der Forschung nicht genügend Daten zur Effizienz vorliegen. Bei vielen Lehrkräften mögen noch Zweifel darüber bestehen, ob das Neue überhaupt sinnvoll ist, eine wirkliche Neuerung oder doch nur alter Wein in neuen Schläuchen.

Was aktuelle Lehrwerke bieten

- Orientierung am Gemeinsamen europäischen Referenzrahmen für Sprachen.
- Kontexte und Inhalte aus der authentischen Alltags- und Berufskultur der Lernsprache.

- Integration von Internetseiten (Videos, Audiofiles, Podcasts, interaktive Übungen zur Lektion) für Lernenden.
- Integration von Lernhilfen und Lerntipps.
- Strukturierung einer Unit in explizite Lernschritte.
- Serviceseiten mit Anwendungsbeispielen und visueller Ausgestaltung.
- Digitale Materialien für die Unterrichtsplanung und -gestaltung (DVD).
- Integration von Online-Materialien in Lehrbuchseiten (App-basiert).
- Modernes, bildstarkes Design.

Zu starke Veränderungen eines am Markt etablierten Produkts könnten bedeuten, dass Lehrkräfte selbst erstellte und auf das Lehrwerk abgestimmte Materialien nicht mehr verwenden können, Folien, Arbeitsblätter etc. Man wird außerdem kaum in Abrede stellen, dass neue Ansätze auch das Lehrerhandeln beeinflussen. In einer Weise, die nicht jedem gefällt. Da nun aber ausschließlich die Lehrkräfte darüber entscheiden, welches Lehrwerk sie im Unterricht benutzen und zur Anschaffung empfehlen, sind sie die eigentliche Zielgruppe der Verlage.
In einer Medienwelt, in der es Sprachlern-Apps gibt, Youtube-Sprachkurse, digitales Coaching, von Institutionen geförderte Tandempartnerschaften und Lernszenarien zugänglich sind, mag das Lehrwerk ein Relikt vergangener Zeiten sein. Genauso wenig wie digitale Angebote die Lehrkraft ersetzen können, werden sie vermutlich das Lehrwerk am Markt verdrängen. Es lohnt sich daher, Kriterien zu überlegen, mit denen man auch in Zukunft die guten Lehrwerke erkennt. Eine Auswahl vermittelt der Bewertungsbogen unten.

Auswahlkriterien Lehrwerk

Neue Lehrwerke, bzw. die Neubearbeitung eingeführter Bände kommen alle 5-6 Jahre auf den Markt. Lehrkräfte stehen dann vor der Aufgabe, das aktuelle Angebot kritisch zu sichten und zu beurteilen, welches Produkt für ihre Lerngruppen am besten geeignet ist. Die folgenden Kriterien können dabei eine Entscheidungshilfe sein, vor allem weil sie für individuelle Adressatengruppen ausdifferenziert werden können. Beurteilt wird die prozentuale Annäherung einer Ausgabe an das Kriterium, z. B. 30%.

Was ein Lehrwerk bieten sollte

	Prozent
• Der Band hat ein zeitgemäßes, ansprechendes Layout und ist gut strukturiert. • Die Schulung der Kompetenzen ist methodisch gut gelungen. • Die Aktivierungsstruktur ist vielfältig, die Mischung aus Übungen und Aufgaben ausgewogen.	

	Prozent
• Es gibt didaktisch überzeugende Aktivitäten für verschiedene Lernausgangslagen. • Die Inhalte sind kulturell vielfältig, authentizitätsnah realisiert und werden gut vermittelt. • Der Band hat ein gutes Konzept, um Verständlichkeit herzustellen und individuell zu unterstützen. • Das Gelernte wird sinnvoll in nachfolgenden Units gefestigt und in Neues integriert. • Der Band bietet Lernenden durchdachte Angebote zum individuellen Weiterlernen. • Es gibt eine Internetunterstützung mit guten Angeboten zur Festigung und Vertiefung. • Der Band eignet sich gut zur Umsetzung der vom Curriculum erwarteten Lernergebnisse.	

Methodik

Lehrbuchkapitel individualisieren

Viele DaF/DaZ-Bücher folgen einer Progression. Eine Unit baut demnach auf Redemitteln auf, die in vorausgehenden Units vermittelt wurden und entwickelt sie weiter. Dies ist sinnvoll, um ein Wiederholen und Anwenden des Gelernten in neuen Zusammenhängen zu ermöglichen. Allerdings ist die Progression nicht so einnehmend, dass alle Units in der vorgeschlagenen Reihenfolge durchgenommen werden müssen. Man sollte auswählen, was für eine Lerngruppe für wichtig erachtet wird. Anders lässt man weg, ersetzt es durch aktuelle oder interessantere Inhalte, durch andere Darbietungsformen.

Beispiel

Lesen Sie die Themen des Lehrbuchs an der Tafel.
Wählen Sie ein Thema aus.
Schreiben Sie stichpunktartig auf (Karteikarten), was Sie über das Thema wissen (oder wissen möchten).
Befestigen Sie Ihre Karten unter Ihrem Thema an der Tafel.
Lesen Sie alle Karten durch und markieren Sie (rote Punkte) alle, die Sie interessieren.

Umgang mit Lehrbuchkapitel differenzieren

Aufgrund der hohen Anzahl an Aktivitäten im Buch sind ohne Weiteres Differenzierungsmöglichkeiten durchführbar. Wiederum ist erwägenswert, die vorausgehenden Lektionen einzubeziehen. So kann ein zusätzlicher Wiederholungseffekt realisiert werden.

Beispiel

Gruppe A:	Bearbeiten Sie Übungen 1-4 alleine.
Gruppe B:	Bearbeiten Sie Übungen 1-4 mit Ihrem Partner, Ihrer Partnerin.
Gruppe C:	Bearbeiten Sie die Aufgaben auf der Lektionsseite.
Gruppe D:	Entwerfen Sie zum Wortschatz der Lektion eine Mindmap.
Gruppe E:	Entwerfen Sie zum Lesetext eine Flowchart.

Lehrbuchkapitel als Quelle nutzen

Die Hauptaufgabe einer Lektion ist es, die betreffenden Lerninhalte zu vermitteln. Zu einzelnen Lehrbuchteilen lassen sich jedoch auch Aufgaben gestalten. Dadurch werden Inhalte neu strukturiert und für eine bisher nicht genutzte Verankerung vorbereitet. Klassenlehrplan. Für Klarheit sorgen kleine Umfragen, die über besondere Interessen informieren. Ergänzt werden sollten Lehrbuchteile immer auch wieder durch individuelle Hilfen, die beim Verständnis und bei der Bearbeitung helfen, Aspekte des Lehrbuchs vertiefen oder ausführlicher erläutern.

Beispiele

Beschreiben	Wählen Sie ein Bild aus Lektion 1-4 aus. Beschreiben Sie es Ihrem Lernpartner. Lassen Sie das Bild im Buch finden.
Sammeln	Lesen Sie die Wörterlisten der Lektionen 1-4 durch. Schreiben Sie alle Wörter auf, die etwas mit #Bewegung# zu tun haben.
Fortführen	Wählen Sie aus einer älteren Lektion eine Übung zur Grammatik. Führen Sie diese Übung mit eigenen Beispielen fort. Legen Sie Ihre Übung ihrem Lernpartner zur Bearbeitung vor. Korrigieren Sie gemeinsam Ihre Ergebnisse.
Herstellen	Sie sollen ein Kreuzworträtsel herstellen. Es soll aus den Wörtern von Lektion 3 bestehen. Gehen Sie auf [https://www.kreuzwort-raetsel.com/selbst-erstellen]. Folgen Sie der Anleitung. Lassen Sie Ihr Rätsel lösen.
Verfassen	Wählen Sie aus den ersten vier Lektionen drei Bilder aus Schreiben Sie eine kurze Geschichte zu den drei Bildern.

Zusammen-stellen	Wählen Sie ein Thema aus Lektion 1-4 aus. Suchen Sie in Medien 3-4 Bilder, die das Thema illustrieren. Stellen Sie ihre Bilder in der Klasse vor.
Verfassen	Wählen Sie ein Thema der Lektion aus. Schreiben Sie hierzu einen kurzen Text. Sie können Textteile aus der Lektion verwenden. Nehmen Sie Ihren Text auf und spielen Sie ich in der Klasse vor.
Unterrichten	Wählen Sie mit Ihrer Lehrkraft einen Lerninhalt der Lektion aus. Überlegen Sie sich, wie Sie den Lerninhalt im Unterricht selbst Ihren Mitlernenden vermitteln können. Führen Sie Ihr Konzept zum Lerninhalt nun durch.

Zum Weiterlesen

Faistauer, R.: Lehrwerke auf dem Prüfstand: am Beispiel von *studio d.* In: Eßer/Krumm 2007, 233-241.

Fremdsprachen Lehren und Lernen 40, 2, 2011: Lehrwerkkritik, Lehrwerkverwendung, Lehrwerkentwicklung.

Funk, H.: Qualitätsmerkmale von Lehrwerken prüfen – ein Verfahrensvorschlag. In: *Babylonia* 3/2004, 41-47.

Krumm, H.-J.: Lehrwerke im Deutsch als Fremd- und Deutsch als Zweitsprache-Unterricht. In: Krumm u. a. 2010, 1215-1226.

Meijer, D./Jenkins, E.-V.: Landeskundliche Inhalte –die Qual der Wahl? Kriterienkatalog zur Beurteilung von Lehrwerken. In: Fremdsprache Deutsch 18/1998, 18-25.

31 Lerntätigkeit Fernsehen

- Fernsehen kann gut sein für das sprachliche und kulturelle Lernen.
- Die Vielfalt der Programme erleichtert authentische Unterrichtsbezüge.
- Schwierige Passagen werden durch Texteinblendungen verständlich.

Kontext

Auch die Verwendung von Fernsehangeboten ist eine Sonderform mediengestützten Fremdsprachenlernens. Unter Fernsehen wird einen Vielzahl an Sendeformaten zusammengefasst. Sie reichen von der Informationssendung über Film und Serie bis zum Trash-Magazin. Es verwundert daher nicht, dass sich eine TV-Didaktik formiert hat, die ästhetische Aspekte des Fernsehkonsums beforscht (vgl. Surkamp 2017,311). Um diese soll es hier nicht gehen, sondern um die Frage, welchen Nutzen das Fernsehen – stellvertretend für vergleichbare Medien – für die Sprachentwicklung hat.

Sprachentwicklung	Kompetenzschulung	Diversität

An Angeboten mangelt es nicht, will man im DaF/DaZ-Unterricht fernsehen. In den Online-Mediatheken der Rundfunkanstalten stehen zahlreiche Genres an Beiträgen und Filmen über einen längeren Zeitraum nach der Ausstrahlung zum Streaming zur Verfügung. Lehrkräfte sind weder auf die Programmausstrahlung angewiesen, noch müssen sie ein Aufnahmegerät einschalten. Es genügt eine Internetverbindung und der Zugriff auf eine Sendung kann zum geplanten Zeitpunkt erfolgen. Die DVD-Version eines Beitrags ist dann die bessere Lösung, wenn damit intensiv sprachlich gearbeitet werden soll.

Fernsehen als Lernangebot

Gezielt auf Bedarfe von Lernenden geht Planet Schule ein, das Bildungsfernsehen der ARD für Schülerinnen und Schüler. Manche Beiträge sind speziell zum Deutschlernen produziert, andere passen zu den Curricula von Sachfächern wie Geschichte oder Biologie. Sie sind in bilingualen Lernumgebungen einsetzbar.
Nicht weniger vielfältig als die Programme und Sendeformate sind die Sehanlässe der Nutzer selbst. Die Kompetenzen von Lernenden zu fördern oder die eigenen Sprachkenntnisse zu verbessern, zählen sicherlich zu den Gründen für die Popularität von Fernsehprogrammen unter Lehrkräften und Schülern.

Dennoch werden manche Lehrkräfte nur mit einigem Unbehagen das TV-Gerät im Klassenzimmer einschalten, denn einen guten Ruf genießt es nicht. Nicht ganz zu Unrecht. Printmedien berichten regelmäßig darüber, dass gerade übermäßiger Fernsehkonsum für die soziale Entwicklung der Kinder schädlich ist. In Studien zum Erstsprachenerwerb hat sich gezeigt, dass ein hoher Fernsehkonsum sich ungünstig auf die Sprachentwicklung von Kindern im Vorschulalter auswirkt (v. Kries u. a. 2006, 615).
Aber wie steht es mit Fernsehen, wenn man die Sprache fördern möchte?

Fernsehen als Sprachlernhilfe

Tatsächlich ist die Annahme weit verbreitet, dass die Film- und Fernsehrezeption in der Lernsprache einen positiven Einfluss auf fremdsprachliche Kompetenzen hat. Besonders augenfällig sei dies in Ländern, in denen englische Programme in der ursprünglichen Fassung ausgestrahlt werden. Es wird darauf verwiesen, dass diese Filme und Informationssequenzen auf Englisch nicht synchronisiert sind wie in Deutschland. Stattdessen werden sie mit Untertiteln in der Landessprache ausgestrahlt. Dieser Umstand sei für die guten Englischkenntnisse der Bevölkerung zumindest mitverantwortlich, namentlich in skandinavischen Ländern und in den Niederlanden (Gerhards/Hess 2013).
Beim Fremdsprachenerwerb scheinen ältere Kinder und Jugendliche vom Fernsehen zu profitieren. Die Rezeption wirkt sich günstig auf den reproduktiven Wortschatz und auf das Hörverstehen aus. Die positiven Effekte hängen offenbar damit zusammen, dass Informationen, die als gesprochener Text (auditiv) und als Bild oder als Animation (visuell) präsentiert werden, einen höheren Lernerfolg begünstigen (Herzig 2014,13f.).
Voraussetzung ist, dass die Sendungen im Einklang mit den kognitiven Fähigkeiten und Bedürfnissen ihrer Zuschauer stehen. Der Input sollte an ihre Dispositionen angepasst sein (Diergarten/Nieding 2012, 28). Lehrkräfte können also einiges dazu beitragen, dass Fernsehen das Sprachkönnen fördert.

Methodik

Zielsprachliche Untertitel einsetzen

Wem es als Lehrkraft darauf ankommt, das Verstehen von Fernsehsendungen zu trainieren, wird auf Untertitel nicht verzichten. Sie führen zu einer verbesserten Wahrnehmung des fremdsprachlichen Input einer Sendung. Allerdings müssen die Untertitel intralingual verfasst sein, d. h. in der Sprache des Beitrags oder Films. Mit interlingualen Textunterlegungen, d. h. Texteinblendungen, die in der Erstsprache der Zuschauer gehalten sind, könnte sich ein negativer Effekt einstellen.

Aus einer Studie von Mitterer/McQueen geht hervor, dass deren Teilnehmende zwar interlingual untertitelte Szenen, ihren Inhalt und Sinn erfassten. Aber nur solange, wie die Szene lief. Nachhaltig gelernt wurde nicht. Interlinguale Untertitel lenken die Aufmerksamkeit ihrer Nutzer auf die Übersetzung der Szenendialoge. Sie führen die Betrachter weg von der Fremdsprache, hin zur Erstsprache. Ein nachhaltiger Effekt kann sich so nicht einstellen. Die neuen Wörter in der Übersetzung werden später im Input nicht wiedererkannt.
Auf das Verstehen der Aussprachevarianten wirkt sich eine interlinguale Untertitelung ebenfalls kaum aus (Mitterer/McQueen 2009). Wer das Identifizieren und Behalten von Wörtern und ihrer Aussprache durch Fernsehen gezielt fördern möchte, sollte öfters die Untertitelfunktion für Hörgeschädigte aufrufen.

Bewusst fernsehen

Ist das Fernsehgerät im Klassenraum eingeschaltet, sollten die Lernenden sich aktiv mit der Sendung beschäftigen. Zur Hintergrundbeschallung taugt das Medium nicht. Eine Phasierung, die eine Sendung vorentlastet bzw. auf sie einstimmt, einige wenige Arbeitsaufträge bereithält und die Rezeption sprachlich und inhaltlich nachbereitet, ist didaktischer Konsens. Dies schließt allerdings nicht aus, dass Lernende einzelne Sendungen selbsttätig verfolgen und die Lehrkraft bei Bedarf Verstehenshilfen gibt.

Sequenzen wiederholen

Verstehensschwierigkeiten werden durch mehrfaches Wiederholen der unverstandenen Sequenzen verringert oder ganz ausgeräumt. Die Lernenden haben mehr Zeit, um die visuellen und kontextuellen Hinweise im Sendeausschnitt zu entdecken, sie genauer zu analysieren und für die Herleitung von Bedeutungen zu nutzen. Manchmal ist eine verlangsamte Wiederholung einer schwierigen Sequenz angezeigt.

Dialogische Szenarien auswählen

Sendungen, in denen wenige ProtagonistInnen auftreten, lassen sich gut verfolgen. Kommen zu viele Akteure ins Spiel, entsteht leicht Verwirrung. Der Erzählkontext kann verlorengehen. An dialogische Szenen sind Lernende bereits gewöhnt. Sie verfügen über Vorwissen und Verstehensstrategien, die ihnen beim Verstehen hilfreich sind, z. B. die Mimik wahrzunehmen, auf das szenische Umfeld zu achten, Intonationsmuster der Schauspieler zu beachten (Diergarten/Nieding 2012).

Gemeinsam fernsehen

Das gemeinsame Fernsehen (Co-Viewing) ist eine kooperative Konstellation. Es erleichtert eine interaktive Beschäftigung mit den Inhalten und den sprachlichen Anteilen in einer Lerngruppe. Die Lehrkraft ist beim Co-Viewing in verschiedenen Rollen mit eingebunden, als Lernbegleiterin, Worterklärerin, Input-Segmentiererin usw. (Kirch 2009).

Beispiel

Suchen Sie sich jeweils einen Charakter heraus und beobachten Sie ihn während der Sendung.
Schreiben Sie auf, welche Rolle er/sie in der Handlung spielt.
Notieren Sie, was Ihnen besonders auffällt an der Rolle.
Berichten Sie der Klasse.

Das Medium analysieren

Zur Medienkompetenz gehört es, sich den Inszenierungs- und Produktionstechniken sowie ihren Wirkungen reflexiv zu widmen. Hierzu ergeben sich für Lernende Fragen, mit denen sie sich nach einer Rezeption beschäftigen, z. B. wie Musik und Klänge eingesetzt werden, welche Kameraeinstellungen vorherrschen, wie es sich mit der Lichtgestaltung verhält, mit den Farbgebungen, mit der Schnittdichte und welche Eindrücke dadurch erzielt werden (Kreuzer/Lauritz/Mehlinger/Moormann 2014).

Beispiel

Schauen Sie sich die folgenden Szenen an.
Machen Sie sich Notizen.
Schreiben Sie dann eine Kritik für die Fernsehzeitschrift.

Aktiv mit einer Sendung umgehen

Die folgenden Aktivitäten skizzieren anhand einiger Operatoren weitere Möglichkeiten, Fernsehsendungen in aktive Sprachprozesse einzubinden.

Beispiele

Zusammenfassen	Schauen Sie sich die folgenden Szenen an. Machen Sie sich Notizen. Schreiben Sie dann eine Zusammenfassung für die Fernsehzeitschrift.
Verfassen	Schauen Sie sich die folgende Szene an. Sie ist stumm geschaltet. Achten Sie auch auf Mimik und Körperhaltung der Schauspieler. Entwerfen Sie einen Dialog, der zur Szene passt und dazu, wie die Schauspieler agieren. Verfolgen Sie dann die Originalversion mit Ton. Halten Sie stichpunktartig Ergebnisse fest und tragen Sie diese in der Klasse vor.
Verfassen	Schauen Sie sich die folgende Szene an. Verfassen Sie Untertitel für Hörgeschädigte.

Zum Weiterlesen

Diergarten, A. K., Nieding, G.: Einfluss des Fernsehens auf die Entwicklung der Sprachfähigkeit. Sprache, Stimme, Gehör 2012; 36: 25-29. [https://www.thieme.de/statics/dokumente/thieme/final/de/dokumente/tw_logopaedie/Weiterbildung_Mediennutzung_Diergarten_Niedling_SSG_1_2012.pdf].

Kirch, M.: Sprachlernen mit dem Fernsehen. Können Programme das Lernen einer zusätzlichen Sprache fördern? Televizion 21/2008/2, 44-47. [http://www.br-online.de/jugend/izi/deutsch/publikation/televizion/21_2008_2/kirch.pdf].

Mitterer H/McQueen J. M.: Foreign Subtitles Help but Native-language Subtitles Harm Foreign Speech Perception. PLoS ONE 4(11)/2009: e7785. [http://journals.plos.org/plosone/article?id=10.1371/journal.pone.0007785].

32 Leistungseinschätzung

- Leistungseinschätzungen sind wichtige Lehrstrategien beim Fremdsprachenlernen.
- Lehrkräften helfen sie bei der Bestimmung von Lern- und Leistungsständen.
- Lernenden geben sie Auskunft über verbesserungsfähige Sprachlernbereiche.

Kontext

Tests müssen sein. Lernenden verhelfen sie zu Informationen über ihren aktuellen Lern- und Leistungsstand, ihre individuellen Leistungstendenzen können sie durch Testergebnisse genau verfolgen. Lehrkräfte können methodische Maßnahmen auf der Basis von Testergebnissen passgenauer planen und z. B. Förderpläne für einzelne Lernende erstellen, gezielt Lernstoff wiederholen, Alternativen erproben, die sich nun vielleicht als besser geeignet für die betreffende Lerngruppe darstellen. In einem bewertenden Unterricht wird man auf eine Reihe verschiedener Testformen zurückgreifen, sie ins Unterrichtsgeschehen integrieren, in Form summativer oder formativer Formate realisieren und auswerten.

Testtypen	Testgüte	Testaufgaben

Testtypen

In den ersten Lernjahren überwiegen punktuelle Abfragen, die eine bestimmte Fertigkeit überprüfen, z. B. ob Lernende Relativsätze bilden können. Über die Sprachhandlungsfähigkeit der Schüler sagen sie nichts aus. Man erfährt also wenig über den Stand ihrer kommunikativen Fähigkeiten. Diese lassen sich mit integrativen Tests überprüfen, weil die Aufgaben mehrere sprachliche Fertigkeiten aufrufen. Hierzu ist es dann notwendig, dass auch offene Aufgabentypen bearbeitet werden.

Beispiel

Schreiben Sie das fehlende Wort in die Lücke.
In Zeiten, in denen viele Menschen mit wirtschaftlichen Problemen kämpfen haben, stößt die Institution der Tauschbörsen bei immer ____________ Menschen auf großes Interesse.
[http://www.goethe.de/pro/relaunch/prf/materialien/B2/b2_uebungssatz.pdf].

Testgüte

Ein Test muss Anforderungen erfüllen, er muss valide, reliabel und möglichst objektiv sein.

Valide ist er, wenn er nur misst, was er zu messen angibt. Soll beispielsweise die Fähigkeit überprüft werden, einem Lesetext die wesentlichen Informationen zu entnehmen, würde der Auftrag, eine schriftliche Reaktion auf den Lesetext zu verfassen, die Validität einschränken.

Reliabel ist ein Test, der zuverlässig ist. Führt man ihn nochmals unter gleichen Bedingungen. erbringt er die gleichen Ergebnisse. Verständliche Aufgabenstellungen erhöhen die Zuverlässigkeit, auch exakte Angaben zur Bearbeitungszeit und zur Punkteverteilung. Mehrere ähnliche, aber nicht aufeinander bezogene Aufgaben prüfen die Sicherheit in einem Kompetenzbereich zuverlässiger als eine einzige. Die Testaufgaben sollten unabhängig voneinander zu lösen sein, und ohne Auswahlmöglichkeit. Die Lösung darf nicht zufällig oder durch Erraten zustande kommen (Lienert/Raatz 1998).

Objektiv ist ein Test, der unter für alle Teilnehmende gleichen Bedingungen durchgeführt wird und jeder über die gleichen Informationen verfügt.

Aufgabentypen

Man unterscheidet geschlossen, halb-offene und offene Aufgabenformen. Bei geschlossenen und halb-offenen Aufgabentypen wird verlangt, Redemittel, linguistische Einheiten oder Informationseinheiten wiederzuerkennen, auszuwählen, zuzuordnen, umzuordnen oder zu markieren. Offene Aufgaben messen Kommunikationsfähigkeit im eigentlichen Sinne. Man kann die Aufgabe beantworten, ohne dass bestimmte Redemittel erwartet werden.

Beispiel

Schreiben Sie als Reaktion auf diesen Artikel an die Zeitung. Sagen Sie,
- ob Sie persönlich am Car-Sharing mitmachen würden,
- worin der Vorteil eines eigenen Autos besteht,
- ob es ähnliche Angebote in Ihrem Heimatland gibt.

[http://www.goethe.de/pro/relaunch/prf/materialien/B2/b2_uebungssatz.pdf].

Methodik

Benotung

Schwierig ist die Gewichtung sprachlicher Fehler in offenen Aufgabenformen. Manche Fehler sind leicht, andere schwerwiegende Normverstöße. Fehler, die im Bemühen entstanden sind, die Kommunikation aufrechtzuerhalten, wird man anders bewerten als Fehler, die auf eine unzureichende Vorbereitung zurückzuführen sind.

Bei der Benotung berücksichtigen Lehrkräfte, wie stark die Verständlichkeit durch Fehler beeinträchtigt wird. Ein Kriterium kann auch sein, wie stark eine Äußerung vom konventionellen Sprachgebrauch abweicht. Fehler, die gegen neu vermittelte Regularitäten verstoßen, gelten bei der Bewertung als schwere Fehler (nach Gehring 2010).

Kriterium	Schwerer Fehler	Leichter Fehler
Sprachregeln	Gravierender Verstoß gegen allgemeine Sprachregeln	Geringfügige Abweichung von Regeln
Verständlichkeit	Textsinn stark beeinträchtigt	Textsinn geringfügig beeinträchtigt
Curriculum	Verstoß gegen aktuelles Sprachlernziel	
Häufigkeit	Verstoß gegen übliche Ausdrucksweise	Geringfügige Abweichung
Angemessenheit	Starke Abweichung von Sprachkonventionen	Geringfügige Abweichung
Inhalt	Information fehlt, wird unzureichend oder falsch wiedergegeben	Geringfügige Abweichung
Kohäsion	Sätze und Absätze sind schlecht miteinander verknüpft.	Geringfügige Abweichung

Leistungserwartungen

In der Praxis beschreiben Lehrkräfte ihre Erwartungen ganz konkret. Diese legen genau die Merkmale einer sprachlichen Leistung für eine bestimmte Notenstufe dar (siehe unten, nach Schinschke/Weinert 2008).

Beispiel

Leistungsmerkmale einer Schreibaufgabe, Bereich Grammatik	Benotung
Geringfügige Grammatikfehler behindern weder Verständnis noch Lesefluss, sprachliche Bezüge eindeutig	15 14 13 (sehr gut)
Mehrere geringfügige Grammatikfehler und/oder vereinzelte Verstöße in den sprachlichen Bezügen beeinträchtigen die Aussage nicht	12 11 10 (gut)
Verstöße gegen die Grammatik und/oder bei den sprachlichen Bezügen beeinträchtigen einen geringen Teil der Aussage	09 08 07 (befriedigend)
Verstöße gegen die Grammatik und/oder in den sprachlichen Bezügen beeinträchtigen die Aussage wiederholt	06 05 04 (ausreichend)
Verstöße gegen die Grammatik und/oder in den sprachlichen Bezügen erschweren die Verständlichkeit	03 02 01 (mangelhaft)
Verstöße gegen die Grammatik erschweren die Verständlichkeit weitgehend, sprachliche Bezüge mehrfach unklar	0 (ungenügend)

[http://www.klausurgutachten.de/static/hinweise/rel/1/]

Bewertungsphasen

Leistungserwartungen werden für summative und für formativen Formen der Leistungsfeststellung beschrieben. Weit verbreitet ist die summative Bewertung. Am Ende einer Lernphase bzw. nach Abschluss einer Lerneinheit wird getestet, wie Lernende mit einem neu erworbenen Wissensgebiet umgehen. Entscheidend ist also der Testzeitpunkt.
Die formative Bewertung erstreckt sich über den gesamten Zeitraum einer Lernphase bzw. einer Lerneinheit. Der jeweils aktuelle Leistungsstand wird regelmäßig überprüft und die Lernenden erhalten regelmäßig ein Feedback. So entstehen mehrere Versionen einer Aufgabenlösung. Das Feedback oder die Korrekturhinweise der vorausgehenden Version verarbeiten die Lernenden in der nachfolgenden Version, die wiederum von der Lehrkraft korrigiert wird. Aus den so ermittelten Teilnoten wird eine Endnote gebildet.

Selbsteinschätzung

Bei der Selbsteinschätzung beurteilen Lernende den eigenen Lernprozess. Sie reflektieren Lernphasen in Lernertagebüchern, notieren Stärken und Schwächen oder befassen sich kritisch mit ihrem Lernverhalten. Durch solche Prozesse wird versucht, ein Bewusstsein für das eigene Leistungsvermögen anzubahnen.
Die Fähigkeit zur Selbsteinschätzung kann man lernen. Als Erstes gilt es, ein Bewusstsein dafür aufzubauen, dass man schon viel auf Deutsch verstehen und mitteilen kann. Zweitens soll man einmal selbst in der Lage sein, zu erkennen, wo Verbesserungen möglich sind. Schließlich benötigen Lernende drittens eine Strategie, mit der sie ein individuell gesetztes Lernziel auch erreichen. Das in Index strukturiert das Training der Selbsteinschätzung. Die drei R stehen für die englischen Begriffe *recognize, reflect* und *react*. Jedes Wort beschreibt eine kognitive Tätigkeit, die bei der Selbsteinschätzung benötigt wird.
Recognize: Das Erkennen eines Lernproblems dient dazu, den eigenen Lernzustand zu identifizieren und sprachliche Hürden als solche wahrnehmen. Viele Aktivitäten im Unterricht helfen, Fähigkeiten des Erkennens zu entwickeln. Ordnungsübungen, Richtig-falsch-Antworten oder Einfüllaktivitäten sensibilisieren auch für ein bewusstes Lernen durch Erkennen.
Reflect: Selbst und eigenständig zu schreiben dient auch dazu, Reflexionsprozesse in Gang zu setzen. Hierzu arbeiten Lernende häufig mit Reflexionsimpulsen. Diese finden sie in Form einer Liste mit Kann-Deskriptoren auf einem Materialblatt. Deskriptoren beschreiben einzelne Sprachfunktionen oder Teilkompetenzen. Auf einer Antwortskala können sie individuell eingeschätzt werden.
React: Auf die Reflexion folgt die Reaktion, denn das Nachdenken soll etwas bewirken. Ideal sind Lerngespräche zwischen Lehrkraft und einzelnen Lernenden. Offene Fragen lassen sich so zielgenau klären. Diese Informationen gehen ein in individuelle Förderpläne.

Skizziert werden im Folgenden einige Verfahren für die Selbstevaluation. Sie stehen alle in Verbindung mit einem Lernportfolio, in dem die verschiedenen Aktivitäten dokumentiert und aufbewahrt werden.

- Ziele formulieren

Ein grundlegendes Verfahren besteht darin, dass Lernende die erzielten Ergebnisse eines Lernprozesses mit den Zielen vergleichen, die sie selbst formuliert haben. In der Lerngruppe kann ein Katalog der Leistungserwartungen besprochen werden, um die Zusammenhänge zwischen Zielen und Arbeiten herzustellen (Brunner 2002, 58). Alternativ dazu formuliert die Lerngruppe am Ende einer Unterrichtsphase selbst Lernergebnisse.

Beispiel

Schreiben Sie auf, welche Erwartungen ein Leserbrief erfüllen soll:

eigene Meinung wiedergeben | in Abschnitte unterteilt
sachlich | ohne Fehler
verständlich | Anrede und Schlussformel
nicht beleidigend | Paragraphen

- Aufgaben evaluieren

Bevor Lerner selbst Aufgaben evaluieren, sollten sie ein Bewusstsein für Korrekturverhalten entwickelt haben. Insofern bietet es sich an, ihnen Modellösungen von Aufgaben in die Hand zu geben. Die Leistungserwartungen im Beispiel sind nach Art von Rubrics formuliert. Sie beschreiben in Tabellenform die mit einer Leistung (z. B. Schreibaufgabe) verbundenen Teilleistungen.

Beispiel

Leistungserwartungen bei der Schreibaufgabe „Leserbrief":

Erwartung	Voll erfüllt	Gut erfüllt	Erfüllt	Nicht erfüllt
Inhalt	klar formuliert und schlüssig dargestellt	meist klar formuliert, Schlüssigkeit ist meist gegeben	zum Teil klar formuliert, Schlüssigkeit ist an manchen Stellen wenig konturiert	zum Teil wenig nachvollziehbar. Es mangelt an einer schlüssigen Darstellung
Struktur	übersichtlich und systematisch	Intention wird übersichtlich vermittelt	Intention wird deutlich, Abfolge schematisch	Intention wird deutlich, Argumentation hat unsystematische Anteile

- Fehlerbiographie führen

Lösungsblätter unterstützen Lernende dabei, die Qualität einer Arbeit einzuschätzen. Eine Auswahl ihrer identifizierten Unzulänglichkeiten halten sie in einer Matrix fest. Mit dem Input aus nachfolgenden Arbeiten entsteht eine individuelle Fehlerbiographie, die Lernenden differenzierte Aussagen zu den Veränderungen in ihrem Sprachverhalten ermöglichen.

Beispiel

Fehler	Korrektur	Typ	Alter/neuer Fehler	Analyse
Dieses Ort ist schön	Dieser Ort	Grammatik	neu	Dieser Ort (der Ort) Dieses Haus (das Haus)

- Reflexionsbögen

Deskriptorengestützt sind Reflexionsbögen zur Selbstevaluation. Den Schülern liegt eine Liste vor, in der die erwarteten Kompetenzen in einer Fertigkeit durch eine Reihe von Einzelaktivitäten beschrieben sind. Sie sollen nun selbst markieren, wie sie sich jeweils einschätzen.

Beispiel

Sprechen	sehr gut	gut	noch nicht so gut	noch gar nicht
Ich kann über meine Hobbys sprechen				
Ich kann andere nach ihren Hobbys fragen				
Ich kann sagen, was ich in meiner Freizeit gerne tue				

- Kompetenzraster

Die Matrix des Gemeinsamen europäischen Referenzrahmens (GeR) liegt als Kompetenzraster vor. Mit farbigen Punkten markieren die Schüler die Qualifikationen im Raster, zu denen sie Leistungen in ihrem Portfolio erbracht haben. Damit die Zuordnung eindeutig erfolgen kann, befindet sich die Nummer der betreffenden Portfolioleistung auf den Markierungspunkten.

Beispiel

Ich kann zu anderen sprechen	Ich kann mich und meinen Alltag beschreiben ❹	Ich kann über Bilder sprechen ❸ ❺	Ich kann anderen vorstellen, was mich persönlich interessiert.
Ich kann Texte schreiben.	Ich kann einzelne Wörter und Wendungen schreiben ❷	Ich kann mich selbst und meine Umgebung in einfachen Sätzen beschreiben	Ich kann Ereignisse und persönliche Erlebnisse beschreiben.

(Auszug aus Kompetenzraster GeR A2.)

- Reflexionsprotokoll

Komplexer Output kann nur schwerlich mit Kann-Statements erfasst werden. Reflexionsprotokolle haben gegenüber Reflexionsbögen den Vorteil, dass man produktiv und frei von Vorgaben formuliert, wobei dann auch die eigenen Schwachen artikuliert werden können. Die Lehrkraft kann sehr viel genauer auf einzelne Lerner eingehen.

Beispiel

Der Leserbrief war nicht schwer. Ich finde das Thema interessant. Schwer war Wortschatz, viele Fachwörter kannte ich nicht. Meine Sätze waren nicht so gut verbunden. Ich muss mehr auf die Liste mit Satzverbindungen schauen. Aber ich konnte meine Meinung schreiben.

- Vergleich

In einem Portfolio werden normalerweise Texte aufbewahrt, die Schüler verfasst haben und die von der Lehrkraft korrigiert wurden. Danach entstehen eine oder zwei weitere Überarbeitungen, wobei die Korrekturen einfließen. Auf eine analytische Ebene gelangt man, wenn man überarbeitete Texte mit Erstfassungen vergleicht, die früher entstanden sind.

- Autorenkonferenz

In einer Autorenkonferenz tauschen die Lernenden ihre selbst verfassten Texte untereinander aus, lesen und kommentieren sie. Die Gruppe bespricht auch alle Bewertungen, und handelt ein konsensfähiges Ergebnis aus (Brunner/Schmidinger 2001).

Zum Weiterlesen

Kompetenzen testen, prüfen, zertifizieren. Fremdsprache Deutsch 34/2006.
Lienert, G. A./Raatz, U.: Testaufbau und Testanalyse. Weinheim 1998.
Maier, U.: Leistungsdiagnostik in Schule und Unterricht. Bad Heilbrunn 2015.

33 Rückmeldungen

- Rückmeldungen helfen Lernenden, individuelle Probleme zu erkennen und anzugehen.
- Feedback zeigt auch auf, welche positiven Ergebnisse bereits erreicht wurden.
- Lernende sollten ebenfalls Gelegenheit haben, Feedback zu geben.

Kontext

Jüngere Studien haben wieder einmal die Bedeutung des Feedbacks betont (Busse 2015). Zu Rückmeldungen von Lehrkräften an ihre Lernenden kommt es aus verschiedenen Gründen. Manchmal sind Auslöser originelle Verhaltensweisen, manchmal sehen Lehrkräfte Bedarf an einer Rückmeldung wegen bestimmter Formulierungen (Lerner-Output) in einer Interaktion in der Fremdsprache. Häufig kommt es zu Feedback bei der Auswertung einer Aufgabe. In modernen Lernumgebungen sind Lehr-Lern-Gespräche zum Sprachstand gängige Formen der Rückmeldung. Generell richtet sich das Feedback damit auf die spontane Äußerung, auf Leistungserwartungen, auf den Lernprozess.

Mit Feedback zum Lernenden-Output, zur Qualität von Ergebnissen oder der Lernentwicklung versuchen Lehrkräfte zu bestätigen, zu ermuntern, zu korrigieren, zu motivieren. Sie möchten Schüler dabei unterstützen, das Lernen zu verbessern und aufzeigen, in welchen Lernbereichen die Richtung schon stimmt.

Darüber hinaus möchten Lehrkräfte in einem Unterricht, der viel Wert auf Interaktion legt, mit Feedback die Verbesserung und Weiterentwicklung kommunikativer Kompetenzen unmittelbar fördern.

Nur zum Teil richtet sich Feedback an die ganze Lerngruppe. Häufiger ist Feedback individuell ausgeprägt und soll einzelnen Schülern eine Rückmeldung zum gezeigten Sprachverhalten geben. Lernförderliches Feedback hat zwei Komponenten. Korrektur und Hilfestellung bei der Problemlösung.

Methodik

Die Feedback-Kultur besteht aus den Routinen und Vorgehensweisen, die als pädagogische Handlungsformen in Forschung und Unterricht einen hohen Stellenwert genießen. Die hier genannten Merkmale der Feedback-Kultur im Einzelnen konzentrieren sich auf Sensibilität, Nachvollziehbarkeit, Regelmäßigkeit, Identifizierbarkeit und Differenzierung.

Sensibilität	Zielgerichtetheit	Nachvollziehbarkeit

Sensibilität

Fremdsprachenerwerb hat viel mit Rückkoppelungen zu tun. Bereits bei der Aneignung der Muttersprache waren die Rückmeldungen der unmittelbaren Bezugspersonen eine große Hilfe. In vergleichbarer Form werden Lernende von der Lehrkraft über die Qualität ihres mündlichen Beitrags oder ihres schriftlichen Textes informiert. Nicht alle LernerInnen fassen eine ggf. kritische Rückmeldung ohne Weiteres als Lernchance auf. Lehrkräfte erläutern daher, in welcher Weise sie intervenieren und weshalb sie dies tun. Eine Erleichterung ist es für SchülerInnen, wenn ihnen die grundlegenden Feedback-Techniken bekannt sind. Mündliches Feedback wendet sich mehrheitlich an Einzelpersonen, eine gewisse Sensibilisierung für Befindlichkeiten ist angezeigt. Niemand möchte in einer Lerngruppe als unwissend bloßgestellt werden.

Nachvollziehbarkeit

Bestätigendes Feedback sollte dem Anlass und der Leistung entsprechen. Lernende beschleicht sonst leicht das Gefühl, es handele sich bei der Rückmeldung um eine methodische Routine, nicht um eine qualitative Aussage. Ausgesprochen positives Feedback (wunderbar, sehr schön, ausgezeichnet) bleibt außergewöhnlichen Leistungen vorbehalten. Ansonsten ist ein Repertoire an kommunikativen Nuancierungen angezeigt, damit sich verbales Feedback nicht abschleift.

Zielgerichtetheit

Wirksames Feedback setzt voraus, dass Schüler als explizite Adressaten aufmerksam sind. Es muss allen klar sein, dass Feedback-Maßnahmen ergriffen werden. Außerdem muss bekannt sein, worauf sich Rückmeldungen richten. Lernende müssen aber auch wissen, wann Lehrkräfte nicht korrigierend eingreifen. Dies ist etwa angezeigt in Phasen, in denen sie frei mit der neuen Sprache kommunizieren.

Regelmäßigkeit

Regelmäßiges Feedback ist notwendig, um eine für die Lerner verlässliche Lernumgebung sicherzustellen. Auf diese Weise wird die Bereitschaft zur Hypothesenbildung ebenso gefördert, wie die Aufmerksamkeit gegenüber Rückmeldungen. In diesem Zusammenhang versuchen Lehrkräfte zu vermitteln, dass ihr Feedback alle Teilnehmende unterstützt, die sich kommunikativ weiterzuentwickeln möchten. In instruktiven Situationen nehmen alle Lernende Feedback wahr, in kooperativen Formaten lässt sich Feedback stärker individualisieren und intensiver gestalten.

Differenzierung

Differenziertes Feedback ist notwendig, damit Lernende es ernst nehmen. Zu Abstufungen seines Feedbacks verhelfen nonverbale Reaktionen, z.B. die stumme körperliche Hinwendung zu einem Wortbeitrag, ein zustimmendes Nicken bzw. mimisches Reagieren, eine einladende Handbewegung, ein bejahendes Zeichen (Like-Zeichen). Feedback-orientierten Lehrkräften kommt es darauf an zu zeigen, dass sie allen aktiven Lernenden gegenüber achtsam sind.

Handzeichen	Die Lehrkraft verwendet vorab vereinbarte Handzeichen, um auf Fehler hinzuweisen, ohne das Sprechen zu unterbrechen. (z.B. mit dem Daumen wackeln = Holprige Formulierung).
Korrekturaufforderung	Die Lehrkraft macht darauf aufmerksam, dass eine Korrektur angezeigt ist (Können Sie den Satz nochmals sagen, bitte?)
Lehrerecho	Ein Fehler wird markant wiederholt. („Ich *gehte nach Hause?")
Regelverweis	Die Lehrkraft erläutert die Regel nach Normabweichung („Die Vergangenheit von ‚Ich sehe sie' ist ‚Ich sah sie', nicht ‚ich *sehte sie')
Reformulierung	Die Lehrkraft wiederholt und verbessert dann eine fehlerhafte Lerneräußerung. (Ich sehe sie? Ich sah sie.)

(vgl. Bartram/Walton1991: 41ff.)

Spontanes Feedback

Oft ist es nötig, unmittelbar im Anschluss an die Sprachhandlung von Lernenden die verbesserte Version anzugeben, das bruchstückhaft Gebliebene zu ergänzen. Solch ein spontanes Feedback ist im Unterricht geboten. Die Korrektur ist nur der erste Schritt. Folgeaktivitäten für die Teilnehmenden schließen sich an, wenn das durch spontanes Feedback verbesserte Sprachverhalten gefestigt werden soll.
Tendenziell scheinen Lehrkräfte zu schnell korrigierend einzugreifen. Sie ließen Lernenden zu wenig Zeit, um erst selbst einmal auszuformulieren, zu korrigieren oder es nochmals zu versuchen (DESI-Konsortium 2006, 51ff.). Spontanes Feedback funktioniert besser, wenn Schülern Zeit für ihre Äußerungen eingeräumt wird. Feedback ist erwiesenermaßen besonders wirksam, wenn es unmittelbar auf eine sprachliche Lücke erfolgt, die sich bei Lernenden während einer freien Sprachverwendung auftut. Vor diesem Hintergrund ist spontanes Feedback ebenfalls zu bewerten.

Peer-Feedback

Einzelne kooperative Formate, z.B. die Schreibkonferenz, bilden den Rahmen für Rückmelde-Prozesse der LernerInnen untereinander. Didaktisch wird Peer-Feedback als effektiv eingeschätzt (Klieme u.a. 2008, 353f.). Gut geeignet scheinen schriftliche Verfahren, wo Lernende den Text von Gruppenmitgliedern kommentieren, ergänzen oder mit Korrekturvorschlägen versehen können. In kooperativen

Formaten üben sie beide Rollen aus, sie geben Feedback und sie lösen es mit ihrem Text auch aus. Die Lehrkraft wird als Beraterin verfügbar sein. Zumindest aber wird sie Defizite festhalten und sie später thematisieren. Man kann nicht damit rechnen, das Peer-Feedback immer auch korrektes Feedback ist.

Beispiele

- **Editieren:** Tauschen Sie Ihre Texte in der Gruppe untereinander aus und lesen Sie alle Texte. Markieren und notieren Sie mit einer Ihnen zugeordneten Farbe, worauf Sie in Texten hinweisen möchten.
- **Zweifach-Kommentar:** Lesen Sie den Text Ihres Partners. Teilen Sie ein Blatt Papier in zwei Spalten. Notieren Sie in der linken Spalte, was Sie zum Text Ihres Partners mitteilen möchten. Tauschen Sie die Kommentare nun aus, lesen Sie, was Ihr Partner, Ihre Partnerin zu ihrem Text mitteilt. Notieren Sie Ihre Rückmeldung in der rechten Spalte und geben Sie das Blatt dann wieder ihrem Partner.

Lernenden-Feedback

Wie in vielen professionellen Arbeitsumgebungen bereits üblich, sollten auch Lernende Gelegenheiten haben, ihr Feedback zum Unterricht mitzuteilen. Lehren und Lernen könne so aufeinander abgestimmt und wirkungsvoll gestaltet werden (Hattie 2013). Internetbasierte Tools helfen dabei, Fragebögen zu erstellen, die anonym ausgefüllt werden können, z. B. [https://doodle.com/de/fragebogen].
Bei der Zusammenstellung der Fragen sind die Merkmale guten Unterrichts (vgl. Kap. 2 und 3) eine Hilfe. Man formuliert hierzu einfache Aussagen und ergänzt sie durch eine Skala zum Ankreuzen (1: trifft voll zu; 2: trifft eher zu, 3: trifft eher nicht zu, 4: trifft gar nicht zu; 5: weiß nicht). 2-3 offene Fragen bieten Raum für individuelle Aussagen.

Beispiel

Unsere Lehrkraft hat alles recht gut erklärt	1	2	3	4	5
Unsere Lehrkraft ist auf unsere Fragen eingegangen	1	2	3	4	5
Was wir heute behandelt haben, war ganz interessant	1	2	3	4	5
Ich habe im Unterricht alles gut verstanden	1	2	3	4	5
Die Aktivitäten heute haben Spaß gemacht	1	2	3	4	5
Ich kann jetzt mehr als am Anfang der Stunde	1	2	3	4	5

Zum Weiterlesen:

Bartram, M./Walton, R.: Correction – A Positive Approach to Language Mistakes. Hove 2002.

Busse, V.: Förderung von schriftsprachlichen Kompetenzen im Fremd- bzw. Zweitsprachenunterricht: Zum Verhältnis von Motivation und schriftlichem Feedback. In: Zeitschrift für Interkulturellen Fremdsprachenunterricht 20: 1/2015, 201-214. [http://tujournals.ulb.tu-darmstadt.de/index.php/zif].

34 Sprachvermittlung für Zugewanderte

- Unterricht für Zugewanderte ist aufgrund heterogener Lerngruppen herausfordernd.
- Über Lernerfahrungen verfügen nicht alle.
- Vorwissen für den Erwerb der deutschen Sprache kann nicht vorausgesetzt werden.

Kontext

Derzeit besteht ein hoher Bedarf an Sprachlernangeboten für Zugewanderte. Für sie wird DaF/DaZ-Unterricht von vielen Institutionen durchgeführt, an öffentlichen Schulen, Volkshochschulen kirchlichen, gewerkschaftlichen und sozialen Bildungsträgern. Dennoch ist der Bedarf höher als das Angebot.
Als Alternative bzw. Ergänzung zum lehrkraftgeleiteten Unterricht gibt es Smartphone- und Tablet-Apps, die man im Selbstlernverfahren einsetzt. Auch einige wenige Lehrwerke sind so konzipiert, dass man sie ohne Lehrkraft durcharbeiten kann (vgl. Kap. 27/28). Vorausgesetzt, man verfügt bereits über Deutsch-Kenntnisse. Dies ist jedoch weder bei Schutzsuchenden noch bei vielen Zugewanderten mit einer anderen Migrationsgeschichte die Regel.
Zugewanderte Menschen haben ihre eigenen, von ihren Herkunftskulturen geprägten Bildungsbiographien. Viele konnten keine Schule besuchen oder haben nur eine kurze schulische Ausbildung durchlaufen. Über Erfahrungen mit dem Fremdsprachenlernen verfügen manche Flüchtlingsgruppen, vor allem mit der englischen Sprache. Bei den meisten müssen Lernkompetenzen für den Auf- und Ausbau einer zielsprachlichen Kommunikationsfähigkeit angebahnt werden (vgl. Kap. 8).

Methodik

Alphabetisierung

Lerngruppen, die mit der deutschen Schreib- und Lesesprache nicht vertraut sind, durchlaufen Alphabetisierungskurse. Sie setzen bei den einzelnen Buchstaben und entwickeln das Können rezeptiv und produktiv weiter auf der Wort- und der Satzebene (vgl. Kap. 16). Der Aufbau folgender Strategien ist Teil eines auf Alphabetisierung gerichteten Curriculums.

- Alphabetische Strategie: Geübt wird die Zuordnung von Lauten (Phonemen) und Buchstaben (Graphemen) und umgekehrt.
- Phonologische Strategie: Angebahnt wird eine Bewusstheit für die Wahrnehmung lautlicher Strukturen der Sprache (Silben, Anlaute, Endungen), ohne die Wortbedeutungen zu thematisieren (vgl. Ramdan in Roche 2016, 196ff.).
- Orthographische Strategie. Trainiert werden Phonem-Graphem-Zuordnungen nach orthographischen Regeln, z. B. /s/ Fuß, /f/ *Ph*ase.

Verständlichkeit

Verständlichkeit wird dadurch erleichtert, dass nur wenige neue Wörter verwendet werden. Der Satzbau ist einfach, im Vergleich zur Alltagssprache ist das Sprechtempo reduziert. Die Intonation ist ausgeprägter, damit der eingehende Lautstrom gut segmentiert werden kann. Lehrkräfte wiederholen das Gesagte mehrmals, in anderen Worten. Mimik und Gestik, Bilder und graphische Hervorhebungen tragen ebenfalls dazu bei, das Verstehen bei den Teilnehmenden zu verbessern (vgl. Kap. 9 und 29).

Wiederholung

Der Zugriff auf Redemittel und die Verwendung von Kommunikationsstrategien gelingen besser, wenn in regelmäßigen Abständen wiederholt wird. Zwischen den einzelnen Wiederholungsphasen liegen zunächst kürzere, später dann längere Zeitphasen. Die Kontexte, in denen Lernstoff wiederholt wird, sollten sich ändern. Grundsätzlich gilt, dass mehr wiederholt als Neues gelernt wird (vgl. Kap. 3).

Kommunikation

Die Betrachtung formaler Sprachelemente, grammatischer Funktionen oder von Ausspracheroutinen allein führt nicht zu kommunikativen Fähigkeiten. Ein moderner Unterricht regt stets dazu an, das Gelernte in authentizitätsnahen Situationen und Kontexten anzuwenden, in denen es um Interaktion und Austausch geht, um die Versprachlichung des Ausdruckswillens und um Problemlösungen mit Hilfe der Fremdsprache (vgl. Kap. 18).

Rezeption

Spracherwerb verläuft über das Hören und auch über das Lesen. Viele Texte zu präsentieren, die verständlich für die jeweiligen Lerngruppen sind, versorgt Lernende mit viel Input. Hören und Lesen trägt dazu bei, das Sprachwissen (über Wortschatz, Satzbau, Idiomatik etc.) zu konsolidieren und vielfältig zu vernetzen. Beide Prozesse dienen dem nachhaltigen Lernen (vgl. Kap. 14 und15).

Plurilingualität

Erfahrungen mit dem Erwerb ihrer Herkunftssprachen können Zugewanderte nutzen, um sich die deutsche Sprache anzueignen. Hierzu zählt die Bewusstmachung von Strategien, die sich bei der Aneignung von Erst- und Zweitsprache(n) als hilfreich erwiesen, auch das grammatische und morphologische Verständnis, das sich beim Sprachenerwerb entwickelt hat. Geflüchtete sollten außerdem Gelegenheit haben, Vergleiche mit der neuen Sprache zu ziehen und ihre Herkunftssprachen bei Kommunikationsanlässen strategisch einzusetzen, z. B. bei Verstehens- oder Verständigungsproblemen (vgl. Kap. 22).

Altersgemäßheit

Ältere Lernende bevorzugen andere Lernwege als junge (vgl. Kap. 5). Lernpräferenzen der Gruppe sollten sich in Themenwahl und in der Unterrichtsmethodik widerspiegeln.

Differenzierung

Die Heterogenität der Lerngruppen ist bei Geflüchteten besonders hoch. Kontinuierliche, systematische Differenzierungsmaßnahmen sind unabdingbar (Kap. 7).

Lehr- und Lernplanung

Eine ausführliche, durchdachte Lehr- und Lernplanung ist angezeigt, um die vielfältigen Bedarfe systematisch zu bedienen. Orientierung geben hierzu pädagogische und fachdidaktischen Standards und Grundsätze (vgl. Kap. 2).

Unterstützung

Außerhalb von Deutschkursen benötigen Flüchtlinge viele Angebote, um das Gelernte anzuwenden, zu vertiefen. Von der Teilhabe in sozialen Gruppen bis zum Buddy-System, bei dem Privatpersonen als Lernbegleiter für individuelle Lernende zur Verfügung stehen. Außerschulische Lernorte sind weitere sinnvolle Umgebungen, nicht allein für das Erproben des Sprachkönnen. Es lassen sich berufsorientierte Kontakte dort anbahnen, Interessen verfolgen oder kulturelle Lernerfahrungen gewinnen (vgl. Kap. 20).

Kulturelle Bildung

Der Lernbereich Kulturelle Bildung richtet sich zwar an alle Lernenden an öffentlichen Schulen. Aufgrund seiner Ausrichtung auf Einblicke in die Kultur des Alltags und gleichermaßen in den Kulturbetrieb ist er für Zugewanderte besonders interessant. Nicht nur, aber auch außerhalb des Unterrichts. Im Alltagsleben entstehen erste Zugänge: Traditionen und Bräuche, die für eine Region wichtig sind (z. B. Feste, Feiertage), Gewohnheiten (wie Tagesrhythmus, Ernährung) und Organisationsformen des täglichen Lebens (z. B. Freizeit, Nahverkehr, Schulleben). Sie sind Ausdruck der Werte, Konventionen, Routinen und Überzeugungen, welche die Alltagskultur einer Sprachgemeinschaft prägen. Wer die kulturellen Strukturen des täglichen Lebens kennt, gewinnt leichter an Zutrauen in die neue Umgebung.

Beispiel

Gehen Sie auf die Website Bahn.de. Suchen Sie eine Verbindung von Ihrem Wohnort in eine Großstadt. Notieren Sie dann folgende Informationen und berichten Sie ihrer Lernpartnerin:

Wie lange dauert die Fahrt?	Wie oft muss man umsteigen?	Wo muss man umsteigen?	Wieviel kostet die günstigste Fahrkarte	Um welche Uhrzeit möchten Sie reisen?

Ein kulturell orientierter Unterricht setzt Musik, Tanz, Erzählungen oder Spieltexte ein – die traditionellen Produkte der Künste. Sie sind Teil der Hochkultur. Ersonnen und in eine wahrnehmbare Form gebracht werden sie von Kunstschaffenden. In der Gebäudearchitektur oder in Skulpturen zeigt sich ebenfalls Hochkultur. Zugänge eröffnen einmal mehr Buchläden und Bibliotheken und nicht zuletzt Theater, Musum und Kino. Damit sind nur einige Orte genannt, an denen Kultur erfahrbar wird. Viele andere warten auf Besucher:innen und Interessierte.

Beispiel

Gehen Sie in die nächste öffentliche Bibliothek. Recherchieren Sie folgende Informationen

1. Notieren Sie den Titel eines Krimis, der Sie interessiert	
2. Schreiben Sie den Titel des Buches auf, der Sie am meisten anspricht.	
3. Schreiben Sie den Titel einer überregionalen Tageszeitung auf	
4. Gibt es vereinfachte Lektüren? Schreiben Sie einen Titel auf.	
5. Schreiben Sie die Signatur eines Wörterbuches für Deutsch-Ihre Erstsprache auf.	
6. Schreiben Sie zwei Beispiele für Fachabteilungen in der Bücherei auf, u. s. w.	

Außerhalb der Schule werden durch Besuche und Erkundungen, durch Teilnahmen und durch Miterleben kultureller Ereignisse entscheidende Kompetenzen in Gang gesetzt. Welche das sind, hat die Kultusministerkonferenz in drei Zielsetzungen zusammengefasst: den Umgang mit künstlerischen Ausdrucksformen, die Teilhabe am kulturellen Leben und das Erkunden kultureller Vielfalt in der Lebenswelt.

Beispiel

Lesen Sie den Spielplan des Theaters in Ihrer Nähe. Notieren Sie jeweils ein Beispiel aus dem aktuellen Programm: Welche Veranstaltung möchten Sie besuchen?

Drama	Maria Stuart
Komödie	
Klassisches Konzert	
Solokonzert	
Gesang	
Ballett	
Musiktheater	
Kabarett	

Die oben skizzierte Aktivität zu einem Theaterspielplan ist ein konkretes Beispiel für Kulturelle Bildung. Kompetenzorientiert führt es in einen wichtigen Bereich des kulturellen Lebens ein. Ohnehin ist das Theater ein idealer Lernort für Kultur und Sprache (vgl. Kap. 23). Vielfältige kulturell bildende Aktivitäten lassen sich mit künstlerischen Ausdruckformen wie Malerei oder Graphik initiieren. Auch für kommunikative Aufgaben ist visuelle Kunst ertragreich. Zu Gemälden und Bildern können Fragen gesammelt, Geschichten erzählt und natürlich auch kunsthistorische Lernerfahrungen initiiert werden (vgl. Kap. 22). Sprachdidaktisch und gleichermaßen kulturdidaktisch ergiebig sind dramapädagogische Kontexte. Lernende können mit körperlichen und sprachlichen Ausdrucksformen experimentieren und dabei kommunikative Kompetenzen entwickeln (vgl. Kap. 21). Kulturelle Vielfalt bewusst und erfahrbar machen das Erkunden und Erforschen der Lebenswelt anhand von Beobachtungs- und Fragebögen, in Form von Recherchen und Begehungen (vgl. Kap. 20).

Beispiel

Besuchen Sie ein Kino und beobachten Sie die Besucherinnen und Besucher, während sie darauf warten, dass der Film beginnt.

Die Besucherinnen und Besucher	viele	wenige	niemand
… sind sehr gut gekleidet			
… sind alt			
… nehmen etwas zu trinken mit zum Sitzplatz			
… nehmen Süßigkeiten mit zum Sitzplatz			
… haben Jacken und Taschen dabei			
… sind ohne Begleitung			
… lesen etwas			
… setzen sich auf Sitzplätze hinten			
… sitzen ganz vorne			
… haben eine Mund-Nasen-Bedeckung auf			
… werden kontrolliert			
… kaufen nach der Werbung etwas			
… beschweren sich			
… kommen zu spät			
… unterhalten sich während des Films			
… sprechen beim Verlassen des Kinos über den Film			

Zum Weiterlesen

Bildungswerk der Erzdiözese Köln (Hg.): Handreichungen für die Gestaltung von Deutschkursen mit Flüchtlingen. [https://bildung.erzbistum-koeln.de/.content/.galleries/downloads/SPRACHANKER-Handreichung.pdfVerlag].

El Baghdadi, H.: Sprachbeschreibung Modernes Standard-Arabisch. 2013. [https://www.uni-due.de/imperia/md/content/prodaz/sprachbeschreibung_arabisch.pdf].

Roche, J. u. a.: Deutschunterricht mit Flüchtlingen. Tübingen 2016.

Verzeichnisse

Literaturverzeichnis

Abraham, U./Kepser, M.: Literaturdidaktik Deutsch. Berlin 2009.
Adamczak-Krysztofowicz, S.: Fremdsprachliches Hörverstehen im Erwachsenenalter. Theoretische und empirische Grundlagen zur adressatengerechten und integrativen Förderung der Hörverstehenskompetenz am Beispiel Deutsch als Fremdsprache in Polen. Poznan 2009.
Adamczak-Krysztofowicz, S./Stork, A.: Hör- und Sprechtraining mit Audioportfolios – ja, aber wie? In: Fremdsprache Deutsch 45/2011, 17-20.
Aepkers, M./Liebig, S. (Hg.): Entdeckendes, forschendes und genetisches Lernen. Baltmannsweiler 2002.
Ahrenholz, B. (Hg.): Deutsch als Zweitsprache: Voraussetzungen und Konzepte für die Förderung von Kindern und Jugendlichen mit Migrationshintergrund. Stuttgart 2012.
Alderson, J. C. Clapham, C./Wall, D.: Language Test Construction and Evaluation. Cambridge 2001.
Althoff, Ch.: Unterrichtseinstiege-Deutsch. Berlin 2013.
Anderson, L. W./Krathwohl, D. R. u. a. (Hg.): A Taxonomy for Learning, Teaching, and Assessing: A Revision of Bloom's Taxonomy of Educational Objectives. New York 2001.
Apeltauer, E.: Kooperation mit zugewanderten Eltern. Flensburger Papiere zur Mehrsprachigkeit und Kulturenvielfalt im Unterricht, Nr. 40/4/2006.

Baker, C./Prys Jones, S.: Encyclopedia of Bilingualism and Bilingual Education. Clevedon 1998.
Bakis, M.: The Graphic Novel Classroom. Powerful Teaching and Learning with Images. Thousand Oaks, London 2012.
Balcik, I./Röhe, K./Wróbel V.: Die große Grammatik Deutsch. Stuttgart Bd. 2. Stuttgart 2009.
Banks, J. A. (Hg.): The Encyclopedia of Diversity in Education (4 volumes). Thousands, Oaks, CA, London 2012.
Barkowski, H./Krumm, H.-J. (Hg.):. Fachlexikon Deutsch als Fremd und Zweitsprache Tübingen 2010.
Bartram, M./Walton, R.: Correction – A Positive Approach to Language Mistakes. Hove 2002.
Baur, R. S./Hufeisen, B. (Hg.): „Vieles ist sehr ähnlich“ – Individuelle und gesellschaftliche Mehrsprachigkeit als bildungspolitische Aufgabe. Baltmannsweiler 2011.
Baur, R. S./Schäfer, A.: Sprache durch Kunst. In: Baur/Hufeisen 2011, 137-152.
Bausch, K. R. u. a. (Hg.): Die Erforschung von Lehr- und Lernmaterialien im Kontext des Lehrens und Lernens fremder Sprachen. Tübingen 1999.
Beckr-Carus, Ch./Wendt, M: Allgemeine Psychologie. Berlin 2017.
Berndt, A.: Senioren lernen Deutsch: 13 Grundgedanken. In: gfl-journal 3/2000, 1-14.
Berndt, A. (Hg.): Fremdsprachen in der Perspektive lebenslangen Lernens. Frankfurt am Main 2013.
Bernstein, N./Lerchner, Ch. (Hg.): Ästhetisches Lernen im DaZ-Unterricht. Literatur – Theater – Bildende Kunst – Musik – Film. Göttingen 2014.
Bimmel, P./Neuner, G.: Deutschunterricht planen. München 2015.

Blell, G./Hellwig, K. (Hg.): Bildende Kunst und Musik im Fremdsprachenunterricht. Frankfurt 1996.

Blell, G./Kupetz, R. (Hg.): Der Einsatz von Musik und die Entwicklung von «audio literacy» im Fremdsprachenunterricht. Frankfurt u. a. 2010.

BLK-Verbundprojekt: Das Europäische Portfolio der Sprachen. O. J. [www.sprachenportfolio.de].

Bohn, R.: Probleme der Wortschatzarbeit. Stuttgart 2013.

Bos, W./Lankes, E-M./Plaßmeier, N/Schwippert, K. (Hg.): Heterogenität. Eine Herausforderung an die empirische Bildungsforschung. Münster 2004.

Bönsch, M.: Differenzierung in Schule und Unterricht. München 2004.

Böttger, H.: Neurodidaktik des frühen Sprachenlernens. Wo Sprache zuhause ist. Bad Heilbrunn 2016.

Bournot-Trites, M./Belliveau, G./Spiliotopoulos, V./Seror, J.: The Role of Drama on Cultural Sensitivity, Motivation and Literacy in a Second Language Context. In: Journal for Learning through the Arts 3/2007, 1-35.

Brade, J./Krull, D.: 45 Lern-Orte in Theorie und Praxis: Außerschulisches Lernen in der Grundschule für alle Fächer und Klassenstufen. Baltmannsweiler 2016.

Bredel, U./Fuhrhop, N/Noack, C: Wie Kinder lesen und schreiben lernen. Tübingen 2011.

Brenner, G.: Lernen lehren: Methoden für Deutsch und Fremdsprachen: Sekundarstufe I und II. Berlin 2011.

Brunner, I./Schmidinger, E.: Leistungsbeurteilung in der Praxis. Der Einsatz von Portfolios im Unterricht der Sekundarstufe I. Linz 2001.

Brunner, I.: „Zielorientiertes Lernen und persönliche Bestleistung. Portfolios als Hilfe zum selbstgesteuerten Lernen in der Grundstufe". In: Zeitschrift für den Deutschunterricht in Wissenschaft und Schule 1/2002: 58.

Busse, V.: Förderung von schriftsprachlichen Kompetenzen im Fremd- bzw. Zweitsprachenunterricht: Zum Verhältnis von Motivation und schriftlichem Feedback. Zeitschrift für Interkulturellen Fremdsprachenunterricht 20: 1/2015, 201-214. [http://tujournals.ulb.tu-darmstadt.de/index.php/zif].

Butzkamm, W.: Die kompliziertere Lösung ist die richtige: Aufgeklärte Einsprachigkeit. Rückblick und Ausblick. 1990. http://www.fremdsprachendidaktik.rwth-aachen.de/Ww/dfu24-104.pdf

Butzkamm, W.: Lust zum Lehren, Lust zum Lernen. Eine neue Methodik für den Fremdsprachenunterricht. Tübingen [2]2007.

Carnevale, C./Wojnesitz, A.: Sprachsensibler Fachunterricht in der Sekundarstufe. Grundlagen – Methoden – Praxisbeispiele. (ÖSZ Praxisreihe Heft 23). Graz 2014. [http://oesz.at/sprachsensiblerunterricht/UPLOAD/Praxisreihe_23web.pdf]

Caspary, R. (Hg.): Lernen und Gehirn. Hamburg 2011.

Catterall, J. S.: Involvement in the Arts and Success in Secondary School. Americans for the Arts Monographs, 1(9)/1998.

Cook, V.: Second Language Learning and Language Teaching. Fifth Edition. New York und Abingdon 2016.

Corbett, J.: Intercultural Language Activities. Cambridge 2010.

Coste, D./North, B./Trim, J.: Gemeinsamer europäischer Referenzrahmen für Sprachen: lernen, lehren, beurteilen. Stuttgart 2013.

Council of Europe (Hg.): Common European Framework of References for Languages. Learning, Teaching, Assessment. Cambridge 2001.

Crawford, C./Krashen, S.: English Learners in American Classrooms. Portland 2015.

Cummins, J.: Language, Power and Pedagogy: Bilingual Children in the Crossfire. Clevedon 2000.

Dahlhaus, M.: Fertigkeit Hören. Stuttgart 2013.

Dausend, H.: Tablets im Sprachunterricht. 2013. In: Magazin Digitale Schule.[http://magazin.digitale.schule/konzepte/tablets-im-sprachenunterricht].

Detering, K./Högel, R. (Hg.): Englisch auf der Sekundarstufe I. Hannover 1978.

DeKeyser, R. M.: The Robustness of Critical Period Effects in Second Language Acquisition. In: Studies in Second Language Acquisition, 22(4), 2000, 499-533.

Desi-Konsortium (Hg.): Unterricht und Kompetenzerwerb in Deutsch und Englisch Ergebnisse der DESI-Studie. Weinheim und Basel 2008.

Diehr, B./Schmelter, L. (Hg.): Bilingualen Unterricht weiterdenken: Programme, Positionen, Perspektiven. Frankfurt 2012.

Dieling, H./Hirschfeld, U.: Phonetik lehren und lernen. München 2000.

Diergarten, A. K., Nieding, G.: Einfluss des Fernsehens auf die Entwicklung der Sprachfähigkeit. Sprache, Stimme, Gehör 2012; 36: 25-29. [https://www.thieme.de/statics/dokumente/thieme/final/de/dokumente/tw_logopaedie/Weiterbildung_Mediennutzung_Diergarten_Niedling_SSG_1_2012.pdf].

Dörnyei, Z.: Wie motiviere ich richtig? In: Fremdsprache Deutsch 26/2002, 16-17.

Dusemund-Brackhahn, C.: Sprechen im DaZ-Unterricht. In: Kaufmann 2008, 142-179.

Dworschak, M.: Volksküche der Literatur. In: Der Spiegel 26/2014, 104-106.

Eagleton, T.: Kultur. Berlin 2017.

Ehlers, S.: Heterogenität als Grundkonstante erziehungswissenschaftlicher Qualitätsforschung. In: Bos u. a. 2004, 79-104.

Eisenmann, M./Summer, Th. (Hg.): Basic Issues in EFL Teaching and Learning. Heidelberg [3]2017.

Eisner, W.: Comics and Sequential Art. New York, London 2008.

Ellis, R.: The Study of Second Language Acquisition. Oxford 1994.

Erll, A./Gymnich, M.: Interkulturelle Kompetenzen (Uni Wissen). Stuttgart 2013.

Eßer, R./Krum H.-J. (Hg.): Bausteine für Babylon: Sprache, Kultur, Unterricht. München 2007.

Esslinger-Hinz, I./Wigbers, M. u. a.: Der ausführliche Unterrichtsentwurf. Weinheim und Basel 2013.

Europarat (Hg.): Gemeinsamer Europäischer Referenzrahmen für Sprachen. 2000. [https://www.goethe.de/Z/50/commeuro/i0.htm].

Faistauer, R.: Lehrwerke auf dem Prüfstand: am Beispiel von studio d. In: Eßer/Krumm 2007, 233-241.

Ferencik-Lehmkuhl, D./Schwinning, S.,/Bremerich-Vos, A.: Schreiben und Lesen fördern: Vorschläge zur Praxis des Deutschunterrichts. Münster 2015.

Foley, J.: Scaffolding. In: ELT-Journal 48 (1)/1994, 101-102.

Franz, N./Kunow, R.: Mobilität und Reflexion. Zur Entkoppelung territorialer und kulturelle Identität. Eine Einführung. In: Franz/Kunow 2011, 7-13.

Franz, N./Kunow, R. (Hg.): Kulturelle Mobilitätsforschung. Themen-Theorien-Tendenzen. Potsdam 2011.

Frauenbeauftragte Uni München (Hg.): Leitfaden gendergerechte Sprache. 2011. [http://www.frauenbeauftragte.uni-muenchen.de/genderkompetenz/sprache/sprache_pdf.pdf].

Fremdsprache Deutsch. Heft 34: Kompetenzen testen, prüfen, zertifizieren. Ismaning 2006.

Fremdsprache Deutsch. Heft 48: „Deutsch für Kinder". Berlin 2013.

Fremdsprache Deutsch. Heft 51: „Wie Jugendliche Deutsch lernen". Berlin 2014.

Fremdsprache Deutsch. Heft 53: Digitale Medien. Berlin 2015.

Fremdsprache Deutsch. Heft 55. Phonetik in der Unterrichtspraxis. Berlin 2016.

Fremdsprachen Lehren und Lernen 40, 2: Lehrwerkkritik, Lehrwerkverwendung, Lehrwerkentwicklung. Tübingen 2011.

Freyhoff, G. u. a.: Sag es einfach. Europäische Richtlinien für die Erstellung von leicht lesbaren Informationen.1998. [http://www.webforall.info/wp-content/uploads/2012/12/EURichtlinie_sag_es_einfach.pdf].

Frühes Deutsch. Heft 26: Deutsch macht überall Spaß – außerschulische Lernorte. Bielefeld 2012.

Funk, H./König, M.: Grammatik lehren und lernen. Stuttgart 2013.

Funk, H.: Qualitätsmerkmale von Lehrwerken prüfen – ein Verfahrensvorschlag. In: Babylonia 3/2004, 41-47.

Funk, H.: Sprachunterricht mit Flüchtlingen – 10 Tipps für Anfänger und Anfängerinnen für erfolgreiches Sprachtraining. [https://www.cornelsen.de/erw/1.c.4315480.de].

García, O./Wie, L.: Translanguaging: Language, Bilingualism and Education. Basingstoke 2014.
Gardner, H.: Multiple Intelligences: New Horizons in Theory and Practice. New York 2006.
Gehring, W.: „Flanieren, schmökern, recherchieren. Warum öffentliche Bibliotheken ideale Lernorte für fremde Sprachen und Kulturen sind". In: Gehring/Stinshoff 2010, 56-67.
Gehring, W.: Mit den Künsten Englisch unterrichten. Bad Heilbrunn 2017.
Gehring, W.: Englische Fachdidaktik. Eine Einführung. Berlin [4]2021.
Gehring, W.: Praxis Planung Englischunterricht. Bad Heilbrunn [2]2021.
Gehring, W./Stinshoff, E.(Hg.): Außerschulische Lernorte des Fremdsprachenunterrichts. Braunschweig 2010.
Gehring, W./Michler, A. (Hg.): Außerschulische Lernorte bilingual. Göttingen 2011.
Gehring, W./Merkl, M. (Hg.): Englisch lehren, lernen, erforschen, Oldenburg 2014.
Gerhards, J./Hess, D.: Fernsehen auf Englisch. Zeit Online 2014. [http://www.zeit.de/gesellschaft/zeitgeschehen/2014-04/sprachen-lernen-fernsehen-auf-englisch].
Gibson, R.: Intercultural Business Communication. Berlin 2000.
Goethe-Institut (Hg.): Handlungsorientierte Unterrichtsmethoden. O. J. [https://www.goethe.de/resources/files/pdf22/daf_baustein2.pdf].
Goethe-Institut (Hg.): Werkzeugkiste Sprechen. Sprechen in großen Gruppen. Mailand 2013. [https://www.goethe.de/resources/files/pdf85/Werkzeugkiste_Sprechen.pdf].
Goethe Institut Australien (Hg.): Drama- Aktivitäten für das DaF-Klassenzimmer. 2016. [https://theaterdaf.wikispaces.com/3.+Drama+Aktivit%C3%A4ten+f%C3%BCr+das+DaF+Klassenzimmer].
Gogolin, I.: „Lebensweltliche Mehrsprachigkeit", in: Bausch, K.-R./Königs, F. G./Krumm, H.-J.: (Hg.): Mehrsprachigkeit im Fokus: Arbeitspapiere der 24. Frühjahrskonferenz zur Erforschung des Fremdsprachenunterrichts. Tübingen 2004, 55-61.
Gogolin, I.: In vielen Sprachen sprechen. 2015.[https://www.goethe.de/de/spr/mag/20492171.html].
Gogolin, I. u. a.: Förderung von Kindern und Jugendlichen mit Migrationshintergrund FÖRMIG – Bilanz und Perspektiven eines Modellprogramms. Münster, New York 2013.
Gold, A.: Lesen kann man lernen. Lesestrategien für das 5. Und 6. Schuljahr. Göttingen 2007.
Gold, A.: Guter Unterricht. Was wir wirklich darüber wissen. Göttingen 2015.
Gold, A./Hasselhorn, M.: Pädagogische Psychologie. Stuttgart 42017.
González, J. (Hg.): Encyclopedia of Bilingual Education. Los Angeles, London u. a. 2008.
Goschler, J.: Syntaxerwerb bei ein- und mehrsprachigen Grundschüler/innen: eine quantitative Untersuchung. In: Zeitschrift für Angewandte Linguistik 66 (01)/ 2017, 59–77. [https://doi.org/10.1515/zfal-2017-0002].
Grewing, J./Paradies, L.: Unterrichts-Einstiege. Berlin 2012.
Grieser-Kindel, C./Henseler, R./Möller, S.: Method Guide – Methoden für den Englischunterricht – Klassen 5-13. 2 Bde. Braunschweig 2016.
Griffiths, C. (Hg.): Lessons from Good Language Learners. Cambridge 2008.
Grotjahn, R./Schlak, T.: Alter und Fremdsprachenlernen: Ein Forschungsüberblick. In: Berndt 2013, 13-45.

Haag, L./Keller-Schneider, M/u. a.(Hg.): Grundwissen Lehrerbildung: Umgang mit Heterogenität: Praxisorientierung, Fallbeispiele, Reflexionsaufgaben. Berlin 2015.
Hall, E./Hall, M. R.: Unterstanding Cultural Differences. Germans, French and Americans. Boston u. a. 1990.
Hansen, K. P.: Kultur und Kulturwissenschaft. Tübingen [3]2003.
Harmer, J.: How to Teach Writing. Oxford 2004.
Hattie, J. A. C.: Lernen sichtbar machen. Baltmannsweiler 2013.

Hecht, K./Green, J.: Fehleranalyse und Leistungsbewertung im Englischunterricht der Sekundarstufe 1. Donauwörth 1983.

Helmke, A./u. a.: Die DESI-Videostudie. Unterrichtstranskripte für die Lehrerausbildung nutzen. In: Der fremdsprachliche Unterricht-Englisch 90/2007, 37-45.

Helmke, A.: Was wissen wir über guten Unterricht? 2007. [http://www.bildung.koeln.de/imperia/md/content/selbst_schule/downloads/andreas_helmke_.pdf].

Heringer, H.-J.: Fehlerlexikon – Deutsch als Fremdsprache. Berlin 2001.

Heringer, H.-J.: Interkulturelle Kommunikation. Grundlagen und Konzepte. Tübingen 2004.

Hertel, S. u. a.: Schulische Rahmenbedingungen und Lerngelegenheiten im Deutschunterricht. In Klieme u. a. 2010, 113-152.

Herzig, B.: Wie wirksam sind digitale Medien im Unterricht? 2014 [http://www.bertelsmann-stiftung.de/fileadmin/files/BSt/Publikationen/GrauePublikationen/Studie_IB_Wirksamkeit_digitale_Medien_im_Unterricht_2014.pdf].

Heuß, G. E.: Erstlesen und Erstschreiben, Donauwörth. 1993.

Heyn, A.: Sprachen lernen mit Methode: Der Rückgriff auf die Muttersprache im Sprachunterricht. Marburg 2013.

Hinderer, M./Karagiannakis, E.: Literarische Sprechprojekte im Deutschunterricht. In: Fremdsprache Deutsch 49/2013, 35-41.

Högel, R.: Literarische Originaltexte-bearbeitete Textausgaben: Lektüreauswahl im Konflikt der Werte. In: Detering/Högel 1978, 124-134.

Holl, E.: Sprach-Fluss: Theaterübungen für Sprachunterricht und interkulturelles Lernen. Deutsch als Fremdsprache. Ismaning 2011.

Huber, L.: Forschendes Lernen an Deutschen Hochschulen. Zum Stand der Diskussion. In: Obolenski/Meyer 2003, 15-36.

Huber, L.: Forschungsbasiertes, Forschungsorientiertes, Forschendes Lernen: Alles dasselbe? Ein Plädoyer für eine Verständigung über Begriffe und Unterscheidungen im Feld forschungsnahen Lehrens und Lernens. Hochschulforschung 1+2/2014, 22-29. [https://www.fh-potsdam.de/fileadmin/user_upload/forschen/material-publikation/HSW1_2_2014_Huber.pdf].

Hufeisen, B.: A European Perspective – Tertiary Languages with a Focus on German as L3. In: Rosenthal 2000, 209-229.

Hufeisen, B.: Wieso ist „Mehrsprachigkeit" ein solch aktuelles Schlagwort? Eine vorläufige Bestandsaufnahme. Frühes Deutsch 14/2008, 4-7.

Hufeisen/Neuner, G. (Hg.): The Plurilingualism Project: Tertiary Language Learning – English after German. Strasbourg 2004.

Hufeisen, B./Neuner, G.: (Hg.): Mehrsprachenkonzept-Tertiärsprachenlernen – Deutsch nach Englisch. Strasbourg 2005, 35-50.

Huneke, H.-W./Steinig, W.: Deutsch als Fremdsprache. Eine Einführung. Berlin 2013.

Johnson, G./Rincolucri, M.: Culture in our Classroom. Teaching Language through Cultural Content. Peaslake 2010.

Kara, S.: Was können wir noch lernen? In: Zeit Wissen 6/2010. [http://www.zeit.de/zeit-wissen/2010/06/fremdsprache-lernen-alter].

Kaufmann, S. u. a.(Hg.): Fortbildung für Kursleitende Deutsch als Zweitsprache: Deutsch als Fremdsprache/Band 1 – Migration – Interkulturalität – DaZ. Ismaning 2007.

Kaufmann, S.: Fortbildung für Kursleitende Deutsch als Zweitsprache, Band. 2 Didaktik, Methodik. Ismaning 2008, 142-179.

Kaufmann, S. u. a. (Hg.): Fortbildung für Kursleitende Deutsch als Zweitsprache: Deutsch als Fremdsprache/Band 3 – Unterrichtsplanung und –durchführung. Ismaning 2008.

Kiel, E.: Strukturierung. In: Kiel 2012, 21-36.

Kiel, E. (Hg.): Unterricht sehen, analysieren, gestalten. Bad Heilbrunn 2012.

Kiel, E./Haag, L./Keller-Schneider, M./Zierer, K.: Unterricht planen, durchführen, reflektieren. Praxisorientierung, Fallbeispiele, Reflexionsaufgaben. Berlin 2014.

Kinau, M./Stefanowitsch, A.: What the ‚Bad Language Learner' can Teach us. In: Riemer 2000, 247-261.

Kirch, M.: Sprachlernen mit dem Fernsehen. Können Programme das Lernen einer zusätzlichen Sprache fördern? In: Televizion 21/2008/2, 44-47. [http://www.br-online.de/jugend/izi/deutsch/publikation/televizion/21_2008_2/kirch.pdf].

Kirsch, D.: Szenisches Lernen: Theaterarbeit im DaF-Unterricht. In: Deutsch als Fremdsprache. Ismaning 2013.

Klieme, T. u. a.: Die Videostudie des Englischunterrichts. In: Desi-Konsortium 2008, 345-363.

Klieme, E. u. a.: (Hg.): Pisa 2009. Bilanz nach einem Jahrzehnt. München u. a. 2010.

Klippel, F.: Spiel. Praxis Fremdsprachenunterricht 3/2016, 15-16.

Kluckhohn, K.: Podcasts im Sprachunterricht am Beispiel Deutsch. Berlin u. a. 2009.

Kniffka, G./Siebert-Ott., G.: Deutch als Zweitsprache. Lehren und Lernen. 3., aktualisierte Ausgabe. Paderborn 2012.

Köhnen, R. (Hg.): Einführung in die Deutschdidaktik. Stuttgart 2011.

Köpcke, K. M./Ziegler, A. (Hg.): Schulgrammatik und Sprachunterricht im Wandel. Berlin, Boston 2013.

Krashen, S.: Second Language Acquisition and Second Language Learning. Oxford 1981.

Kreuzer, O u. a.: Filmanalyse. Wiesbaden 2014.

Kriftka, M. u. a. (Hg.): Das mehrsprachige Klassenzimmer. Über die Muttersprachen unserer Schüler. Berlin, Heidelberg 2014.

Kronisch, I.: Spontanes Sprechen im DaZ-Unterricht. Berlin 2016.

Krumm, H. J.: Sprachenvielfalt im Deutschunterricht. Grundsätze und Beispiele. In: Fremdsprache Deutsch 20/1999, 26-30.

Krumm, H.-J.: Sprachenpolitik und Mehrsprachigkeit. In: Hufeisen/Neuner 2005, 35-50.

Krumm, H.-J.: Lehrwerke im Deutsch als Fremd- und Deutsch als Zweitsprache-Unterricht. In: Krumm u. a. 2010, 1215-1226.

Krumm, H.-J. u. a. (Hg.): Deutsch als Fremd- und Zweitsprache. Ein internationales Handbuch. Bd. 2. Berlin, New York 2010.

Kursiša, A.: Lesen und verstehen, »ohne das Deutsche so besonders gut zu können« Lesetexte im schulischen Anfangsunterricht DaFnE. In: Fremdsprache Deutsch 50/2014, 30-35.

Kursiša, A./Neuner, G.: Deutsch ist easy! Ismaning 2006.

Lantolf J. P. (Hg.): Sociocultural Theory and Language Learning. Oxford 2000, 97-114.

Learning through the Arts. Video Series. O. J. [http://www.curriculum.org/arts/].

Leisen, J.: Planung von CLIL-Unterricht. Zeitschrift für Interkulturellen Fremdsprachenunterricht 20: 2/2015, 45-58. [http://tujournals.ulb.tu-darmstadt.de/index.php/zif/].

Lienert, G. A./Raatz, U.: Testaufbau und Testanalyse. Weinheim 1998.

Lightbrown, P. M./Spada, N.: How Languages are Learned. Oxford [4]2013.

Lingo4you (Hg.): Unterrichtsmaterialien Deutsch als Fremdsprache. Kostenloses Exemplar für Lehrkräfte. 2016. [https://s3-eu-west-1.amazonaws.com/lingolia/download/lingolia_daf_v5.pdf].

Long, M. H.: Native Speaker/Non-native Speaker Conversation and Negotiation of Comprehensible Input. In: Applied Linguistics, 4 (2)/1983, 126-141.

Loriot: Loriot's dramatische Werke. Zürich 1981.

Lyster, R./Ranta, L.: Corrective Feedback and Learner Uptake: Negotiation of Form in Communicative Classrooms. In: Studies in Second Language Acquisition 19/1997, 37-66.

Maier, U.: Leistungsdiagnostik in Schule und Unterricht. Bad Heilbrunn 2015.

Meier, J.: Individuelle Fehlertherapie im Fremdsprachenunterricht". In: Englisch 2/1994, 58-62.

Meier, J.: StressReduziertes (Fremdsprachen-)Lernen – SRL: Lehren und Lernen mit mehr Freude und Erfolg, mit weniger Anstrengung und Stress. In: Gehring/Merkl 2014, 77-96.

Meijer, D./Jenkins, E.-V.: Landeskundliche Inhalte –die Qual der Wahl? Kriterienkatalog zur Beurteilung von Lehrwerken. In: Fremdsprache Deutsch 18/1998, 18-25.

Meisel, J.: Zur Entwicklung der kindlichen Mehrsprachigkeit. Universität Hamburg. 2003. [http://www.plattform-migration.at/fileadmin/data/Publikationen/Meisel_Zur_Entwicklung_der_kindlichen_Mehrsprachigkeit.pdf].

Meißner, F-R., Morkötter, S.: Förderung von metasprachlicher und metakognitiver Kompetenz durch Interkomprehension. In: Fremdsprachen Lehren und Lernen 38/2009, 51-69.

Meixner, J.: Konstruktivismus und die Vermittlung produktiven Wissens. Neuwied 1997.

Merrill, M. D.: First Principles of Instruction. Educational Technology Research and Development, 50(3), 2002, 43-59.[http://mdavidmerrill.com/Papers/firstprinciplesbymerrill.pdf].

Meyer, H.: Leitfaden Unterrichtsvorbereitung. Berlin 2007.

Meyer, H.: Unterrichtsentwicklung. Berlin 2015.

Meyer, H.: Was ist guter Unterricht? 11. Auflage. Berlin 2016.

Michalak, M./Lemke, V./Goeke, M.: Sprache im Fachunterricht. Eine Einführung in Deutsch als Zweitsprache und sprachbewussten Unterricht. Tübingen 2015.

Mitterer H/McQueen J. M. (2009) Foreign Subtitles Help but Native-Language Subtitles Harm Foreign Speech Perception. [PLoS ONE 4(11): e7785. doi:10.1371/journal.pone.0007785].

Moosmüller, A./Möller-Kiero, J. (Hg.): Interkulturalität und kulturelle Diversität. Münster 2014.

Morgret, S.: Aussprachevermittlung mit Musik – Gewusst wie. Fremdsprache Deutsch Heft 55 2016, 1-7.

Müller-Hartmann, A./Schocker-v Ditfurth, M. (Hg.): Aufgabenorientierung im Fremdsprachenunterricht – Task-Based Language Learning and Teaching. Tübingen 2005.

Muñoz, C./Singleton, D.: A Critical Review of Age-related Research on L2 Ultimate Attainment. In: Language Teaching, 44(1), 2011, 1-35.

Nation, I. S. P.: Learning Vocabulary in another Language. Cambridge 2013.

Neuland, E.: Jugendsprache. Tübingen 2008.

Nickel, S.: Literacy. 2007. [http://www.elementargermanistik.uni-bremen.de/Handreichung_Nickel_Literacy.pdf].

Nirumand, B.: Sonderschulen – Schulen für Migrantenkinder? Hintergründe einer Problematik. Möglichkeiten der Prävention. Mönchengladbach 1998.

Nunan, D.: Task-Based Language Teaching. Cambridge 2004.

Obolenski, A./Meyer, H. (Hg.): Forschendes Lernen. Theorie und Praxis einer professionellen LehrerInnenbildung. Bad Heilbrunn 2003.

OECD (Hg.): Wie funktioniert das Gehirn? Auf dem Weg zu einer neuen Lernwissenschaft. Stuttgart 2005.

Ozil, S. u. a. (Hg.): Türkisch-deutscher Kulturkontakt und Kulturtransfer: Kontroversen und Lernprozesse. Göttingen 2011.

Pfenniner, S.: The Misunderstood Variable: Age Effects as a Function of Type of Instruction. In: Studies in Second Language Learning and Teaching. 4(3), 2014, 529-556.

Philipp, M.: Grundlagen der effektiven Schreibdidaktik: und der systematischen Schreibförderung. Baltmannsweiler 2015.

Pienemann, M. (1989): Is Language Teachable? Psycholinguistic Experiments and Hypotheses. In: Applied Linguistics 10.1, p. 51-79.

Piepho, H.-E./Häussermann, U.: Aufgaben-Handbuch Deutsch als Fremdsprache: Abriss einer Aufgaben- und Übungstypologie. München 1996.

Rautenberg, U./Schneider, U. (Hg.): Lesen: Ein interdisziplinäres Handbuch. Berlin, Boston 2015.

Reich, K. (Hg.): Methodenpool. [http://methodenpool.uni-koeln.de].

Reineck, N.: Einfach – Sprachen – Lernen: Universalkonzepte für den optimalen Fremdsprachenunterricht. Marburg 2016.

Reinke, K.: Phonetiktrainer A1-B1: Aussichten. Stuttgart 2012.

Richards, J. C./Rogers, T. S.: Approaches and Methods in Language Teaching. Cambridge 2015.

Riehl, C. M. Sprachkontaktforschung. Tübingen 2004.

Riehl, C. M.: Mehrsprachigkeit: Eine Einführung. Darmstadt 2014.

Riemer, C.: (Hg.): Kognitive Aspekte des Lehrens und Lernens von Fremdsprachen. Tübingen 2000.

Roche, J.: Fremdsprachenerwerb – Fremdsprachendidaktik. 3. Auflage. Tübingen 2013.

Rosebrock, C./Nix, D.: Grundlagen der Lesedidaktik. Baltmannsweiler 2014.

Rosebrock, C./Kaufmann, A. B. (Hg.): Literalität erfassen: bildungspolitisch, kulturell, individuell. Weinheim und Basel 2013.

Rösler, D.: Deutsch als Fremdsprache: Eine Einführung. Stuttgart 2012.

Rosenthal, J. W. (Hg.): Handbook of Undergraduate Second Language Education: English as a Second Language, Bilingual, and Foreign Language Instruction for a Multilingual World. Mahwah, N. J. 2000, 209-229.

Roth, G.: Bildung braucht Persönlichkeit. Wie Lernen gelingt. Stuttgart 2015.

Sambanis, M.: Fremdsprachenunterricht und Neurowissenschaften. Tübingen 2013a.

Sambanis, M.: Lernen mit Bewegungen. In: Fremdsprache Deutsch 48/2013b, 25-28.

Scharff-Rethfeld, W.: Kindliche Mehrsprachigkeit: Grundlagen und Praxis der sprachtherapeutischen Intervention. Stuttgart, New York 2013.

Schatz, H.: Fertigkeit Sprechen. Stuttgart 2013.

Scheibelhofer-Schroll, E.: Glücksformel, Drama & Dance: wie die Sprache der Fantasie die Lebenszufriedenheit steigert. Münster 2013.

Schewe, M.: Lehren und Lernen mit Kopf, Herz, Hand und Fuß: Dramapädagogische Fremdsprachenpraxis in multikulturellen DaF-Kursen. In: Fremdsprache Deutsch, 2/1993, 44-52.

Schiffler, L.: Effektiver Fremdsprachenunterricht. Bewegung – Visualisierung – Entspannung. Tübingen 2012.

Schinschke, A./Weinert, E.: Korrigieren nach Schablone – geht das? In: Praxis Fremdsprachenunterricht 4/2008, 21-25.

Schirp, H.: Was können neurobiologische Forschungsergebnisse zur Weiterentwicklung von Lehr- und Lernprozessen beitragen? In: Caspary 2011, 99-127.

Schlak, Th.: Die „teachability"-Hypothese Ein kritischer Überblick und neue Entwicklungen. In: Babylonia 4/2002, 40-44.

Schlote, E./Götz, M.: Was ist Diversität/Diversity? In: Televizion 23/2010/2, 8.

Schmidt, R. (1990): The Role of Consciousness in Second Language Learning. In: Applied Linguistics 11, 129-158.

Schmidt, T.: Gemeinsames Lernen mit Selbstlernsoftware im Englischunterricht – eine empirische Analyse lernprogrammgestützter Partnerarbeitsphasen im Unterricht der Klasse 7. Tübingen 2007.

Schönicke, J./Speck-Hamdan, A.: Hören ohne Grenzen. Sprache entdecken, Interkulturelles Lernen, Deutsch als Zweitsprache. Braunschweig 2010.

Schröder, H.: Didaktisches Lexikon. München 2001.

Schröder, H.: Lernen – Lehren –Unterricht. Lernpsychologische und didaktische Grundlagen. München 2002.

Schroeter-Braus, S.: Die Bedeutung einer systematischen Sprachvermittlung für das Lernen im Fachunterricht der Sekundarstufe I. In: Köpcke/Ziegler 2013, 127-150.

Schwerdtfeger, I. C.: Sehen und Verstehen. Arbeit mit Filmen im Unterricht Deutsch als Fremdsprache. München 1993.

Selinker, L.: Rediscovering Interlanguage. London 1992.

Sheils, J. u. a.: Gemeinsamer europäischer Referenzrahmen für Sprachen: lernen, lehren, beurteilen. München 2013.

Siebert, H.: Lernen und Bildung Erwachsener (Erwachsenenbildung und lebensbegleitendes Lernen – Grundlagen & Theorie). Bielefeld 2012.

Solmecke, G.: Texte hören, lesen und verstehen. Eine Einführung in die Schulung rezeptiver Kompetenz mit den Beispielen für den Unterricht Deutsch als Fremdsprache. Berlin u. a. 1997.

Stiftung Warentest (Hg.): Apps zum Deutsch lernen. Nur zwei sind empfehlenswert. [www.test.de/Apps-zum-Deutschlernen-Nur-zwei-von-zwoelf-empfehlenswert-4989440-0/].

Sting, S.: Stichwort: Literalität – Schriftlichkeit. In: Zeitschrift für Erziehungswissenschaft. 6. Jg. Heft 3. Wiesbaden: VS Verlag für Sozialwissenschaften 2003, 317-337.

Stohlmann, H.: Technisches Englisch in der Industrie. Hamburg 2011.

Stork, A.: Vokabellernen. Tübingen 2003.

Surkamp, C. (Hg.): Metzler Lexikon Fremdsprachendidaktik. Stuttgart 22017.

Swain, M.: The Output Hypothesis and beyond: Mediating Acquisition through Collaborative Dialogue. In: Lantolf 2000, 97-114.

Takac, V. P.: Vocabulary Learning Strategies and Foreign Language Acquisition. Clevedon 2008.

Thürmann, E./Vollmer, H.: Checkliste zu sprachlichen Aspekten des Fachunterrichts. 2011. [http://www.unterrichtsdiagnostik.info/media/files/Beobachtungsraster_Sprachsensibler_Fachunterricht.pdf].

Timmis, I.: Teaching Grammar. In: Eisenmann/Summer 2017, 119-128

Tracy, R.: Wie Kinder Sprachen lernen: Und wie wir sie dabei unterstützen können. Tübingen 2008.

Trautmann, M./Wischer, B.: Heterogenität in der Schule: eine kritische Einführung. Wiesbaden 2011.

Universität Potsdam (Hg.): Die sogenannte „Doppelte Halbsprachigkeit“: eine sprachwissenschaftliche Stellungnahme. [http://www.uni-potsdam.de/fileadmin/projects/svm/pdf/DoppelteHalbsprachigkeit_Stellungnahme.pdf].

v. Kries, R. u. a.: Fernseher im Kinderzimmer – ein möglicher Risikofaktor für expressive Sprachstörungen bei 5- und 6-jährigen Kindern. In: Gesundheitswesen 68/2006, 613-617.

Van der Laan-Grajkowsk, V.: Die Sprachstadt – ein Simulationsspiel zur Förderung der mündlichen Sprachkompetenz. In: Fremdsprache Deutsch 51/2014, 25-29.

VDS – Verein Deutsche Sprache u. a. (Hg.): Der Anglizismenindex. 2017. [http://vds-ev.de/denglisch-und-anglizismen/anglizismenindex/ag-anglizismenindex/].

Wallner, F.: Lehren und Lernen mit Korpora im DaF-Unterricht. In: Fachmagazin Sprache. München 2014 [https://www.goethe.de/de/spr/mag/20454877.html].

Weber, R.: Deutsch to go. Grammatik. Stuttgart 2007.

Weintz, J.: Theaterpädagogik und Schauspielkunst: Ästhetische und psychosoziale Erfahrung durch Rollenarbeit. Butzbach-Griedel, 1998.

Wicke, R. E.: Aufgabenorientiertes und projektorientiertes Lernen im DaF-Unterricht: Genese und Entwicklung. München 2012.

Wicke, R. E./Haataja, K. (Hg.): Qualifiziert unterrichten: Sprache und Fach. Integriertes Lernen in der Zielsprache Deutsch. Ismaning 2015.

Wicke, R. E.: Kunst im DaF-Unterricht. Eine Unterrichtsreihe. [http://www.dw.com/de/kunst-im-daf-unterricht-eine-unterrichtsreihe/a-19277234].

Wiese, H.: Führt Mehrsprachigkeit zum Sprachverfall? Populäre Mythen vom ‚gebrochenen Deutsch‘ bis zur ‚doppelten Halbsprachigkeit‘ türkischstämmiger Jugendlicher in Deutschland. In: Ozil u. a. 2011, 73-84.

Wiese, H.: Kiezdeutsch. Ein neuer Dialekt entsteht. München 2012.

Winkler, M.: Arbeiten und Unterricht mit Großgruppen für DaF. 2011. [http://www.goethe.de/ins/ma/rab/pro/pasch/dok/dok.pdf].

Wolfrum, J.: Kreativ schreiben: Gezielte Schreibförderung für jugendliche und erwachsene Deutschlernende (DaF/DaZ).Ismaning 2010.

Wyse, D./Andrews, R./Hoffman, J. (Hg.): Routledge International Handbook of English, Language and Literacy. London, New York 2010.

Zierer, K.: Hattie für gestresste Lehrer. Baltmansweiler 2014.

Zifonun, G/.Hoffmann, L./Strecker, B. u. a.: Grammatik der deutschen Sprache. Bd. 3. Berlin, New York 1997.

Index